日本史超圖解

•快速掌握日本最關鍵歷史事件•

前言

從歷史事件定位日本價值

目前有越來越多人對日本歷史、文化產生強烈的興趣，而且還不是因為單純覺得好玩想隨便看看就算了。就我個人發現，他們不是因為想探索歷史謎題或是被神祕的故事吸引而開始研究起歷史。也就是說，想用認真的態度學習國家歷史、文化的日本人有增加的趨勢。

但是，為什麼會產生這種現象呢？這是因為近年來美國和中國之間的對立、爭執開始浮上檯面，國際間也因為這兩個國家而顯得越來混亂、無所適從。世界上許多國家、地區也相繼發生民變、內亂、侵略、武裝衝突，甚至日本的周邊國家也不能倖免。

還有，美國從第二次世界大戰後所維持的世界秩序、壓倒性的經濟與軍事實力以及最先進的科學技術於近年來開始呈現衰退，因此世界上所有被美國影響的國家也跟著出現發展後勢疲軟的狀況。而且最讓人擔憂的就是這個狀況下，目前還沒有一個國家適合代替美國成為維護世界秩序的角色。不只如此，某些只將利益看在眼裡的國家、地區，其勢力甚至逐漸成長為逼近美國的程度。

而日本在世局如此的情形下，雖然依舊能在穩定的國情中用冷靜的態度仔細觀察國際變化。但過著安穩生活的日本人當中，也越來越多人從混亂的國際社會現象，反思國家的未來該如何發展。也因此，日本人逐漸意識到自己的國家該由身為國民的自己來決定發展走向。

而身為一個日本國民，若是能在安穩的環境裡展望日本的未來發展，或許也該好好感謝周遭和平的生活可以讓我們安心地思考國家大事吧？那麼，為什麼日本可以成為世界上少數能安心享受和平環境的國家呢？

日本文化的起源來自繩紋文化，而且繩紋文化原本只是一種土著文化而已，但是他們崇尚自然的法則，不與自然相爭，接受自然並和平共存進而互惠互利，因此在長久的發展下來，成為一種享受生命的文化。

這種文化的重點在於融合與協調。過去受到大陸文化演變而來的彌生文化，即使在突然遇到歐美發展出的現代文化，也能逐漸演變成細膩且獨特的日本文化。

將來國際間的對立情形或許會越來越嚴重，而身為日本人的我們也已經沒有時間再繼續迷惘了。而解決方法之一，就是透過閱讀本書的歷史介紹，好好學習值得讓日本國民驕傲的文化、歷史，進而在國際危機中找出只屬於日本的發展道路。

令和元年十月 於家中書房

鈴木旭

Contents

第1章
文明的拂曉時刻：繩紋的定居集落到彌生國家的成立

第2章
正式建國：從大和朝廷到日本式律令國家

第3章
空洞化的國家：從日本式律令國家到莊園制貴族社會

第4章
東國武士團之國：從鎌倉幕府到室町幕府

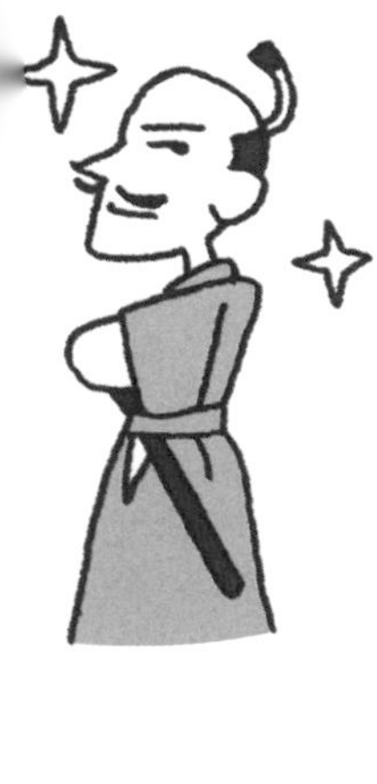

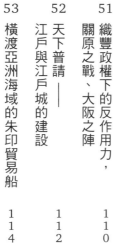

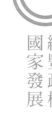

第7章

德川幕藩體制：因西歐絕對王權國家而做出改變

第8章

明治維新：為消除內亂而改變政體

第9章

近代國家建設與國防戰略：「難道你想被歐美國家殖民嗎？」

第10章

帝國主義與世界大戰：與歐美帝國主義之間的競爭

第11章

身處於現代的課題：摸索出新世界的秩序

01 日本列島誕生

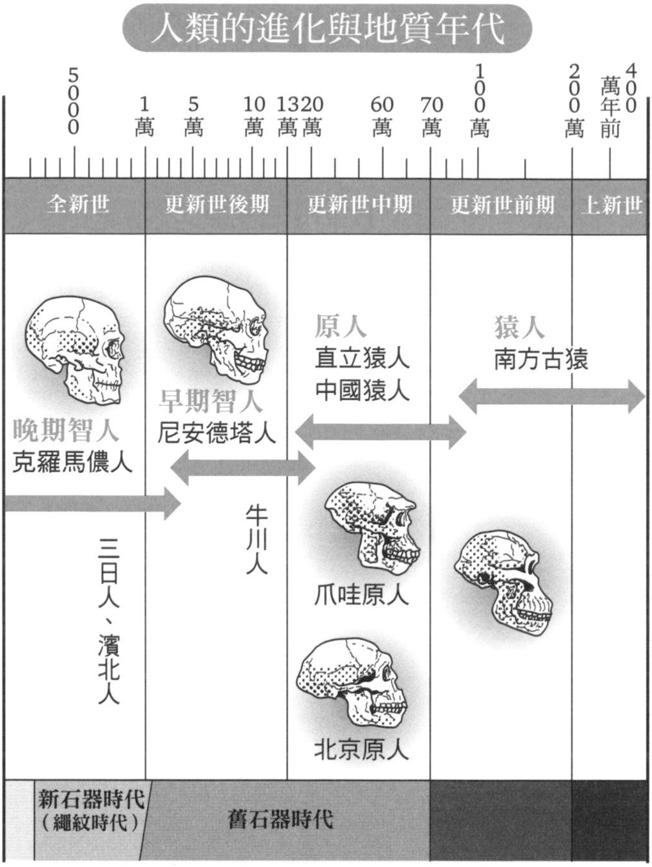
人類的進化與地質年代
5000
1萬
5萬
10萬
13萬
20萬
60萬
70萬
100萬
200萬
400萬年前
全新世
更新世後期
更新世中期
更新世前期
上新世
晚期智人
克羅馬儂人
早期智人
尼安德塔人
原人
直立猿人
中國猿人
猿人
南方古猿
三日人、濱北人
牛川人
爪哇原人
北京原人
新石器時代（繩紋時代）
舊石器時代

地理及地緣政治學方面的條件，可說是構成一個國家歷史與文化的要素。因為這不只決定地域間互相征戰的事件，也會決定一個國家的建立，還有國民的性質。

若是要介紹日本歷史與文化，那就免不了要從日本列島的誕生說起。可惜現今的人們在探討日本歷史時，卻意外地不太重視日本列島的誕生，常常會一不留神就忽略掉這個階段。

首先，在亞洲大陸和日本列島仍互相接壤的時期，主要是以乾燥的大陸性氣候為主，不過在一股暖流（黑潮）流進日本海（當時就像一座大湖泊）後，逐漸將日本列島與大陸分離開來，並且使其成為受到海洋性氣候壟罩的列島。

也因為這種溫暖且濕潤的氣候，使得日本列島上的飛禽走獸、昆蟲、植物、菌類產生變化，不但讓糧食資源變得更加豐富，也為日後形成繩紋文化打下了基礎。

更新世末期的日本列島

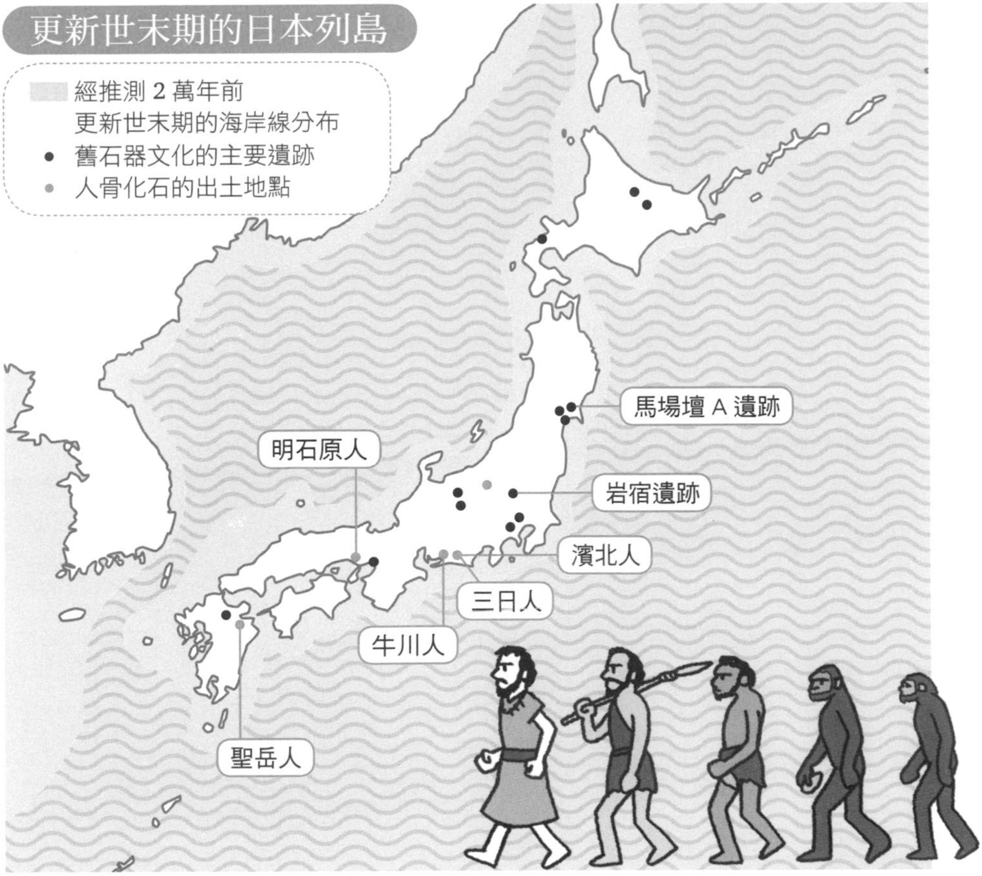
經推測 2 萬年前
更新世末期的海岸線分布
舊石器文化的主要遺跡
人骨化石的出土地點
馬場壇 A 遺跡
明石原人
岩宿遺跡
濱北人
三日人
牛川人
聖岳人

Column

繩紋大海進

在一萬二千年～二千年前，由於氣候暖化而讓海平面開始上升，原本是湖泊地形的日本海流入了黑潮（暖流），因此讓日本列島與亞洲大陸分離，進而讓自然環境產生變化。據說，當時的水位上升了大約八十～一百二十公尺。那時的東日本長滿了山毛櫸和橡樹，而西日本有大片錐栗樹。同時大型動物不但已經滅亡，取而代之的是野鹿及野豬的繁殖。繩紋文化就是以此時的環境變化作為搖籃，逐漸開始醞釀而生。

外史集

前期舊石器文化

自從上高森遺跡被人發現是人為捏造的遺跡後，曾經喧騰一時的「前期舊石器文化」就變成很尷尬的問題。但即使如此，我們還是不能輕易否定舊石器文化的研究。例如從發現岩宿遺跡（群馬縣）後，學者對舊石器文化的研究屢屢發生突破性的進展，所以我們不能因為一件捏造事件就全盤否定前期繩紋文化。

02 火山崇拜

日本列島上的火山分布圖
火山是日本文化的起源嗎？
目前日本氣象廳持續固定觀測的50座火山

日本列島位於環太平洋地區，同時也以地處環太平洋火山帶而聞名於世，尤其從北到南都分布了不少火山，可謂是不折不扣的火山列島。

假使某一天火山爆發，境內所有肥沃的原野都會燃燒殆盡。不過，要是人們對自己生活的環境保持敬畏心，或許這塊土地就會化為充滿慈愛的家鄉。如此一來，山峰不但能為百姓聚集雲霧、降下雨水，地面也能因為積蓄雨水而形成地下水，之後地下水再形成河流滋潤原野。

上列所提出的看法，是基於人們因為敬畏自然環境而跟著產生的原始信仰，進而推理出的山岳信仰論。而在島上所發現到的金字塔（古代山岳祭祀遺跡）、巨石陣（環狀石陣），可以間接證明這種信仰曾經存在過。

尤其在日本列島上，我們已經發現到許多使用自然山丘所打造出的半自然、半人工的金字塔、巨石陣。

充滿謎團的大湯環狀列石

這是位於秋田縣鹿角市的遺跡。分別為野中堂遺跡和萬座遺跡，目前從出土的陶器、土偶判斷，只能得知是繩紋後期所造的遺跡。對於這兩座遺跡的用途，考古學界對目前的解釋有「墓地說」跟「祭祀場說」。

到現在還是
無法確定遺跡的
真正用途唷！

Column

黑又山金字塔

位於十和田湖西南方的黑又山（現今秋田縣）是一座呈三角形的山丘，因此從以前就被人們推測曾經可能是金字塔。後來，環太平洋學會以考古學者為中心組織了一支調查團隊，根據天文學、地球物理學、環境工程學、岩刻紋樣學等知識，進行了全面的調查，證明黑又山是大約在繩紋後期時建造出的遺跡。還有矗立在北方的黑森山，推測是作為供信眾參拜的本殿。換句話說，黑又山是一座能代表繩紋時期具有山岳信仰的山丘。

外史集

大湯環狀列石

位於黑又山山頂的大湯環狀列石有別於一般的環狀石陣和金字塔，因為是用獨自規格的石柱所排列出來的巨石遺跡。而且值得讓人玩味的是學者曾推測日本或許還留有類似巨石遺跡。其他如筑波山及環狀土壘遺跡（寺野東遺跡），也保有截然不同的環狀石陣。

03 繩紋文化的產生

在繩紋時代出現的各種工具

磨製石器
陶器
已經開始
使用陶器了唷！
釣鉤
首飾
裝飾品
布製品
祭祀工具

如前文所說，在溫暖的海水流入日本海後，日本列島的氣候、動植物生態開始產生變化，自然環境如此大幅的轉變，也成為形成繩紋文化的先決條件。

根據古生態學者對日本境內花粉分布的檢測，發現雖然在一萬二千年前為止，整個日本列島遍布了副極地性的針葉樹林，但後來山毛櫸和橡樹等溫帶闊葉林從日本西部逐漸往東蔓延。

溫帶闊葉林的生長不但使土壤變得更加肥沃，而且在幫助孕育其他各種植物的同時，也提供了糧食給飛禽走獸。得以繁衍的動物也能成為人類的糧食來源，進而讓生活環境變得更豐饒。而在這個時期，人類歷史也發生一件不得了的大事。

這件大事就是陶器的發明。由於火山爆發，人類發現熔岩的高溫加熱，會使土壤出現硬化的現象。因此糧食的加工、保存技術突然出現急遽成長。這可說是多虧日本列島遍布火山的緣故。

繩紋時代的房屋

Column

曖昧的繩紋文化概念

曾經有位考古學者提出一個很單純的疑問：「雖然以繩紋時期的陶器來代表整個繩紋文化的觀念已經根深蒂固，但以陶器來代表整個文化和時代，也容易產生出誤會……（中略）……所以除了陶器之外，不妨也參考一下其他具有代表性的例子，例如繩紋前期至中期的集落演變等等，也能作為歸類時期的判斷標準」。（《繩紋時代的知識》，渡邊誠著，東京美術）

外史集

多民族國家論

許多人一直都認為「日本人是單一民族」，但日本除了有舊石器時代曾經存在的野尻湖人（分布於長野縣）和岩宿人（分布於群馬縣），還有乘著黑潮過來的南島民族、從西伯利亞和堪察加半島南下的民族，以及亞洲大陸乘船過來的移民等。從以上結果我們可以得知，日本的確是多民族國家。

04 繩紋農耕的開始

繩紋時代的選擇性栽培

1
要怎麼做才可以得到糧食呢？
2
種植栗子樹
3
增設果園
4
輕鬆收穫糧食

從最近的研究中發現，繩紋人自從發明陶器後，糧食的加工技術和保存技術獲得改善，而且也開始在固定地方定居，進而發展為集落。

當人類開始習慣定居生活時，就會將目標放在周圍的自然環境。此時的繩紋居民已經發展出挑選種子並加以栽培的技術。這從三內丸山遺跡的土壤樣本、花粉檢測中，可以發現繩紋人曾經栽培過栗、稗。而這也代表繩紋人的農業知識已經進步到選擇性栽培（半農業）了。

繩紋人為了能在冬天進行農業活動，也會建造工寮讓農人休息，而且工寮的面積相當於現今國小、國中的體育館。之所以會建造如此大的建築物，是因為要讓全體居民能在下雪的冬天裡一起進行農業活動。

此外，繩紋人平時居住的是舒適的豎穴式房屋，編織衣物的技術也有進步的跡象。由此可知，繩紋人其實過著清潔又富足的生活。這些發現都是從各地遺跡裡了解到的繩紋人真實生活樣貌。

看得出是定居集落的繩紋主要遺跡

函館機場遺跡
龜岡遺跡
三內丸山遺跡
大湯環狀列石
福井洞穴
板付遺跡
菜田遺跡
尖石遺跡
上野原遺跡
泉福寺洞穴
貝塚不是繩紋人的垃圾場，是貝類的「墳墓」唷！

Column

廣大的定居集落

以往在學校裡所了解到的繩紋人，通常都會身穿破爛的獸皮在荒山野嶺中追著鳥獸奔跑，又或是在洞窟中點火過生活。然而，從最新的研究中發現繩紋人其實擁有高度的文化發展，完全和以前的印象不同。在青森市三內丸山遺跡、鹿兒島縣國分市上野原遺跡、北海道函館市的函館機場遺跡群中，我們發現到繩紋人遺留下來的廣大集落遺跡。也就是說，繩紋人在日本是最早進行定居生活的一批人。

外史集

古代人所打造的無塵室

繩紋人住在豎穴式房屋，難道不會覺得又陰暗又潮濕嗎？這其實是現代人的誤解。繩紋人建造屋舍時會先挖空地面，然後在上頭鋪一層木炭及陶器碎片（燒結土），之後再另外鋪一層土壤夯實。室內除了具有調整濕度的功能之外，而且還能營造出充滿負離子的無塵室。

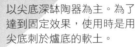

05 產生變革的石器和陶器

隨著時代演進的工具技術

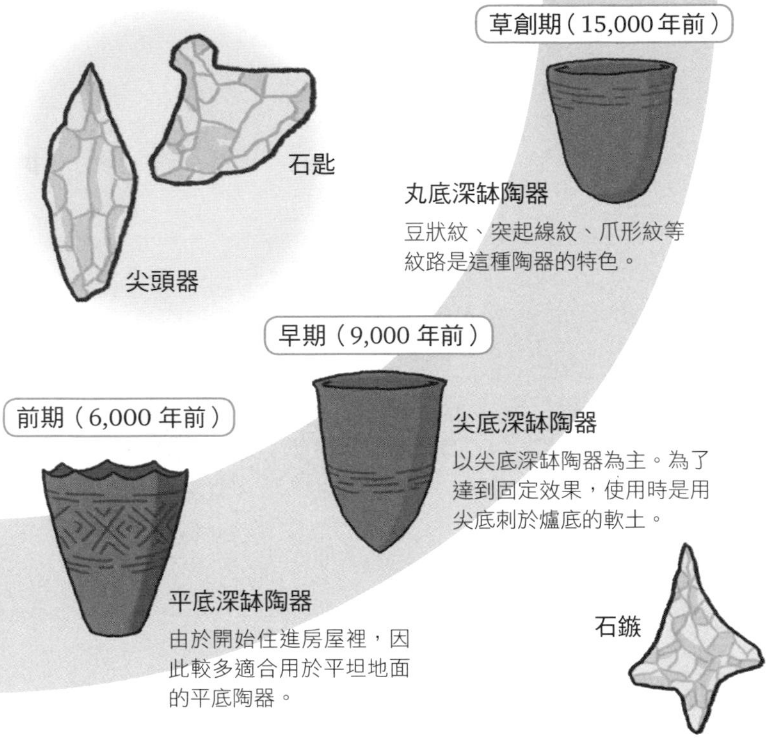

草創期（15,000 年前）
石匙
尖頭器
丸底深缽陶器
豆狀紋、突起線紋、爪形紋等紋路是這種陶器的特色。
早期（9,000 年前）
尖底深缽陶器
以尖底深缽陶器為主。為了達到固定效果，使用時是用尖底刺於爐底的軟土。
前期（6,000 年前）
平底深缽陶器
由於開始住進房屋裡，因此較多適合用於平坦地面的平底陶器。
石鏃

隨著農耕的深度發展，繩紋人的飲食生活產生了變化。除了狩獵、採集工具之外，烹調和保存糧食的工具也開始往實用化發展。

首先出現進化的就是爐灶。繩紋人將爐子改良成複式爐後，由於可以立即點火，因此方便繩紋人隨時進行烹調。還有繩紋人在烹調時不只會使用深碗，還會製作一整組淺碗、杓子型木器，讓人們可以方便食用丸子、肉羹狀食物。

換言之，繩紋人習慣將堅果類磨成粉，並且會加入其他食材一起揉成丸子、肉羹。除了用這種方式烹調肉食和山菜之外，還會製作燴飯類的羹湯。由此可知，繩紋人平時過著豐富的飲食生活。

也因為這種飲食上的演變，使得繩紋人越來越少進行漁業和狩獵的工作，取而代之的是選擇性栽培等較先進的農耕技術，而這同時也是繩紋時代中期以後的特徵。隨著相關工具出土後，我們才知道原來繩紋人擁有完善安定的飲食生活。

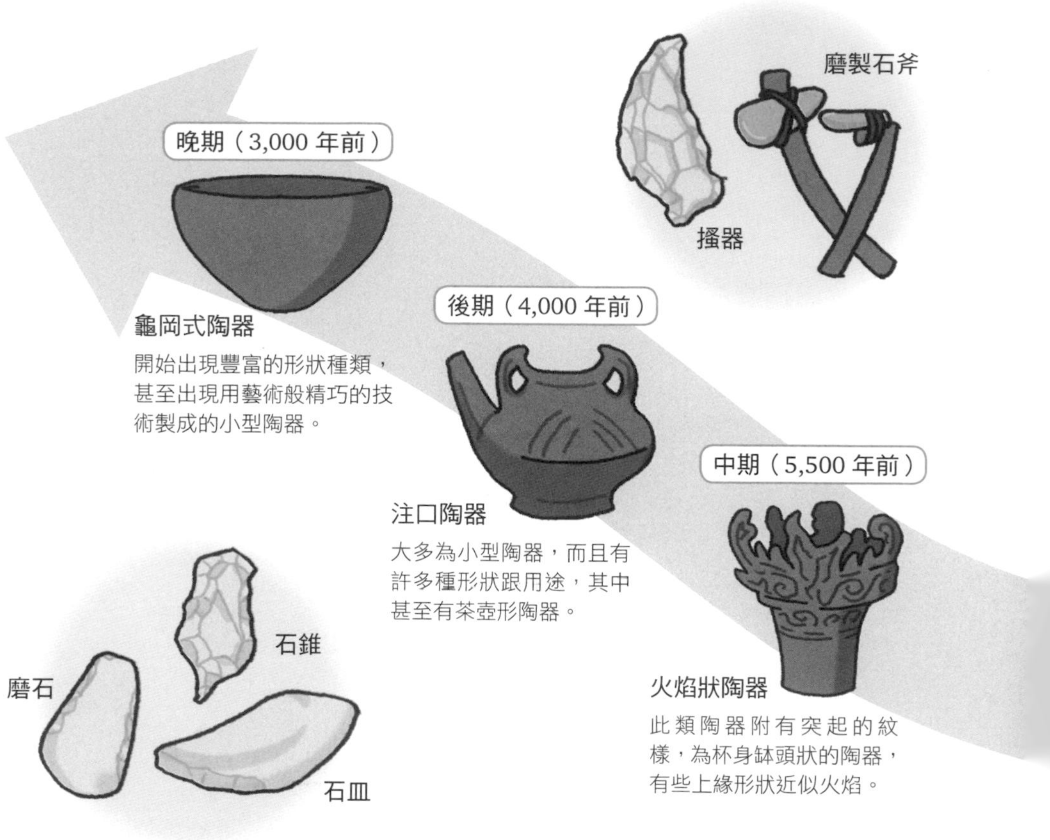
磨製石斧
搔器
晚期（3,000 年前）
龜岡式陶器
開始出現豐富的形狀種類，甚至出現用藝術般精巧的技術製成的小型陶器。
後期（4,000 年前）
注口陶器
大多為小型陶器，而且有許多種形狀跟用途，其中甚至有茶壺形陶器。
中期（5,500 年前）
火焰狀陶器
此類陶器附有突起的紋樣，為杯身缽頭狀的陶器，有些上緣形狀近似火焰。
石錐
磨石
石皿

Column

出乎意料的先進技術與文化

在三內丸山遺跡出土後，身為現代人的我們才總算發覺繩紋人擁有高度的科學技術。特別是在發現直徑一公尺以上的繩紋木柱遺跡之後，學者們開始推測奈良時代的佛寺出現前，可能就存在過從未被現代人發現的古代大型建築。另外，也發現繩紋集落的正中央，通常會有長三十公尺、寬九公尺的大型建築（大型工寮），其占地面積接近學校體育館讓人實在吃驚。

外史集

繩紋文化的命名者

率先將繩紋文化命名為「繩紋」的人，其實不是發現大森貝塚的愛德華．摩斯，據說是江戶時代後期的學者——菅江野澄。菅江居住在三河國，某一次他在津輕巡遊的途中經過陸奧灣下的三內村。他在三內村發現到很像人頭或面具的陶器後，就隨手在筆記本記下「如同繩子般的紋樣」。

06 農業的發展——引進稻作

彌生時代的種田景象

我們會從河川
引進灌溉用水喔～

繩紋初期不斷上升的氣溫，到了中期開始顯著的下降。這表示當時的氣候明顯發生寒冷化。當然，這種轉變也會給植被和糧食帶來影響。

而這個情況同時也會導致人口減少。考古學者透過遺跡的分布情形推測繩紋前期約有十萬五千人，到了中期則迅速攀升為二十六萬一千人。在接近後期時，人口卻減少了大約十六萬人。末期則是大幅減少至七萬六千人左右（以上根據小山修三的調查）。

不過，在進入彌生時期後，卻又突然上升至五十九萬五千人。至於人口急遽攀升的原因就是鐵器的發明，以及「渡來人」引進稻作。由於稻作便於在水利環境良好的低窪濕地耕作，其收穫物（稻米）的保存也很簡單，所以當時迅速地在西日本普及。

東日本雖然不適合種植稻作，不過憑藉著得天獨厚的自然資源，依然可以發展出絢爛豪華的龜岡文化，因此東北地區的發展在當時並沒有停滯不前。

產生原始國家的彌生文化

因為冰河時期，
日本列島上的
食物開始不夠吃了！
西元前 500 ～ 600 年左右，
稻作和鐵器文化開始登陸日本
短時間內擴大普及
至畿內地區
東日本
由於有豐富的糧食環境，因此不需要種植稻作。於繩紋晚期～後繩紋期形成獨自的文化。
西日本
社會出現階級現象，原本的垂直社會結構開始產生變化，進而誕生出原始的國家型態。

Column

繩紋文化仍未劃下句點

繩紋後期氣候開始朝著寒冷化演進，所幸在糧食問題不斷惡化時，稻作栽培的技術引進日本，讓糧食狀況趨於穩定，彌生文化也在這時登上歷史的舞台。不過繩紋文化並沒有就此告終，其實正好相反。從相關遺跡的調查結果中發現，繩紋文化後來在這時期不但開始深化發展，而且也實現了豐衣足食的生活。尤其是龜岡文化（續繩紋文化）中有名的遮光器土偶，其名氣完全不輸給剛發展的稻作技術。

看起來好像
穿著太空服呢！

外史集

稻作的極限

一開始在北九州的居民開始種植稻作後，並且隨著時間演進到使用彌生式陶器、鐵器，稻作的普及就迅速從瀨戶內海東方蔓延。稻作在近畿普及後，到達靜岡的登呂遺跡時，普及速度卻突然間慢了下來。推測這是因為東日本擁有得天獨厚的自然環境，因此當地居民沒有糧食上的問題。畢竟相較於西日本的紅土，東日本肥沃的黑土容易在古代生長許多植物。

07 邪馬台國的真正來歷

邪馬台國的位置在哪裡？
你認為是在
關西或九州呢？
卑彌呼
狗邪韓
伊都
對馬
奴
一支
末盧
各種假說推測的地點

引進鐵器後，隨著稻作的普及，人人平等的繩紋社會開始出現貧富差距，社會間也出現支配者和被支配者的階級。所以即使同樣身處於繩紋社會，人們的地位就一定會有高低之分。至於想判斷地位高低的方式，就從持有多少鐵器和採收多少稻米來決定。

根據《魏志倭人傳》的記述可發現，原本只有村落規模的繩紋集落，在不停的互相整併後，逐漸成長為大團體（國家）。後來，國家跟國家再組成大國，再與其他大國競爭、對立。「卑彌呼所統治的邪馬台國」就是在這種原始國家體系的背景下形成。

然而邪馬台國的確切地點至今未被發現，目前位於關西地區和九州地區的推論依然僵持不下。隨著長期的論爭，各種假說也呈現百家爭鳴的盛況，甚至還出現邪馬台國可能是外國的推論。由於人們對《魏志倭人傳》有各自的解讀，還有書中所記載的銅鏡等各種謎團，邪馬台國傳說已成為眾人必須詳細求證的問題。

當時的中國與朝鮮半島

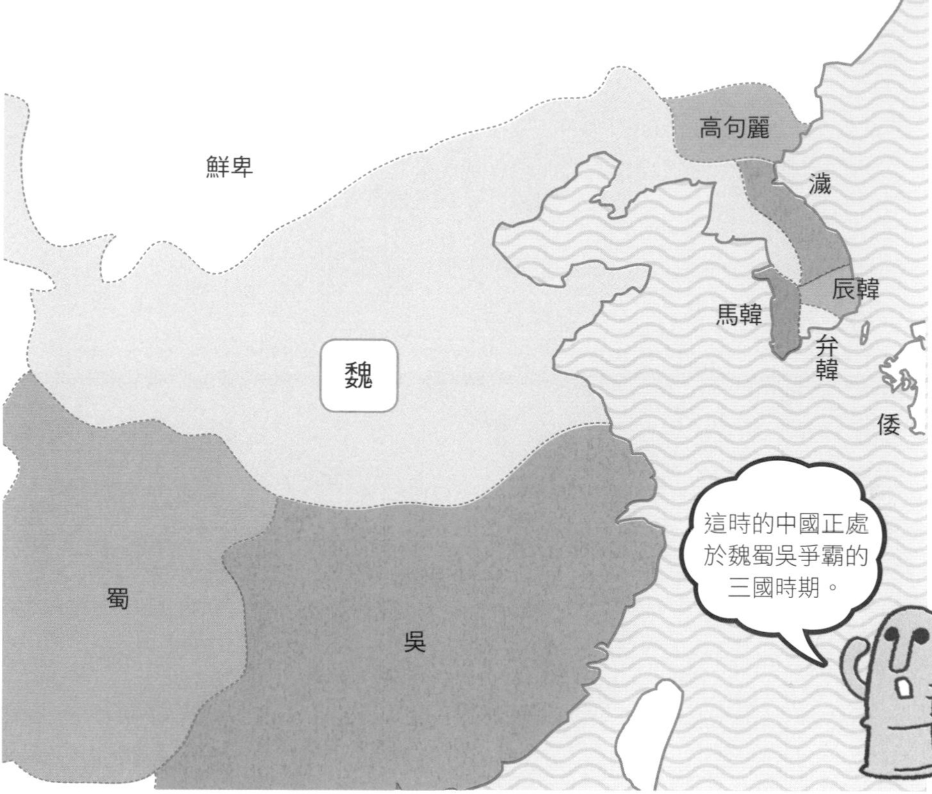

鮮卑
高句麗
濊
辰韓
馬韓
弁韓
魏
倭
蜀
吳
這時的中國正處於魏蜀吳爭霸的三國時期。

Column

從吉野里遺跡中可窺見的國家樣貌

吉野里遺跡（現今佐賀縣）最受人重視的地方，在於它是日本境內處於國家創建期時，足以代表當時構成原始國家（小國家）的實體村落。此遺跡顯示該村落被深深的壕溝包圍，其中還建造了瞭望台等各種環壕集落應有的附屬設施。

外史集

百枚銅鏡之謎

西元 239 年，卑彌呼派遣使者出使魏國，並且被魏明帝曹叡封為「親魏倭王」，及授予「金印紫綬」。在此同時也被授予了「銅鏡」，除了「景初三年鏡」之外，據說也有「四年鏡」。但曹魏使用景初年號只持續三年時間，因此四年鏡的存在本身就很值得懷疑。

08 神武東征傳說的真實性

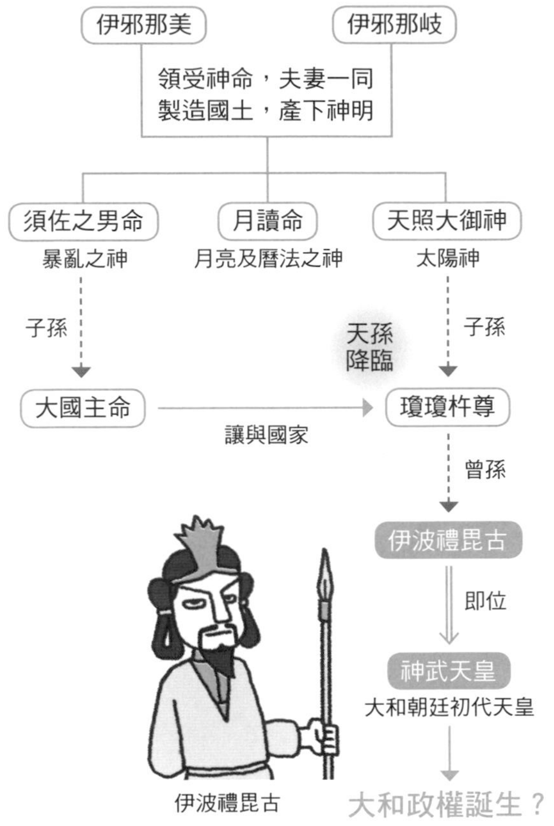
伊邪那美
伊邪那岐
領受神命，夫妻一同製造國土，產下神明
須佐之男命
暴亂之神
月讀命
月亮及曆法之神
天照大御神
太陽神
子孫
子孫
天孫降臨
大國主命
讓與國家
瓊瓊杵尊
曾孫
伊波禮毘古
即位
神武天皇
大和朝廷初代天皇
大和政權誕生？
伊波禮毘古

依《古事記》和《日本書紀》整理出的伊波禮毘古族譜

神武東征傳說是日向國（現今的宮崎縣）的豪族伊波禮毘古，攻打東國、征服西日本後，於大和國橿原宮即位成為第一代天皇的傳說。伊波禮毘古後來也被稱為神武天皇，而這同時也是日本開國之祖的神話。

不過，明治政府將「紀元節（建國紀念日）」制定在神武天皇即位時的西元前六六〇年一月一日，反而讓這個神話增添了幾分真實性。因為這時期也是繩紋文化邁向終結，改朝換代成為彌生文化的時期。

西元前六六〇年在考古學上屬於繩紋晚期，原本的繩紋集落也逐漸從村落，轉變為聯合國家。換句話說，這是繩紋和彌生時代間的過渡期。

此時中國正處於春秋戰國時代，許多來自中國的難民也漂流到日本列島。因此所謂的「神武東征」，有可能是為了保護受到外來難民染指而展開的行動總稱。總之，這時的日本時代背景很混亂，讓神武東征的真實性顯得模糊不清。

伊波禮毘古的東征路線（取自《古事記》）

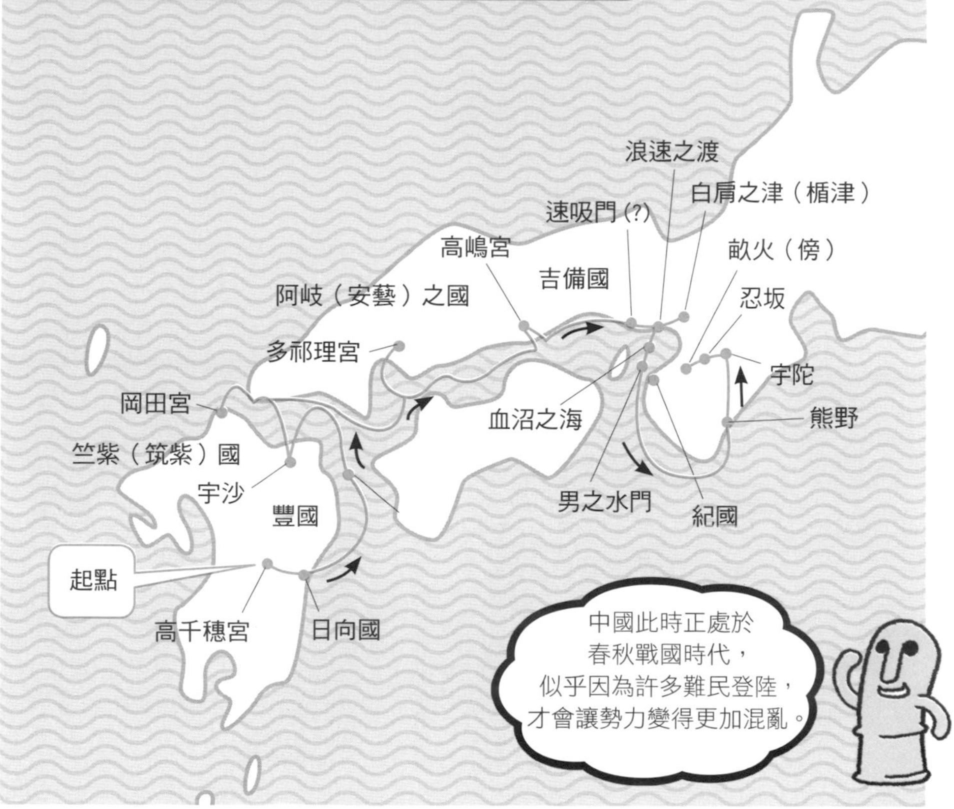
浪速之渡
白肩之津（楯津）
速吸門（?）
高嶋宮
畝火（傍）
吉備國
忍坂
阿岐（安藝）之國
多祁理宮
宇陀
岡田宮
血沼之海
熊野
竺紫（筑紫）國
宇沙
男之水門
紀國
豐國
起點
高千穗宮
日向國
中國此時正處於
春秋戰國時代，
似乎因為許多難民登陸，
才會讓勢力變得更加混亂。

Column 粗暴的神武傳說

雖然有很多與神武天皇的祖國日向國相關的遺跡，但是檢視起來卻讓人難以理解。例如，我們可以挖掘到鵜戶神宮的洞窟遺跡、生目山及笠置山周邊的女陰石、盃狀穴、月天子等帶有母系社會色彩的遺跡，但象徵父系天皇制的遺跡卻相當少。至少那些遺跡結構對神武天皇的祖國來說有些矛盾。這不得不讓人推測神武天皇原本是生活在母系社會，但後來也許為了創造新國家，而從日向國出走後往東方離去。

外史集

鳥型古墳的真正含意

在考察生目古墳群（現今宮崎縣）時，學者發現很奇怪的現象。那就是古墳的格局原本屬於前方後圓墳，但卻有被硬生生改造規格的痕跡。尤其從該遺跡的「鳥型」就能看出端倪。因為神武天皇時代有八咫烏信仰，所以捨棄原有的鳥型規格就像是大逆不道的行為。有一種傳聞認為，生目古墳群是在大正時代時被近代日本人加以改建。

古時候的出雲大社

奈良東大寺的大佛殿
高度為 45 公尺，
但出雲大社達 48 公尺，
比大佛殿還要高喔！

09 出雲王國的真實樣貌

原本大家認為出雲分別存在過銅劍、銅矛為主的九州文化，以及銅鐸為主的大和文化。但有一天，學者開始推測出雲在古時候將兩種文化混合起來，並發展為獨自的文化。因為荒神谷（現今出雲市）出土了大量被掩埋並且整齊排列好的銅劍、銅鉾、銅鐸。

此外，出雲大社的御神體位於西方，也代表御神體對著北九州方向。雖然無法確認大國主命傳說是否真的傳承自大和文化，但可以從遺跡中發現出雲有獨自發展出文化的跡象。

還有更引人注目的就是圍繞著加茂岩倉遺跡（現今島根縣）的巨大磐座遺跡群，以及挖出大量銅劍、銅鉾、銅鐸的荒神谷遺跡跟聳立於南方的佛經山中心相接壤。因此更有學者認為這幾座遺跡就是出雲文化的重鎮。

基於以上推論，有人大膽地認為佛經山既然是主要根據地，那麼出雲大社可能是附有監視台的山寨。不管怎麼說，對於出雲文化的假說目前非常需要有多方面的考證。

混合九州、大和文化的出雲文化

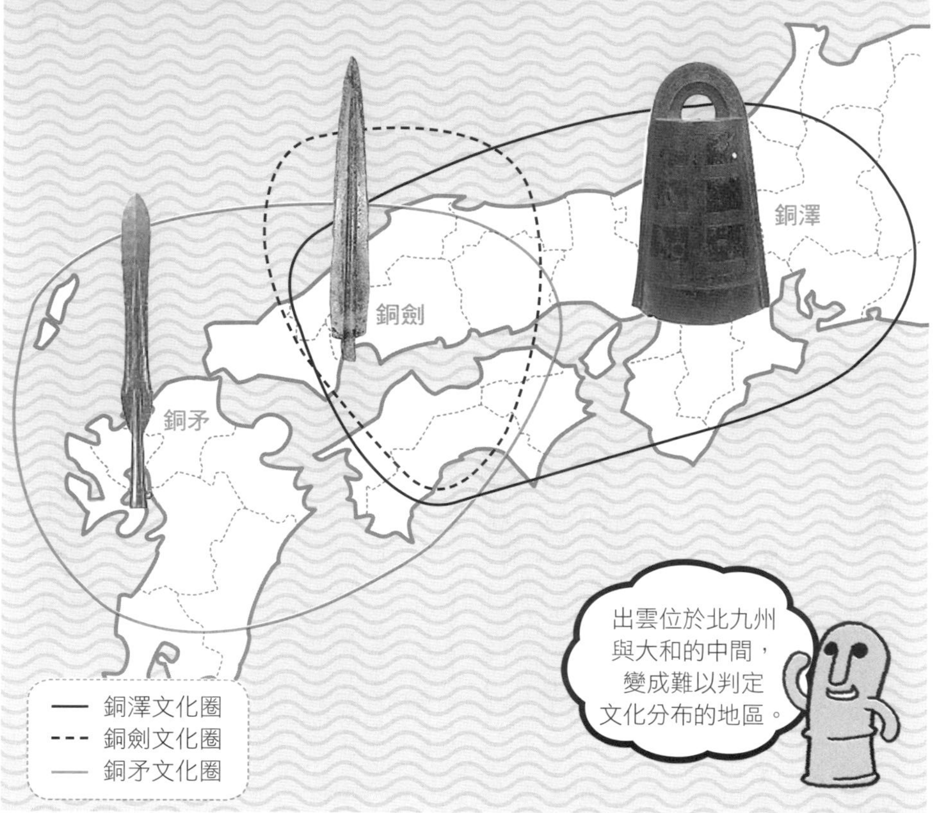
銅澤
銅劍
銅矛
銅澤文化圈
銅劍文化圈
銅矛文化圈
出雲位於北九州與大和的中間，變成難以判定文化分布的地區。

Column

埋納銅劍、銅矛的理由

考古學界一直認為以銅劍、銅矛為主的是九州文化，以銅鐸為主的是大和文化。然而出雲不但兩種文化皆有，甚至顯示存在過兩種文化併行的時期，學界還認為這個情形持續了很長的時間。

不過，這個推論突然被推翻了。因為後來有證據顯示大量銅器疑似被古人掩埋、藏匿。究竟有什麼理由，無法讓使用這些銅器的文化持續下去。或許其中的理由沒有那麼複雜也說不定。

外史集

向天際延伸的空中神社？

出雲曾發現空中樓閣遺跡，但為何古代會需要這麼高的建築呢？這是因為出雲族的根據地位於佛經山的西側，該處還鄰接著容易登陸的海岸線。也許這個區域就是出雲族嚴加看守的防守弱點，所以才會需要高聳的瞭望塔吧？

10 大和的大國主命傳說

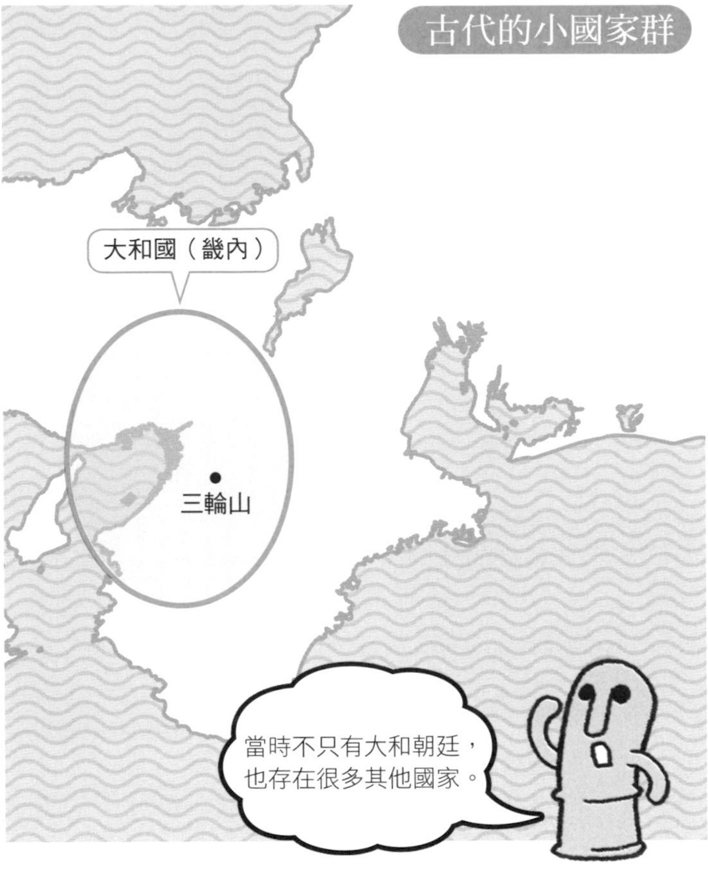
古代的小國家群
大和國（畿內）
三輪山
當時不只有大和朝廷，
也存在很多其他國家。

據說第十代崇神天皇在位時，由於傳染病橫行，導致國內人口喪失大半，因此決定以祭祀來消災解厄。後來，大物主大神（大國主命）託夢給崇神天皇，告訴他：「來我的殿前祭祀吧」，於是祭祀地點就選在三輪山。

崇神天皇在隆重祭拜後，疫情就馬上獲得控制，天下也就此太平了。但三輪山作為大和國的政治中心，本來就供奉著出雲的神祇，所以在此地祭祀屬於外來政權的大國主命略顯矛盾。所以，這個故事可能暗示大國主命和出雲有某種連結。而這個問題就必須從神話和現實之間詳加求證了。

從以上來推論來看，大和朝廷的起源和出雲王國有關。若將吉備王國作為大和朝廷的發展前史，檢視起來就會發現有些不自然。推測古人為了方便敘述大和朝廷的創業故事，就編造出「大國主命傳說」。

另外，三輪山仍保有古代山岳祭祀遺跡（金字塔），同時也是有名的古代建築。

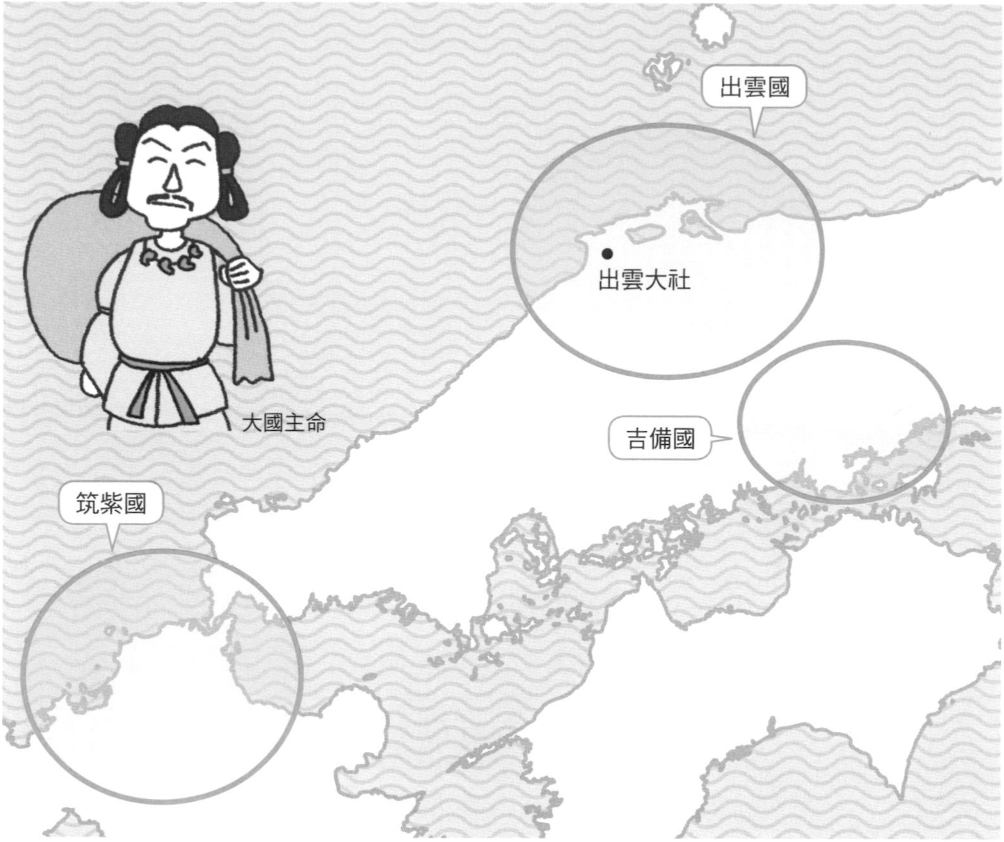

Column

最大的競爭對手是出雲族？

自神武天皇即位以來，大和朝廷打敗了很多土著民族。其中規模最大、勢力最強的民族，恐怕是和大國主命有關的出雲族。不過，大和政權自古以來就將三輪山作為聖地，而且還有曾在上面祭祀的故事，所以這個推斷實在是不太合理。也許，這個傳說也含有出雲族已經被大和朝廷支配的意義。

外史集

日本歷史上又多一個開國始祖

如果研究天皇家的族譜，你會發現有兩位天皇被稱為「建國始祖」。這兩位天皇分別是神武天皇和崇神天皇。從考古學家江上波夫的學說來看，崇神天皇其實是源於騎馬民族的渡來人，並且在推翻神武天皇後另外又設置了新王朝。

11 充滿悲劇色彩的日本武尊

大和武尊的族譜

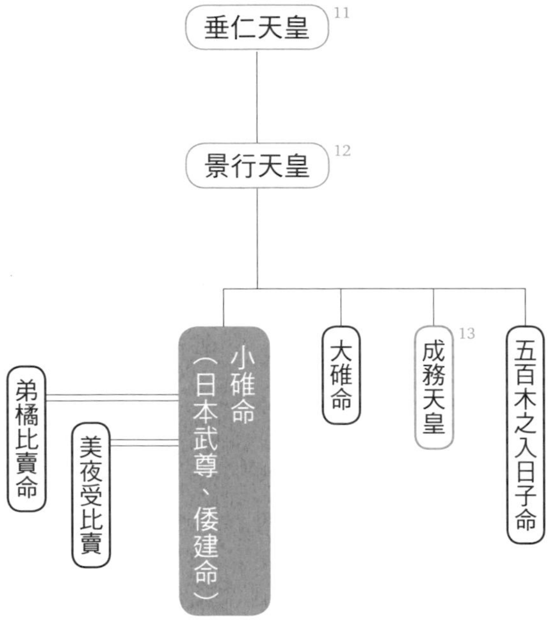
垂仁天皇
11
景行天皇
12
小碓命（日本武尊、倭建命）
大碓命
成務天皇
13
五百木之入日子命
美夜受比賣
弟橘比賣命

這裡要說一下第十二代天皇——景行天皇的故事。景行天皇當時曾經征討九州南部的熊襲族，在準備回大和國時，命令日本武尊負責殿後。後來日本武尊不但打敗熊襲族的當家川上梟帥，而且還在回國途中打倒了出雲建。

在日本武尊意氣風發地凱旋歸國後，景行天皇卻又立刻命令他遠征東國。雖然日本武尊感嘆：「天皇難道那麼希望我快點戰死沙場」，但還是接下了命令。在歷經了不少磨難後，總算平定了東國。

但在這次回國的途中，日本武尊卻感染到疾病，最後在無法回國的感嘆下客死異鄉。雖然故事的前半部是在敘述日本武尊英勇的一面，但到了最後則是以悲劇收場。而這大概也在暗示大和朝廷初創時，曾讓許多年輕的皇子戰死沙場。換句話說，犧牲者或許不只一人。因此日本武尊這個名字，推測是代表許多武尊們的複數名詞。

大和武尊的遠征路線（取自《古事記》）

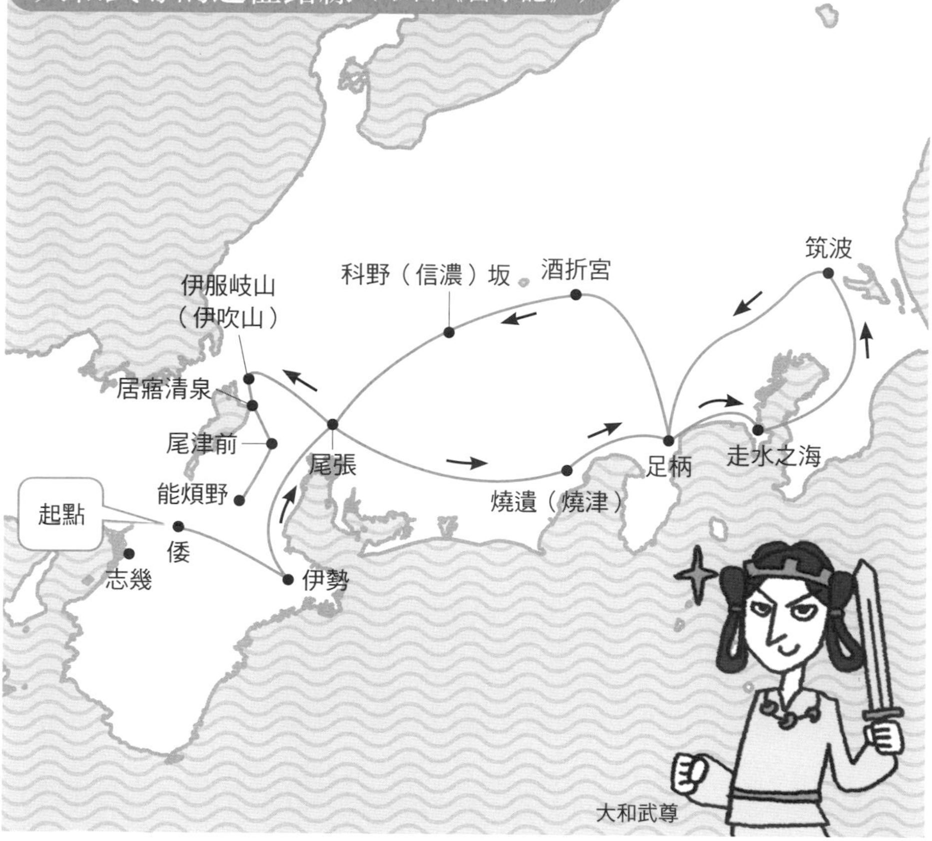
筑波
科野（信濃）坂
酒折宮
伊服岐山
（伊吹山）
居寤清泉
尾津前
尾張
能煩野
起點
倭
志幾
伊勢
燒遺（燒津）
足柄
走水之海
大和武尊

Column

大祓詞提起的大倭日高見之國

日本神社舉行祭祀時，神官宣讀的祝詞「大祓詞」中有一段「作為統治四方國土之中心，將大倭日高見之國定為國都」，而在「遷卻崇神詞」中則有一段「作為天降且受人供奉的四方國土之中心，將大倭日高見之國定為國都」的記述。但問題就在於大倭國和日高見國究竟是兩個國家，還是其實是一個名為「大倭日高見國」的國家。或許，這其中也顯示大倭國曾經叫做別的國家，但後來逐漸跟另外一個國家統一、合併。又或是蝦夷國後來改名為日高見國並且獨立了。

外史集

景行二十七年紀

武內宿禰視察東方諸國後，曾經記錄了以下相關報告：「東夷有日高見國，男女紋身椎結，天性勇悍，是曰蝦夷。土地肥沃廣闊，可擊而取之。」難道日高見國真的是蝦夷？所以才打算擊而取之？

12 應神天皇的河內開發物語

古墳的種類與形狀

前方後方墳
前方後圓墳
土墳的形狀代
表著什麼意義呢？
扇貝狀古墳
上圓下方墳
方墳
圓墳
八角墳
雙方中圓墳
雙圓墳

第十五代應神天皇的在位期間是在四到五世紀之間。此時大和朝廷的勢力範圍從大和擴大至河內。也就是說，此時大和朝廷積極將自己打造成中央政權，並且擴大政權的統治範圍。而反映出這時的權力象徵就是巨大的前方後圓形陵墓了。

若跟其他古墳（例如位於奈良盆地大和川流域的景行天皇陵、崇神天皇陵、箸墓古墳、鉢卷山古墳、成務天皇陵）比較，會發現應神天皇陵是它們的兩倍大。長徑為四百二十五公尺、其子仁德天皇陵甚至達四百八十六公尺。其大小與埃及金字塔、秦皇陵相比也毫不遜色。

天皇是祭祀者也是軍事家，同時為了建造陵墓，也會成為墾荒和修築的工地主任。畢竟天皇本來就是擁有大量鐵製農具、工具的領主。這種情形繼應神天皇後，另一個最具代表性的例子就是仁德天皇了。

另外，引進國外最新技術的弓月氏（秦氏）、和邇、阿知使主等渡來人，也是幫助天皇開墾的幕後功臣。

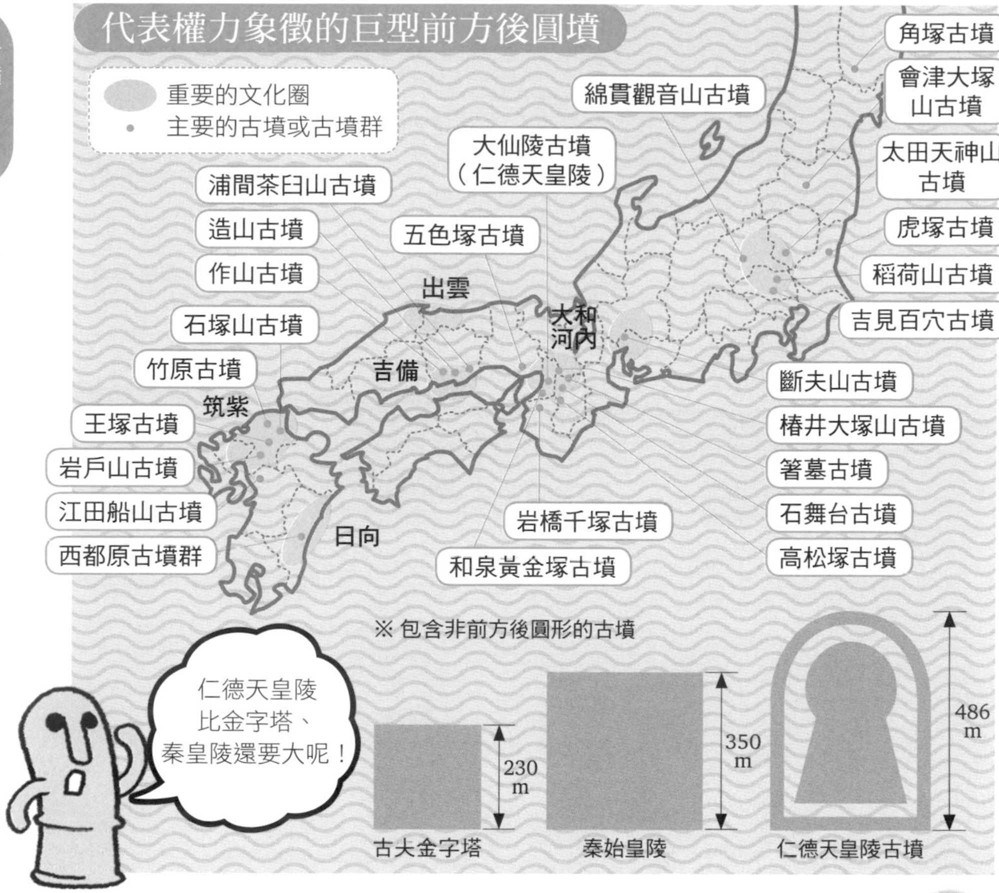
代表權力象徵的巨型前方後圓墳
重要的文化圈
主要的古墳或古墳群
角塚古墳
會津大塚山古墳
綿貫觀音山古墳
太田天神山古墳
大仙陵古墳（仁德天皇陵）
浦間茶臼山古墳
虎塚古墳
造山古墳
五色塚古墳
稻荷山古墳
作山古墳
出雲
大和
河內
吉見百穴古墳
石塚山古墳
竹原古墳
吉備
斷夫山古墳
筑紫
王塚古墳
椿井大塚山古墳
岩戶山古墳
箸墓古墳
江田船山古墳
石舞台古墳
岩橋千塚古墳
日向
西都原古墳群
和泉黃金塚古墳
高松塚古墳
※ 包含非前方後圓形的古墳
仁德天皇陵比金字塔、秦皇陵還要大呢！
230 m
350 m
486 m
古夫金字塔
秦始皇陵
仁德天皇陵古墳

Column

扶持大和朝廷的渡來人

《古事記》記載：「來自百濟國的賢人造訪」。而百濟的和邇佛師當時對天皇貢獻十卷《論語》和一卷《千字文》。《日本書紀》則記載：「倭漢直之祖——阿知使主與其子都加使主前來求見，並且帶領十七縣規模的人群而來」。其中最有名的渡來人就是將養蠶、紡織機技術引進日本的秦氏一族。根據平安初期的《新撰姓氏錄》記載，一〇五九名貴族裡，出身於中國、朝鮮的渡來人共有三百二十四名，大約占了總人數的三成。

外史集

進出河內地區

根據史料研究，應神天皇即位後，將根據地從大和遷移至河內，並且開始與亞洲大陸、半島的居民往來。大和朝廷原本定都於被山脈圍繞的山和國，後來遷移到接壤瀨戶內海的河內國，目的可能是要從地理環境方面確保國防的安全。

13 佛教引進與聖德太子的國家改革

佛教和神道教之間的對立
佛教從百濟傳來日本
欽明天皇
神道教保守派
推廣佛教派
對立
物部尾輿
舊有勢力豪族
蘇我稻目
新興渡來人勢力
百八十神
佛像

繼體天皇的嫡子，也就是第二十九代欽明天皇在位時，百濟聖明王曾對他貢獻一尊釋迦佛像、經論若干卷，讓日本開始禮拜起佛像。

這時天皇很開心地表示：「我從來沒聽過這麼奇特的經論」，並且詢問群臣自己是否適合禮拜佛像。蘇我稻目對此建議：「西方諸國都會禮拜佛像，所以我國不可不禮拜佛像。」

然而物部尾輿對此意見表示否定。他說：「我國國王本身就該祭祀代表天地的國神。若是改拜外國神祇，恐怕會引來國神的憤怒。」所以後來就只有稻目被允許在私人場合中禮拜佛像。

從上方的示意圖來看，我們可以理解當時兩邊已經開始形成對立，不過光是這樣還無法解釋其中恩怨糾葛的細節。後來渡來人迅速增加、新舊部族的世代更迭、國家體制的變化等各種社會基礎上的動搖，讓後來的聖德太子進行一連串以天皇為政權中心的改革。

聖德太子的改革

冠位十二階（603年）

仁　禮　信　義　智

不受氏姓制的舊弊影響，
讓執政者有健全的錄用人材管道

十七條憲法（604年）

- 引導新舊勢力互相融合
- 創造以佛教為中心的國家
- 使天皇的地位絕對化

↓

建立中央集權國家

↓

對中國實施對等外交

派遣遣隋使
收到隋煬帝的國書

推古天皇

↑ 協力

聖德太子　蘇我馬子

Column

關於聖德太子

最近有些人開始呼籲不需要特別用聖德太子這個尊稱，而是改稱他的本名廄戶皇子。理由是因為聖德太子只是推古天皇的攝政官，所以當時才會特別塑造一個建設理想國家的青年貴族形象。因此現在很多人認為聖德太子的形象太過完美，甚至已經偏離了現實層面。不過，看在當時的國際情勢，聖德太子會如此事必躬親也不是沒有道理。因此這個問題還需要大家冷靜探討。

聖德太子

外史集

聖德太子的死期

平安時代中期所作的《聖德太子傳曆》記載了聖德太子晚年時的情形。雖然歷史學者不重視該書在這個時期的描述，但是根據該書記載聖德太子晚年一直煩惱自己的死期將近，而且也害怕自己的子孫將來會滅亡。推古29年2月，聖德太子對自己的妃子表示：「我將在今天黃昏死去，妳也跟我一起走吧。」由此推斷，或許聖德太子不是自然死亡。

14 女帝時代的權力鬥爭

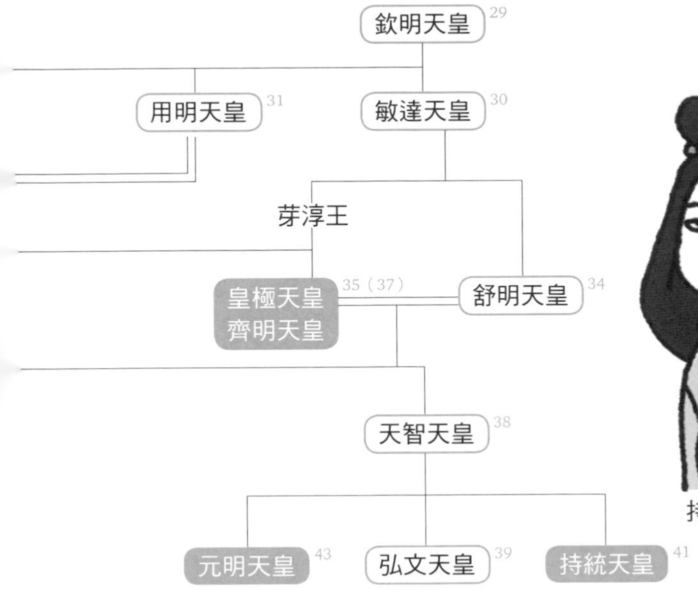
欽明天皇 29
用明天皇 31
敏達天皇 30
芽淳王
皇極天皇
齊明天皇 35（37）
舒明天皇 34
天智天皇 38
元明天皇 43
弘文天皇 39
持統天皇 41

持統天皇

為女性天皇

欽明天皇在死後，依序由敏達、用明、崇峻天皇繼承皇位，不過崇峻天皇後來遭到蘇我馬子暗殺，因此在不管繼承順位的前提上，朝廷姑且推舉了敏達天皇的皇后——炊屋姬即位成為第三十三代推古天皇。

推古天皇在位三十六年後，女性天皇還有第三十五代皇極天皇（同時也是第三十七代齊明天皇）、第四十一代持統天皇、第四十三代元明天皇、第四十四代元正天皇、第四十六代孝謙天皇（第四十八代稱德天皇）。換句話說，曾經出現過六位女性天皇，總共占據了八個天皇的位置。

除了後面兩位之外，其他天皇除了當過皇太子妃，也因為皇位繼承者仍年幼，而不得不上場代打。但這也難以解釋女性天皇為何會集中出現在這個時期的問題。

也許是因為以渡來人為成員基礎的新勢力在當時逐漸抬頭，還有新舊貴族的世代交替，讓朝廷內部以及社會產生難以處理的混亂，才會出現不得不由女性天皇出來當中繼投手的現象。

穴穗部皇女
崇峻天皇 32
推古天皇 33
聖德太子
孝德天皇 36
推古天皇
天武天皇 40
聖德太子
只有在這個時代裡出現過這麼多女性天皇。
文武天皇 42
元正天皇 44
聖武天皇 45
孝謙天皇 稱德天皇 46（48）
元明天皇

Column

開始以「日本」作為國號

自古以來日本曾經稱為倭國、邪馬台國。據說後來在推古王朝及大化革新之間又更改國號為「日本國」，同時也將年號制定為「大化」。另外在《舊唐書》中曾記載於「貞觀二十二年（西元六四八年＝大化四年），開始使用日本為國號」。而後來的《新唐書》也記載「日本國者，倭國之別種也。以其國在日邊，故以日本為名」。後面甚至還記載著「倭國自惡其名不雅，改為日本」。值得注意的是這兩本史書是中國的官方紀錄，但不知為何日本的歷史研究者卻一直忽視這個事實？

外史集

用途不明的石造物

明日香村（現今奈良縣）被考古學界挖掘出許多神祕石造物。這些石造物有的被稱為酒船石、益田岩船等等。雖然至今仍無法知道它們的真正用途，但《日本書紀》記載「齊明天皇常因一時興起，而下令興建無意義的土木工程」，所以透過一些推論可以得知該石造物是根據渡來人的信仰、文化而仿造出的巨型雕刻。

15 大化革新的內幕

蘇我父子慘遭殺害的乙巳之變

哎呀呀…
皇極天皇
去死吧！
中大兄皇子
蘇我入鹿
我
撐不下去啦！
蘇我蝦夷

第三十五代天皇——皇極天皇即位四年後，中大兄皇子和中臣鐮足為了建設以天皇為中心的律令國家，打算處理掉經常與天皇家作對的蘇我蝦夷和蘇我入鹿父子。於是某一天，他們在宮中於天皇面前殺害蘇我入鹿。

而父親蘇我蝦夷則是在自宅引火自焚，並且同時把自己跟聖德太子共同編寫的《天皇記》《國記》等多數珍品焚毀。所以，持續三代在朝廷呼風喚雨的蘇我氏就此滅亡，之後就是以建設律令國家為目標的「大化革新」時代。

其實，當時的日本因為在朝鮮半島上被唐國與新羅聯合軍給打敗，所以已經到了有必要改革國家體制的時期。只是當時以天皇為中心的律令國家改革，到底實現了多少成果，也很值得詳細探討。

還有，後來天武天皇能順利推動改革，也未必不是受到大化革新的影響。

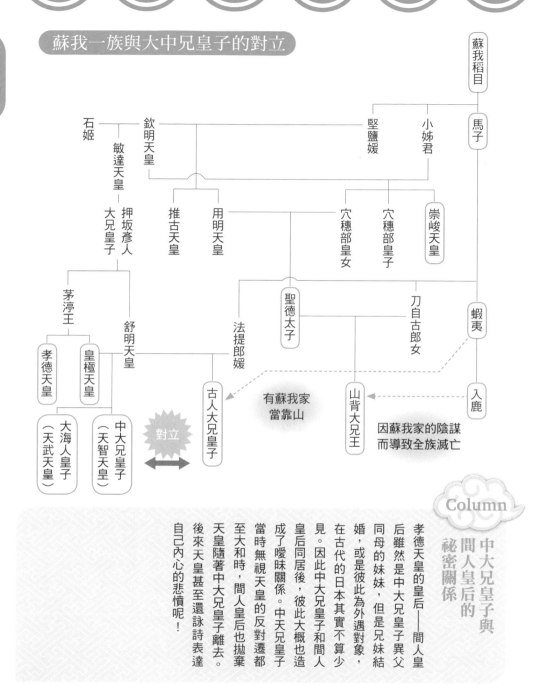

蘇我一族與大中兄皇子的對立

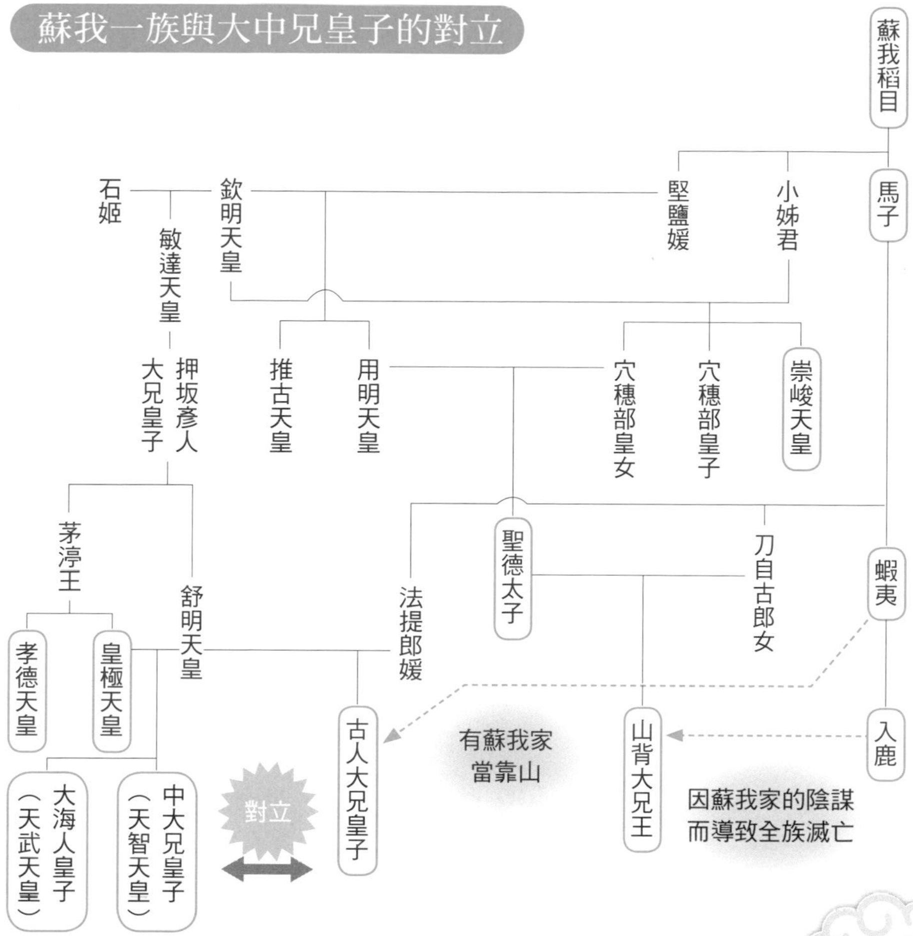
蘇我稻目
馬子
小姊君
堅鹽媛
欽明天皇
石姬
敏達天皇
押坂彥人大兄皇子
推古天皇
用明天皇
穴穗部皇女
穴穗部皇子
崇峻天皇
茅渟王
舒明天皇
法提郎媛
聖德太子
刀自古郎女
蝦夷
孝德天皇
皇極天皇
古人大兄皇子
山背大兄王
入鹿
有蘇我家當靠山
因蘇我家的陰謀而導致全族滅亡
對立
大海人皇子（天武天皇）
中大兄皇子（天智天皇）

Column

中大兄皇子與間人皇后的祕密關係

孝德天皇的皇后——間人皇后雖然是中大兄皇子異父同母的妹妹，但是兄妹結婚，或是彼此為外遇對象，在古代的日本其實不算少見。因此中大兄皇子和間人皇后同居後，彼此大概也造成了曖昧關係。中天兄皇子當時無視天皇的反對遷都至大和時，間人皇后也拋棄天皇隨著中大兄皇子離去。後來天皇甚至還詠詩表達自己內心的悲憤呢！

外史集

亡佚的《天皇記》

所謂的歷史往往是由時代的贏家編寫，雖然蘇我氏與聖德太子曾經一同編寫《天皇記》和《國記》，但可惜在蘇我一族因政治鬥爭而滅亡後，這兩本記載到大化革新之前的重要史書也跟著付之一炬。

16 壬申之亂與天武天皇

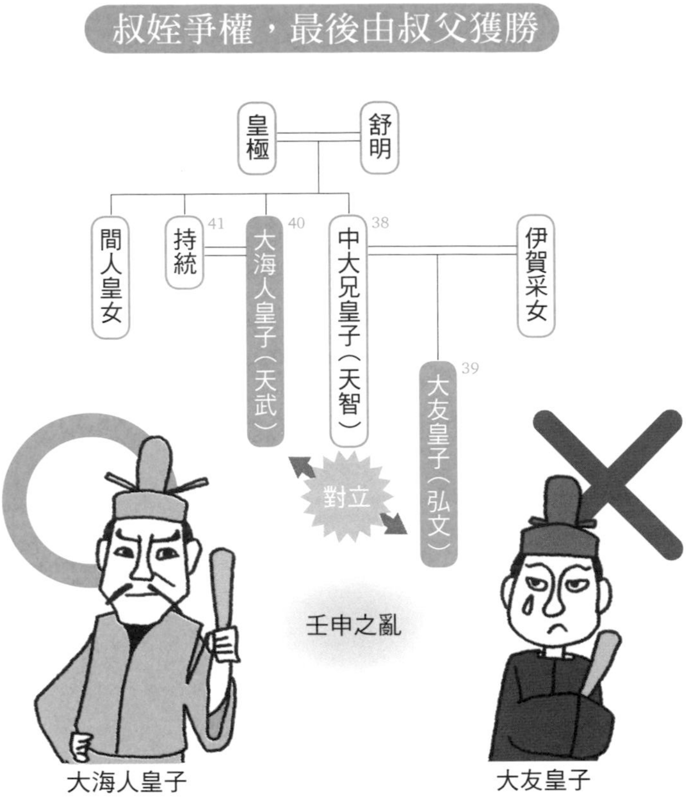

叔姪爭權，最後由叔父獲勝
皇極
舒明
間人皇女
持統
41
大海人皇子（天武）
40
中大兄皇子（天智）
38
伊賀采女
大友皇子（弘文）
39
對立
壬申之亂
大海人皇子
大友皇子

大化革新後，在位將近三十年的天智天皇（中大兄皇子）病倒時，大海人皇子表示：「我希望將皇位讓給倭姬皇后，攝政就交給大友皇子即可，至於我則打算皈依佛門」，然後就真的前往吉野山出家了。

不過，當天智天皇剛傳出過世的訊息，大海人皇子立刻從吉野出山，並且在伊勢、美濃集結兵力，將東海、東山兩道納入自軍陣容。反觀大友皇子的勢力，則是沒有即時做出應對，結果戰況在一面倒的情況下，由大海人皇子獲得勝利。

在壬申年（西元六七二年）時，大海人皇子於飛鳥古都建造飛鳥淨御原宮，翌年即位為天武天皇。這時不管是朝廷的太政大臣、左右大臣等主要官員，都是由皇后和皇子所構成，就連比較偏向權力外部的職位也是分配給貴族擔任，再更遠離權力中心的職位則安排給舊世代的豪族。

這種權力分配其實是以前一直都沒有想到的安排。從這一代的天皇開始，日本就成了天皇親政的時代，天武天皇後來也被尊稱為「大君」。

壬申之亂的戰場與進軍路線圖

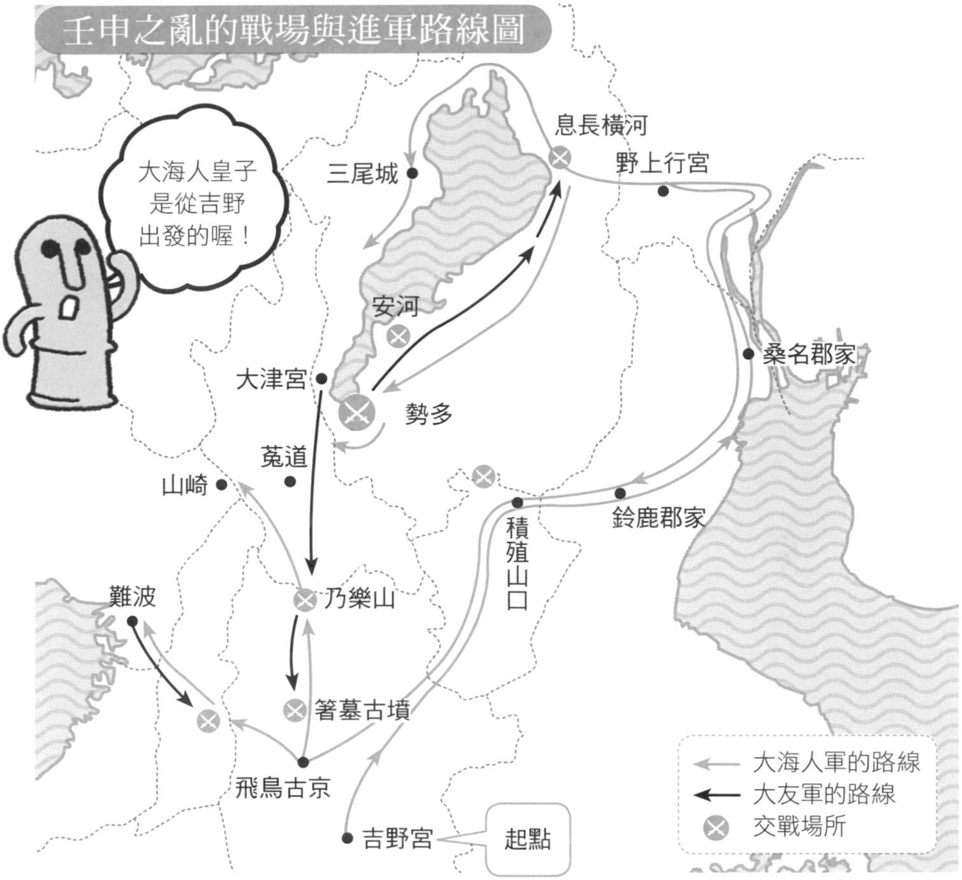

大海人皇子是從吉野出發的喔！
息長橫河
野上行宮
三尾城
安河
桑名郡家
大津宮
勢多
菟道
山崎
鈴鹿郡家
積殖山口
難波
乃樂山
箸墓古墳
飛鳥古京
吉野宮
起點
大海人軍的路線
大友軍的路線
交戰場所

Column

天皇的神格化

天武天皇死後被人們封為神明。因此在《萬葉集》裡，可以找到兩首歌頌天武天皇的詩歌，作者為大伴御行。詩歌內容如下：「大君如神兮，乘赤毛神駒奔馳，遂定都於原田井」「大君如神兮，召集眾水鳥乘之，遂定都於水沼」。透過兩首詩歌，我們也許能想像到皇都的氣派雄偉，但卻也看到裡頭居然誇張地將天武天皇稱為神明。其實，之所以會這麼形容，理由在於天武天皇已被後人謚封為「貴為明神之尊統御大八洲之日本根子天皇」，因此沒有必要覺得稀奇。

外史集

大宰府的設置

在白江村之戰輸給唐朝和新羅的聯合軍後，中大兄皇子於九州設置抵禦邊境遭敵軍侵犯的駐防士兵和烽火，並且設置了貯水用的水城。該水城高約 14 公尺，基部寬約 80 公尺，長約 1 公里。以古代的土木工程技術來說，算是很大規模的建築。

17 獨創的和唐混搭文化

天武天皇開始建造以天皇為中心的國家

由天皇獨裁的律令國家

① 強化對土地和農民的支配力

廢止部曲（豪族的私有民），設置八色姓以編制人民的身分。

② 把天皇家的祖神迎進伊勢神宮裡膜拜

將伊勢神宮作為在東國經營的據點，並且使之成為祭祀天皇家祖神的神社。

天武天皇

③ 編寫國史

整理《帝記》《舊辭》等舊資料，並且著手編輯《古事記》《日本書紀》

④ 制定飛鳥淨御原令

宣揚律令國家思想，並在持統天皇上位後執行（689年）。

政治舞台上的巨星——天智天皇病倒時，天武天皇先是主動退出政壇，然後再舉兵趁虛而入，其政治實力可說是充分達到文武雙全的程度。

在他正式即位後，除了要打造出足以揚威國際的全新國家，同時也有必要對唐朝表現出恭敬的態度，所以天武天皇認為必須在國內設置好類似的政治體制。當然，這種政治體制必須只是看起來像而已，目標還是要幫自己打造出心目中的國家。

首先就是實施公地公民制度。除了天皇、皇后、皇子以外的貴族、豪族、寺社都要在這種制度的管理下。第二則是伊勢神宮要在社內祭祀天皇家的祖神，還有經營據點要以東國為主。第三是開始編寫日本的國史，所以後來也編寫出《古事記》及《日本書紀》。

就在這樣的背景下，「飛鳥淨御原令」就此制定完成。雖然這時的日本只是剛完成律令國家的事前整備工作，但往後以天皇為中心的國體、制度、體制內容，可說是在這時就已經成形。

《日本書紀》與《古事記》

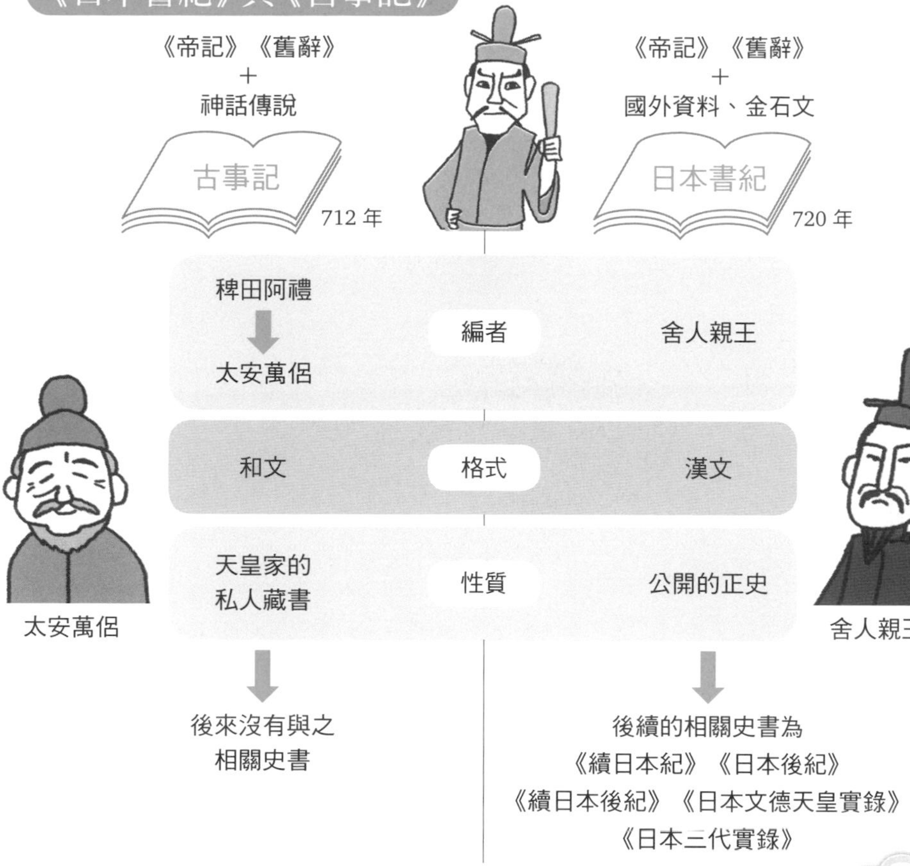
《帝記》《舊辭》
＋
神話傳說
古事記
712 年
《帝記》《舊辭》
＋
國外資料、金石文
日本書紀
720 年
稗田阿禮
太安萬侶
編者
舍人親王
和文
格式
漢文
天皇家的
私人藏書
性質
公開的正史
太安萬侶
舍人親王
後來沒有與之
相關史書
後續的相關史書為
《續日本紀》《日本後紀》
《續日本後紀》《日本文德天皇實錄》
《日本三代實錄》

Column 伊勢神宮的定位

天武天皇（大海人皇子）在決定發動政變時，伊勢神宮就成了叛亂軍的集合基地。而且在政變結束後，伊勢神宮作為東方經營的出擊基地，就成了朝廷不可或缺的重要軍事據點。雖然曾有海人族單純將伊雜宮作為軍事要地的紀錄，不過後來因為齋王（於神宮受到奉侍的未婚內親王）由大伯皇女擔任，所以她作為天皇家祭祀祖神的負責人，後來也受到朝廷無微不至的保護。

外史集

編撰《古事記》和《日本書紀》時的參考書籍

據說《古事記》和《日本書紀》都是參考過兩本史書才得以完成。一本是專門記錄天皇家族譜的《帝紀》，另一本是將神話作為歷史記錄的《舊辭》。此外，《古事記》是太安萬侶透過稗田阿禮的口述紀錄而成，《日本書紀》則是參考過中國和朝鮮的史書後再加以完成。

18 正式實施都市建設——平城遷都

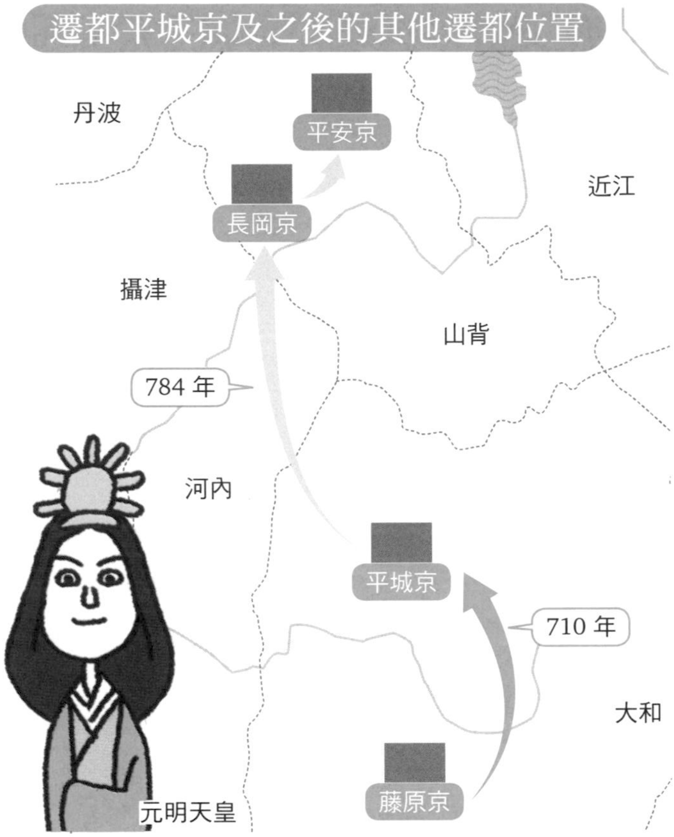
遷都平城京及之後的其他遷都位置
丹波
平安京
近江
長岡京
攝津
山背
784 年
河內
平城京
710 年
大和
藤原京
元明天皇

為了紀念武藏國所上貢的和銅，元明天皇將年號改為和銅，而在和銅元年（七〇八年）正月，她也決定要從原本已經住慣的藤原京，遷都到大和盆地北端。也就是所謂的「遷都平城」。

雖然有許多遷都理由，不過真正的理由就只有一個。那就是睽違二十年回國的遣唐執節使——粟田真人將唐朝的文化、國力、首都長安的威容，全數報告給元明天皇知道後，大大刺激了朝廷想要做出改變的決心。

在此刺激下，就如《萬葉集》所歌詠「青丹良且秀，奈良寧樂京師者，其由咲花綻，爛漫發薰之所如，如日當中今盛也」的那樣，朝廷規畫出如同棋盤般格局分明的街道，都市空間也充滿了整齊劃一的白色築地塀、紅色大柱、綠色屋簷。

值得注目的是在掘立柱當中還有板敷式高床、檜皮屋簷等和風建築構造。簡單地說，朝廷規畫出混有大和、唐朝風格的都市。這幾乎等於預告未來的律令國家將會是走和唐混搭的時尚路線。

仿造唐朝長安而造的平成京

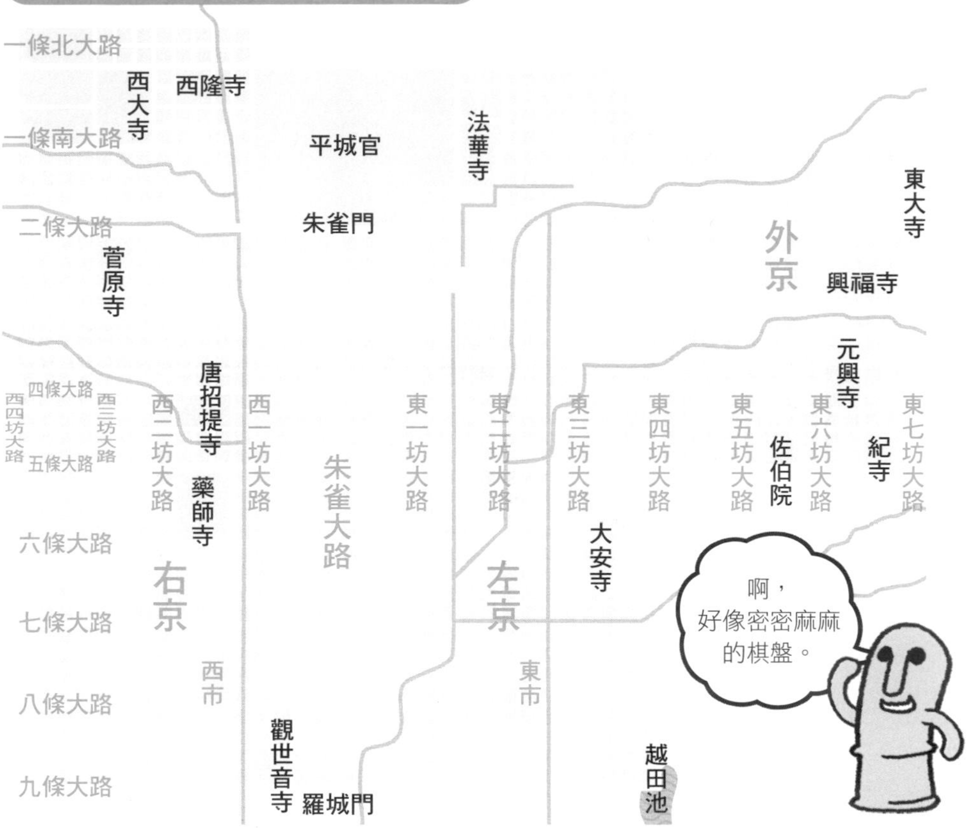

一條北大路
西大寺
西隆寺
一條南大路
平城官
法華寺
二條大路
朱雀門
東大寺
外京
興福寺
菅原寺
元興寺
唐招提寺
四條大路
西四坊大路
西三坊大路
五條大路
西二坊大路
西一坊大路
朱雀大路
東一坊大路
東二坊大路
東三坊大路
東四坊大路
東五坊大路
東六坊大路
東七坊大路
佐伯院
紀寺
藥師寺
六條大路
大安寺
右京
左京
七條大路
啊，
好像密密麻麻
的棋盤。
西市
東市
八條大路
觀世音寺
越田池
九條大路
羅城門

Column

四通八達的古代街道

在平成京整備出直達國家中心的交通網路，是打造出律令式中央集權國家的重要建設。可從西國而來的道路是山陽道、山陰道，從瀨戶內海的海路而來可以從難波登陸，再選擇越過生駒或龍田的道路。輸送物資的話，則是從淀川經由木津川，或是從大和川經由佐保川的水路運輸。要從北方陸路而來的話，可以走北陸道。從東國而來可以從東山道走起，在穿越南山並越過奈良坂就能抵達國都。由此交通規畫看來，平城京完全成為集權國家的政治中心。

外史集

《風土記》的成立

和銅 6 年（714 年），為了徹底實施律令制度，朝廷公布「今後郡鄉的名稱，必須以二字形式的漢字標示。還有轄區內的所有國產礦物、動物、植物，不論是否對土地的滋養有所幫助，都要記錄於山川原野中的由來，並編撰成冊上獻給朝廷」。而這些紀錄就成為後來的《風土記》。

將希望寄託在大佛身上的聖武天皇

19 一償建造大佛像的宿願

拜託拜託～
你一定要實現
我的願望！
聖武天皇

聖武天皇是在天平十五年（七四三年）開始執政。聖武天皇在位時，曾發出一個像是想實現個人願望的詔文。那就是要用國家事業等級的計畫來建造一尊大佛像。

但是，沒有人把天皇的這個願望聽進去。於是聖武天皇開始常常離開平城京，四處探訪各地，然後開始命人建造離宮，以及豪邁地發出「不計任何代價也要執行」的遷都宣言（出自《續日本紀》）。

雖然任誰都會覺得這是很不正常的舉動，但聖武天皇其實有自己的理由。因為要是有莊園制度般的律令制度，就會使整個國家體制空洞化，天皇的實權就會變得有名無實，會被擁有莊園的大領主藤原一族給壓抑住。

聖武天皇一直想辦法逃出這個窘境，最後得到的結論就是靠建造大佛來教化人心。想要救自己也要重建國家，就只能建造大佛了。

動員 260 萬人建立盧舍那佛

從模具外的孔洞倒進燒熱的銅液，並且分成 8 個階段製作。

鑄造大佛時所使用的原料（取自《東大寺要錄》等資料）

熟銅（高純度的銅）	739,560 斤	水銀	56,620 兩
白鑞（鉛錫合金）	12,618 斤	木炭	18,156 石
鍊金（精鍊過的黃金）	10,446 兩	※ 斤＝ 670g、16 兩＝ 1 斤	

Column

從小沙彌變成大和尚的行基法師

由於在村里說法會違反僧尼令，因此行基法師被貴族們譴責「妖言惑眾」，但後來朝廷對行基法師的態度產生一百八十度的大轉變。養老六年（七一七年），朝廷宣布「與行基法師隨行的修行者們，只要是守法的人，男性六十一歲以上，女性五十九歲以上，全員都可視為僧尼」。天平十七年（七四五年），行基法師成為大僧正，並且受朝廷封百戶。行基法師說法在造橋、修築堤防上，靠的不只是言語而已，還有許多人的出手相助。

外史集

建造大佛所用到的資源

據《東大寺要錄》所記載，為了建造巨大佛像，朝廷從全國各地徵集了大量資源。當時收集到的資源數據如下：高純度的熟銅為 739,560 斤、水銀 56,620 兩、白蠟（鉛銀合金）12,618 斤、木炭 18,156 石、精鍊過的黃金 10,446 兩。（1 斤＝ 670 公克、1 斤＝ 16 兩）

選在在四神相應之地建都的平安京

北
玄武（船岡山）
平安宮
朱雀門
西
白虎（山陽道、山陰道）
東
青龍（鴨川）
右京
朱雀大道
左京
羅城門
南
朱雀（巨椋池）

20 建設平安京與平定蝦夷

桓武天皇是一個大器晚成的人。這是因為他有很長的一段時期，是以皇太子的身分施政。直到天應元年（七八一年）四月，他才以四十五歲的年齡即位成為第五十代天皇。

雖然桓武天皇的施政方向略顯單調，只是以「簡易化」（精簡預算）和透過整頓戶籍、田籍來消極重建律令制，但他趁著平定陸奧、出羽（現今東北六縣）時，趁機一掃舊都蔓延的消極風氣，想在政策上進行大轉換。

桓武天皇展開建設新都、遷都的計畫時，在經過長岡京遷都後，他也徹底地構想出唐國風格的都城建設。而這個想法的結果就是所謂的平安京建設了。就連在平定陸奧、出羽的戰略上，也有很大的不同。當時負責平定奧羽戰亂的坂上田村麻呂一手持劍一手拿佛經，同時也促進當地農業的普及以及鼓勵當地民眾遷移至都城。

朝廷不單靠武力鎮壓戰亂，還以當時屬於先進文化的佛教安撫人心，不但促進農業普及，也讓陸奧和出羽在鎮壓下獲得進步。

坂上田村麻呂征討蝦夷的經過
蝦夷大酋長
坂上田村麻呂
秋田城（733）
雄勝城（759）
志波城（803）
膽澤城（802）
取代多賀城成為陸奧最大的前線基地
出羽柵（708）
出羽
伊治城（767）
桃生城（759）
牡鹿柵（737）
陸奧
多賀城（724）
磐舟柵（648）
渟足柵（647）
征夷大將軍坂上田村麻呂
城
城柵
行政首府
括號內數字為設置年代

Column

平安京的設計思想

為了遠離壞事、詛咒不斷的長岡京，桓武天皇思考該把都城遷移到哪裡時，據說是和氣清麻呂提議將新都城建設在葛野。而且桓武天皇的心腹藤原嗣繩剛好在當地也有別墅。此地北有船岡山，東有南流而下的鴨川，南有巨掠池為海，西有山陽道、山陰道。於是桓武天皇選了這個與四神相應的風水寶地，作為自己心目中的理想都城。

外史集

坂上田村麻呂的族譜

身為渡來人的坂上田村麻呂，據說是來自於東漢的氏族。他的祖先也曾在壬申之亂中幫助大海人皇子立下戰功，因此坂上氏從此成為武官世家。而田村麻呂在受到父親苅田麻呂的薰陶下，也逐漸成長為優秀的武官。

21 平安時代的兩大佛教巨星——空海與最澄

平安時代的佛教宗師：最澄與空海

由朝廷派遣的最澄　　沒名氣的留學生空海

對於南都佛教成為炫耀財力的工具，兩人心中感到質疑，並認為持續研習佛法或許能找出佛教的真諦。

兩人都成為遣唐使節團的成員

天台法華宗
據點：比叡山

日本真言宗
據點：高野山

平安時期佛教誕生

除了流行在山中進行嚴格的修行，並祈求國家社稷安康的密宗，還有透過加持和祈禱就能在現世獲得利益的佛教也很受貴族們的支持。

延曆二十三年（八〇四年），桓武天皇在遣唐使團中加進了最澄法師和空海法師。對於急於將國家唐朝化的天皇、貴族來說，這兩位法師成了他們最大的幫手。

最澄法師最初是在天台法華的門下修習佛法，雖然他只在唐朝待了八個月，但當時他廣泛地學習了天台以外的宗派，他不但比較早回國，所以發揚自己所學的時間也比較早，後來也在比叡山開創天台法華宗。

空海法師留在唐國學習三年，拜訪了各地的佛寺，最為人所知的經歷就是在青龍寺受到惠果法師正統的灌頂儀式（受戒儀式）。空海法師也積極學習梵語、詩文，不但學習各種學問，而且也勤練自己的書法技術。

這兩位法師最讓人注目的就是很熱心收集代表密宗藝術的佛像、曼荼羅、法具、佛經，而這些收藏也意外成為天台宗和真言宗兩派的最有效宣傳工具。另外，對於亟欲讓國家唐朝化的歷任天皇，也從他們的努力中收到了想要的成果。

遣唐使的航行路線

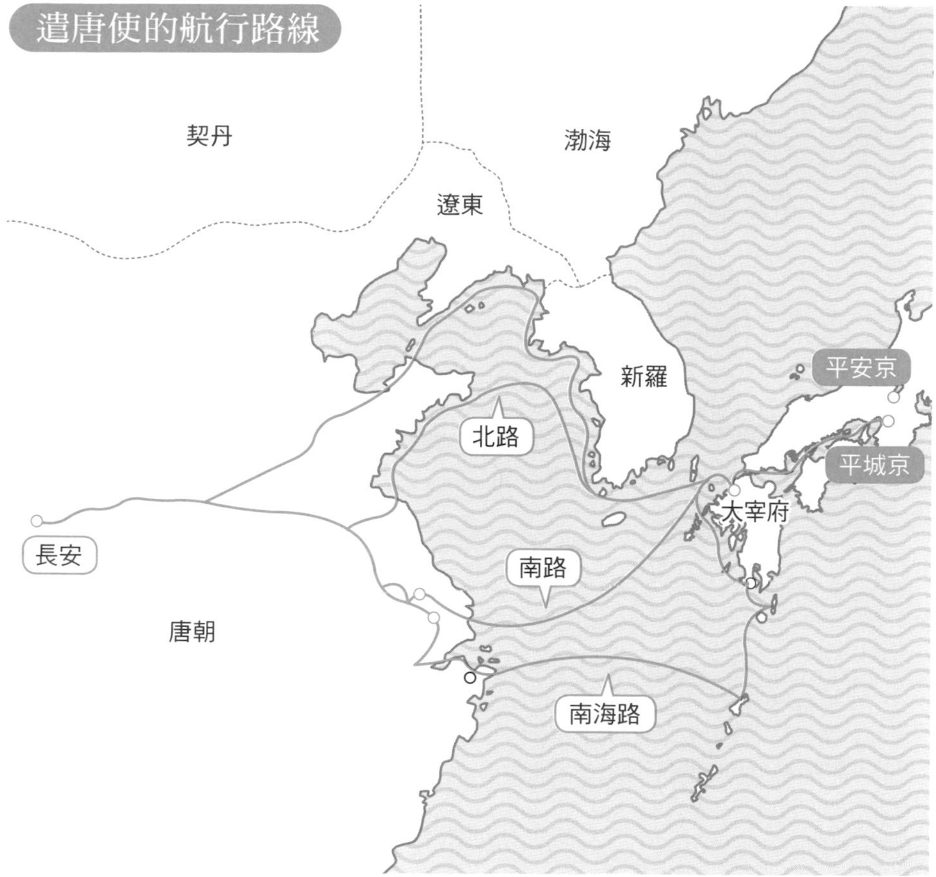
契丹
渤海
遼東
新羅
平安京
北路
平城京
大宰府
長安
南路
唐朝
南海路

Column

以命相搏的遣唐使任務

幾乎賠上性命的遣唐使團總共派遣過十九次，其中經過計畫並且由官方正式派遣的次數是十五次。由於需要季風航行的帆船很難操縱，加上遣唐使團不是很習慣外海航行，以及造船技術還不是很純熟等原因，因此每一趟出去都伴隨著極高的風險。最能印證這一點的例子就是唐朝的鑑真法師，歷史記載他曾搭了六次船並遇到多次船難，最後才終於到達日本。

外史集

修驗道的由來

原本進入深山閉關修行，是一種祈求國家安康或現世利益的儀式，但曾幾何時卻逐漸和日本的山岳信仰結合，進而產生出混合神道教和佛教密宗的「修驗道」。結果，修驗道就成了既不是佛教也不是神道教的獨特宗教。

22 藤原一族的黃金時代

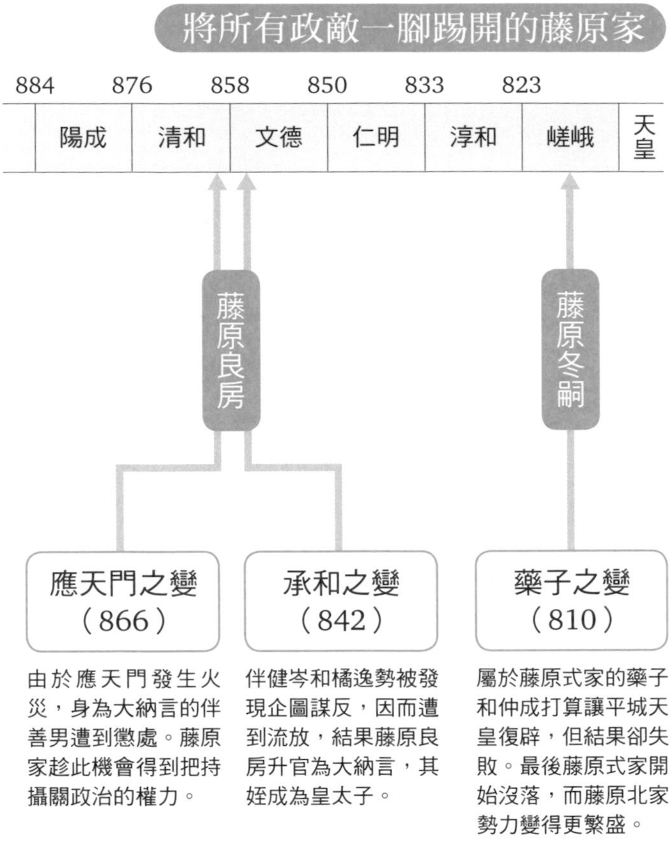
將所有政敵一腳踢開的藤原家
884
876
858
850
833
823
天皇
陽成
清和
文德
仁明
淳和
嵯峨
藤原良房
藤原冬嗣
應天門之變（866）
承和之變（842）
藥子之變（810）
由於應天門發生火災，身為大納言的伴善男遭到懲處。藤原家趁此機會得到把持攝關政治的權力。
伴健岑和橘逸勢被發現企圖謀反，因而遭到流放，結果藤原良房升官為大納言，其姪成為皇太子。
屬於藤原式家的藥子和仲成打算讓平城天皇復辟，但結果卻失敗。最後藤原式家開始沒落，而藤原北家勢力變得更繁盛。

日本的律令制度實際上跟唐朝的律令不太一樣。由於日本的律令太難在現實案例中使用，所以一般都會交由現場判斷來進行裁決。

也因此，地方的下級貴族、當地土豪、有力農民會趁機鑽漏洞，想辦法追求自己的利益。其中更有武裝起來的強大勢力反抗律令政府，決定開始興起叛亂，讓自己成為地方上的權力分子。

結果，就連中央的貴族和寺社也靠這種概念將領地私有化，在檯面下迅速培養自己的勢力。這是因為受捐贈而獲得的領地可以用莊園的名義變成租稅免除地（所謂的不輸不入地）。

透過律令制度空洞化，靠莊園成長為最大勢力的就是藤原一族。後來藤原一族代代都在朝廷中擔任要職、占據高位，甚至成為天皇的外戚。於是攝關政治（外戚占據攝政、關白兩大官職的政治策略）就這麼開始了。

969	967	946	930	897	887	
圓融	冷泉	村上	朱雀	醍醐	宇多	光孝

藤原實賴　藤原忠平　藤原時平　藤原基經

安和之變（969）

左大臣源高明遭到貶官，使藤原家在官場上的勢力變得更加難以撼動。

道真遭貶（901）

堪稱宇多天皇身邊智囊的菅原道真，因為升官至右大臣，所以被藤原家視為政敵。後來在宇多天皇出家後，藤原家找機會誣陷道真，於是醍醐天皇將道真貶官至太宰府。

阿衡事件（887）

藤原基經不接受宇多天皇授予官位的事件。因為天皇詔書上的用詞讓基經感到不快，所以基經為了抗議，故意怠忽職守約半年的時間。最後天皇重寫詔書，以表達讓步。

Column

倒楣的菅原道真

雖然管理公地、公民是律令制度的基本原則，但因為私有地（莊園）的急增，而使得律令制度變得有名無實，富裕的郡司及百姓也變得不怕與諸國受領（官人）起衝突。所以透過莊園崛起的藤原一族，與屬於受領一派的宇多天皇、菅原道真之間，也因為立場相悖而演變成政敵。因此不論菅原道真是否真的打算對付藤原家，彼此的立場基本上就是互相對立，所以不管如何都會成為藤原家的眼中釘。只能說菅原道真的時運不太好。

菅原道真

外史集

在宮廷內吟詩作對

平安時代的當紅詩人在原業平曾詠嘆了一首自己在官場上不得志的詩歌：「身困有志難伸處，終日隱蔽無所為」。至於女詩人小野小町所作的「無月之夜思伊人，胸口發燙熱如火」，則在情愛上表現出不輸男性的熱情。

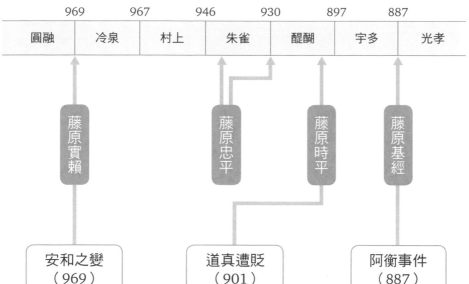

律令國家崩潰

23 急速成長的武士政權——平將門與藤原純友

占據私領的風潮擴大
想要保護自己的領地
任期結束卻不肯退位的國司
擁有直屬軍隊
出現自行開墾領地的開發領主
私人武裝部隊變多
武士階級誕生
藤原純友
平將門

身為受領而在地方擴張勢力的下級官人們，除了在畿內畫地為王，甚至也在各地占領地盤，各自成長為武裝勢力。他們開始不聽律令政府的命令，把自己當成地方上的土霸主。

其中最明顯的例子就是在「承平、天慶之亂」崛起的平將門，以及在瀨戶內海當海賊起家的藤原純友。平將門在關東占據大半領地，甚至一度僭稱「新皇」，想表示自己的地位足以取代天皇。

雖然這兩個叛亂勢力最後還是被朝廷給鎮壓，不過卻無法完全消滅，甚至可以說他們留下的殘存勢力在當地向下扎根，反而代替中央貴族和寺社成為新的莊園管理者。雖然這些莊園管理者在當時有各種稱呼，但基本上他們可算是武士階級的前身。

而在這些武士團中，因勇武而頗負盛名的就是清和源氏和桓武平氏。

承平、平慶之亂

藤原純友之亂（939～941）
以伊予的日振島為根據地，占領讚岐和太宰府。後來遭到小野好古、源經基鎮壓。
下總
伊予
平將門之亂（935～940）
在其根據地下總與族人發生衝突，進而舉兵謀反。之後從攻擊國府開始，到征服大部分的關東地區為止，並且僭稱自己為「新皇」。最後遭到平貞盛、藤原秀鄉鎮壓。

Column 清和源氏和桓武平家

到了平安末期，成為地方領主的莊官、開發領主、有力農民開始和貴族結成徒黨，進而組織出武士團。其中最有力的就是清和源氏和桓武平家。源氏是攝津的地方勢力，他們藉由開採礦山、製鐵來獲得攝關家的保護。而在急速成長後，再以討伐奧州王安倍一族（前九年、後三年之役）成名。而平家則是靠著海上貿易，以及跟擁有武裝的貴族打交道後，開始在權力中心進出，進而逐漸支配朝廷（保元之亂、平治之亂）。

外史集

死不瞑目的平將門

平將門遭到斬首後，首級雖然被安置在京都街上示眾，但某一天首級卻突然大聲怒吼，並在一飛沖天後不知所蹤。好不容易找到後，人們便決定好好將首級埋葬起來。目前平將門的首塚位於東京大手町的金融區，據說曾有過數次遷移計畫，但每次都發生負責人受傷、生病的詭異狀況，所以後來大家只能乖乖放棄首塚的遷移計畫。

24 人才輩出的藤原道長時代

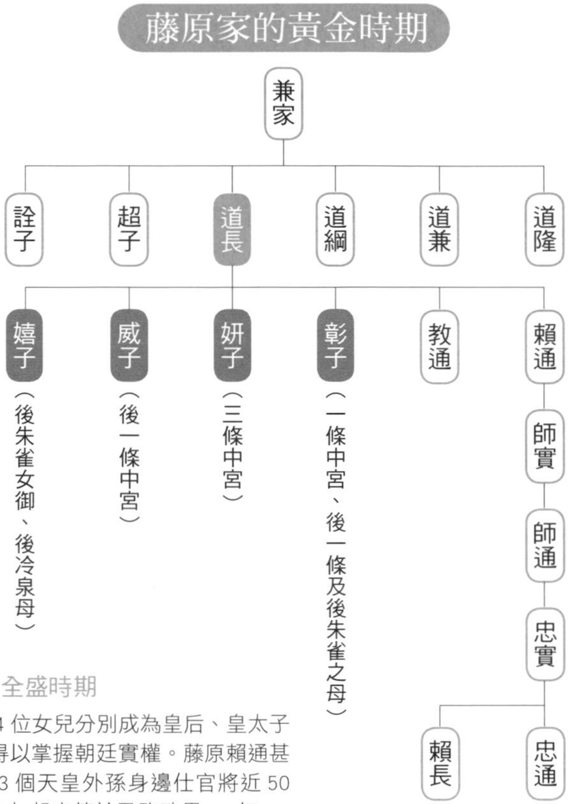
藤原家的黃金時期
兼家
道隆
道兼
道綱
道長
超子
詮子
賴通
教通
彰子（一條中宮、後一條及後朱雀之母）
妍子（三條中宮）
威子（後一條中宮）
嬉子（後朱雀女御、後冷泉母）
師實
師通
忠實
忠通
賴長

攝關政治的全盛時期

藤原道長的 4 位女兒分別成為皇后、皇太子妃，讓自己得以掌握朝廷實權。藤原賴通甚至在道長的 3 個天皇外孫身邊仕官將近 50 年，父子兩人加起來等於君臨政界 70 年。

長德二年（九九六年）七月，右大臣藤原道長升官至正二位左大臣。由於坐上最高階的官位，因此圍繞在攝關家、藤原一族的權力鬥爭在這時終結，朝廷儼然成為道長的一人天下。

此時道長的女兒彰子成為一條天皇的妃子，後來也順利被立為中宮。政治權力的延伸完全按照道長的計畫，此後他就可以毫不顧忌的用外戚身分干涉天皇的執政。由於道長站上了當時的權力頂點，志得意滿的心境甚至讓他詠唱了如下的詩歌：「此世即吾世，如月滿無缺」。

雖然藤原道長一手掌權，但令人意外的是他並沒有擺出獨裁者的架式，反而找出很多人材，並且積極培養成文人名士。

《續本朝往生傳》裡有一句「聚集當世名士，只為豐富此書內容」，並收錄了和泉式部、安倍晴明、源信、源滿仲等八十六位名人的生平。其他還有紫式部、小野道風等當代文藝青年。當時的朝廷可說是充滿了讓人如沐春風的生氣。

兩位伺候藤原家千金的才女

藤原道長
道隆
伺候
彰子
一條天皇
定子
伺候
紫式部
《源氏物語》
清少納言
《枕草子》

Column 紫式部和清少納言的競爭

一條天皇的宮廷裡曾出現過兩位才女，她們就是紫式部和清少納言。清少納言是服侍定子皇后的女官。擁有敏銳的感性和豐富的機智。至於紫式部原本是名寡婦，後來成為服侍中宮彰子的女官。不過紫式部不像清少納言落魄而死，到最後一直都在中宮彰子身邊當女官，她的人生可說是過得一帆風順。此外，歷史上並沒有記載這兩人是否碰過面。推測清少納言被宮廷革職後，紫式部日後才在宮中仕官。

外史集

平安時代的幽靈騷動

小說《源氏物語》描寫出膾炙人口的宮廷靈異故事，所以平安時期的京都居民也開始害怕起城內有怨靈作祟。時任朝廷御用陰陽師的安倍晴明也天天忙於安撫民眾，但也因此人們開始謠傳安倍晴明像魔法師一樣到處降妖除魔。

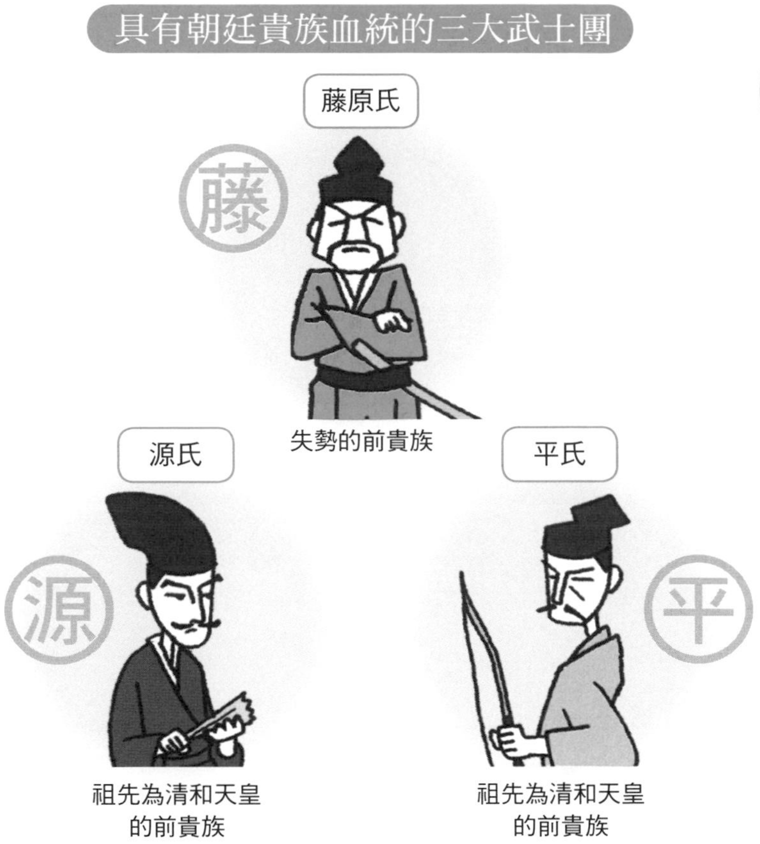
具有朝廷貴族血統的三大武士團
藤原氏
藤
失勢的前貴族
源氏
源
祖先為清和天皇
的前貴族
平氏
平
祖先為清和天皇
的前貴族

25 源賴義、義家的悲劇

平安時代末期，成長快速的源家、平家、藤原家被世人並稱為三大武士團。而在成長經歷上最值得注意的就是清和源氏。他們不但成為攝關家麾下的「武士」，而且還透過平定上總國的「平忠常之亂」而在關東站穩腳步。

然後就是在「前九年、後三年之役」爆發時，由於朝廷需要討伐陸奧的安倍一族，因此任命源賴義為陸奧守，讓源賴義和兒子義家率領東國武士團攻進陸奧，殲滅掉安倍一族。

但因為出羽的豪族——清原一族的援軍占有較大的功勞，所以清原武則成為鎮守府將軍。而比較算是重點的賴義轉任為伊予守，兒子義家則轉任為出羽守，直接成了清原武則的部下，因此義家只好跟著別人離開陸奧。

後來，清原一族出現內鬥，而且義家也被牽扯進去。雖然他極力撇清關係，但朝廷不樂見紛爭延燒開來。所以義家再次被迫離開陸奧。而留下來的藤原清衡，日後也成為了平泉政權之祖。

源氏崛起

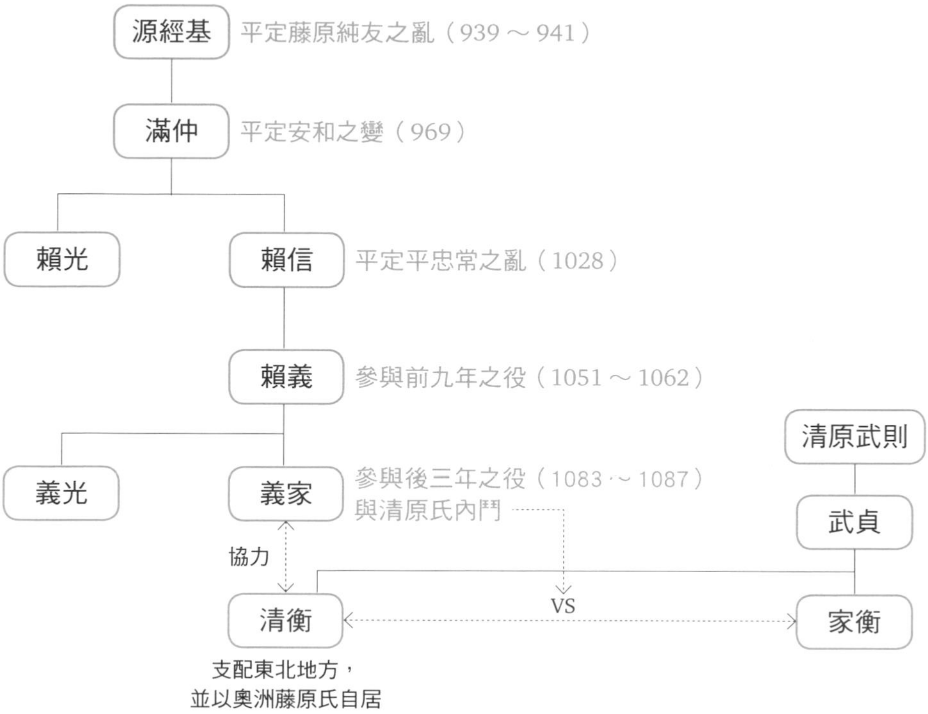
源經基
平定藤原純友之亂（939 ～ 941）
滿仲
平定安和之變（969）
賴光
賴信
平定平忠常之亂（1028）
賴義
參與前九年之役（1051 ～ 1062）
義光
義家
參與後三年之役（1083 ～ 1087）
與清原氏內鬥
清原武則
武貞
協力
清衡
VS
家衡
支配東北地方，
並以奧州藤原氏自居

Column 開發領主崛起的實態

當地方行政官僚國司擁有強力的裁量權時，就能委託各地的有力農民經營田堵。其中有力的大名田堵不但可以自行開發土地，而且還可以把開拓出的土地畫為自己的領地。因此他們就是所謂的開發領主。這類有力農民在關東平野不斷崛起，並且急速成長。然後他們也就成為構成鎌倉幕府的御家人集團。他們在前九年後三年之役當中，可是源賴義麾下最活躍的主力部隊。

外史集

開發程度不輸京都的陸奧

陸奧安倍氏所統治的蝦夷，其實不是當代人眼中的未開化地區。當地人不僅在北上川流域附近開發田地，而且在收成時，光是磐井郡就要出動三千多人幫忙。還有在白河至外濱的範圍內除了城鎮以外，也設置了關卡和旅店，所以從衣川經過此地的西行法師甚至驚嘆道：「簡直跟京都一樣」。

26

奧州藤原氏的黃金文化

奧州平泉與中尊寺

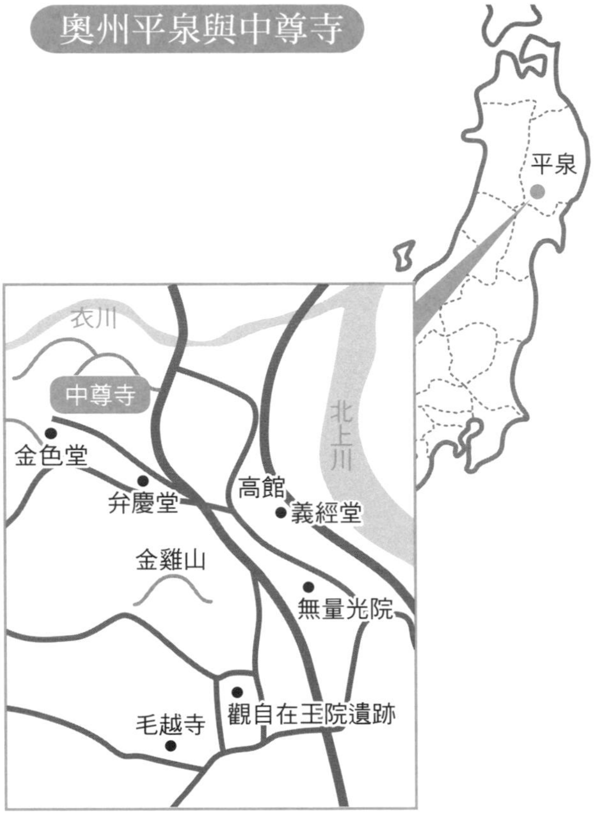

藤原清衡在後三年之役勝出後，正式成為陸奧和出羽的主權者。他一成為陸奧的大當家後，馬上就在安倍統治時期所設的衣川關上建造大伽藍（大寺廟）。換句話說，他打算建設出佛教都市。想要在因為內鬥而被搗亂的土地上，以佛教教化民眾後，再逐漸打造成獨立於京都的王國。

雖然現在無法在當地看到成群的大伽藍，不過唯一留下來的中尊寺金色堂裡，可以發現全都塗上了金漆，甚至還有裝飾螺鈿的中檀、阿彌陀三尊、二天、六地藏，也因為擁有如此豪華的寺廟，所以平泉文化也被稱為黃金文化。

當地的居民不只會因為戰亂而死去的親友而前去祭拜，同時寺院的存在也能消除過往「俘囚之國」的標籤。從磐城白河關到津輕外濱的二十日行程中，取中心位置建造了中尊寺，據說每隔一町就會建造笠塔婆供養死者。

該地大約持續百年的時光，終日發出繁榮的燦然光輝。

平安

奧州藤原氏的起源

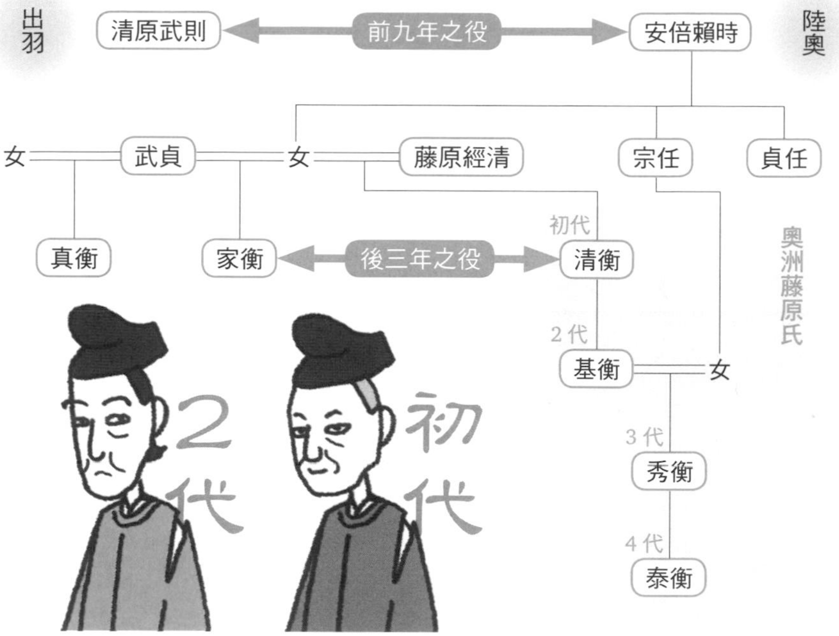

出羽
清原武則
前九年之役
安倍賴時
陸奧
女
武貞
女
藤原經清
宗任
貞任
初代
真衡
家衡
後三年之役
清衡
奧州藤原氏
2代
基衡
女
2代
初代
3代
秀衡
4代
泰衡

藤原基衡　藤原清衡

Column

匯集當代工藝達人所建造的金色堂

只要有金箔貼上，沒有東西不變得莊嚴。尤其奧州藤原式為了建造中尊寺而召集了建築、工藝、美術方面的工匠。他們在寺內的四根卷柱、格天井、蟇股、須彌壇上施加了金蒔繪、鏍鈿、金屬浮雕、琉璃蝴蝶及孔雀的紋樣。某些地方甚至還用上了來自於非洲的象牙。雖然我們可以知道鏍鈿是從琉球以南的地區採集，但象牙是經由什麼管道購買就無從推測了。

外史集

藤原第四代當家的木乃伊

中尊寺金色堂內葬有藤原清衡、基衡、秀衡的木乃伊。雖然泰衡曾幫助賴朝擊敗義經，但最後卻落得兔死狗烹的下場。傳説賴朝害怕泰衡會陰魂不散，便將其安葬於金色堂。奇怪的是，下葬的卻是身首異處的木乃伊。但不管傳聞如何，從骨骼特徵來看，似乎能確定該遺骨與愛努人種無關。

27 上皇、法皇的陰謀

政治壟斷手法從攝關政治改變為院政

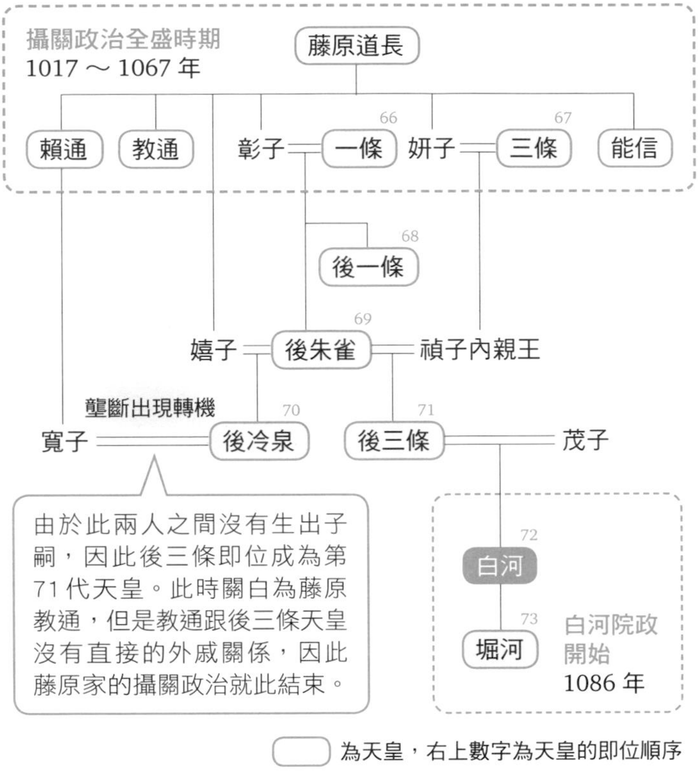
攝關政治全盛時期
1017 ～ 1067 年
藤原道長
賴通
教通
彰子
66
一條
妍子
67
三條
能信
68
後一條
69
嬉子
後朱雀
禎子內親王
壟斷出現轉機
寬子
70
後冷泉
71
後三條
茂子
由於此兩人之間沒有生出子嗣，因此後三條即位成為第71代天皇。此時關白為藤原教通，但是教通跟後三條天皇沒有直接的外戚關係，因此藤原家的攝關政治就此結束。
72
白河
73
堀河
白河院政開始
1086 年
為天皇，右上數字為天皇的即位順序

到了藤原道長兒子藤原賴通的時代，總算出現一位沒有讓外戚干政的天皇——後三條天皇。從宇多天皇開始，藤原一族以外戚身分干政已經持續了一百七十年，而後三條天皇是這期間第一位非藤原氏皇后生出的天皇。

後三條天皇除了以「宣旨枡」規範枡的容量之外，還以「記錄莊園券契所」，嚴格要求莊園所有者提出合法持有的證明文件。但這不代表朝廷想重建律令制、削減莊園恢復為公領，而是要確保天皇擁有能全權支配的莊園而已。

雖然之後的白河天皇也熱中於奪取莊園控制權，但到了堀河天皇宣布退位時，大家又發現朝廷政治有新玩法。那就是退位的天皇可以升格為上皇。上皇不是天皇，也不是攝政關白，但又能直接成為朝廷裡的新勢力。後來設置的「北面武士」，還能讓上皇利用體制化的武士團確保財源（支配莊園）。

鳥羽上皇、後白河上皇以「上皇」身分垂簾聽政百餘年，他們將心思全放在操弄權謀上。

以院政享受特權的上皇、法皇

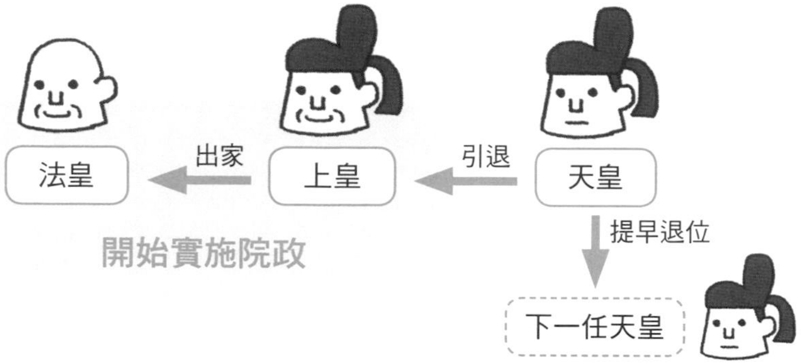
法皇
出家
上皇
引退
天皇
提早退位
下一任天皇
開始實施院政

軍事方面的基礎
經濟方面的基礎
北面武士
莊園

Column

法皇、上皇的權力來源

在這個時代，上皇和法皇突然成為朝廷的第三勢力。而且他們之所以能浮上檯面也是因為本身擁有能量可以讓他們行使院政。

這個能量就是經過不斷蓄積實力，成長為「受領」的新興莊園領主。在國庫因為律令制混亂而連年虧損的狀態中，這些莊園領主不但會幫忙負擔建造宮殿及官廷例行活動的費用，而且透過從上皇或法皇的手上獲得官位，也讓他們得到了行使武力的權限。而上皇和法皇也因為他們的擁戴，讓在位中的天皇變得有名無實。

外史集

強勢的武裝僧兵

說到莊園領主，除了貴族以外還有寺廟和神社的管理者。例如奈良的興福寺和比叡山的延曆寺，都是許多人不敢隨便招惹的勢力。只要他們有心，就可以大舉入侵京都，從教化國人的寺院變成破壞國家治安的勢力。此外，他們的主力部隊是全都由僧兵所組成的武裝集團。

28 操弄源平兩族的白河法皇

玩弄兩面手法的白河法皇

一隻手給糖
一隻手持鞭
源
平
白河法皇

貴族依賴莊園的體制維持了超過一個世紀的時間，結果也讓莊園的領主逐漸成長為貴族階級。在那時候，越來越虛弱的中央貴族、寺社向地方領主尋求保護，地方領主也會默默希望他們趕快下台，好讓他們早點接任上去成為新貴族。

而這時頗受大家注目的新星就是在前九年、後三年之役以來，率領關東武士團成為源家棟梁的源義家。不過，白河上皇卻一直將源義家視為眼中釘。

白河上皇一方面禁止人們捐款給源義家，另一方面又玩弄兩面手法，賜給源義家昇殿面聖的許可。然後又開始利用從關東進駐伊勢、伊賀的平氏。

此時白河上皇任用名氣不大的平正盛，接著以奪取朝廷物品的罪狀討伐源義親（源義家的兒子）。讓兩個可能成為後患的武士團互鬥，就是白河上皇的一石二鳥之計。就這樣，白河上皇的一流政治手段開始不停地操弄源平兩族。

因院政而崛起的武士（平氏）

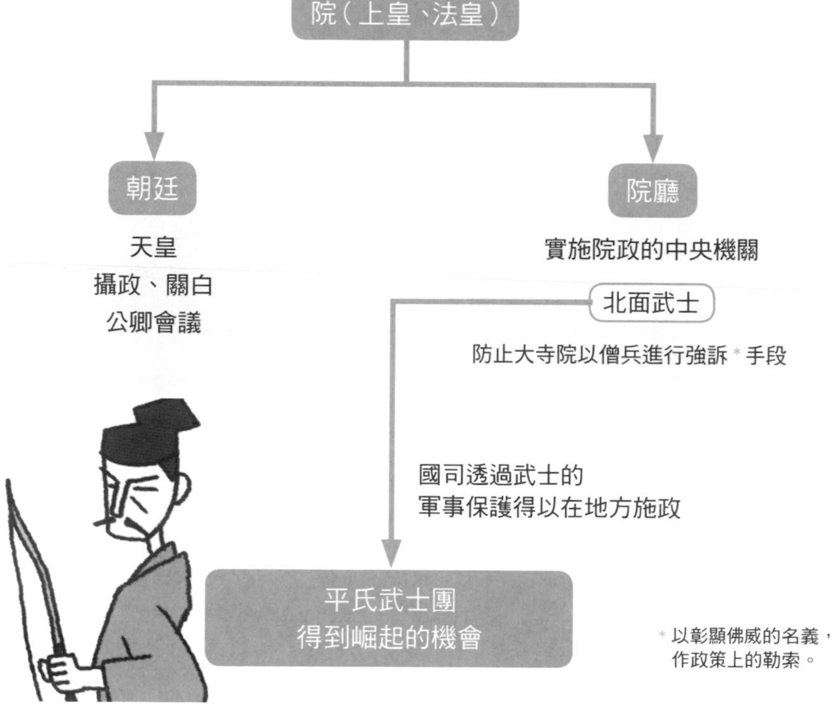
院（上皇、法皇）
朝廷
天皇
攝政、關白
公卿會議
院廳
實施院政的中央機關
北面武士
防止大寺院以僧兵進行強訴＊手段
國司透過武士的
軍事保護得以在地方施政
平氏武士團
得到崛起的機會

＊以彰顯佛威的名義，作政策上的勒索。

Column

院政的真面目

在後鳥羽上皇成為「院」的時代裡，最專注於分配整理莊園的就是他了。院會收走貴族、寺社的莊園，透過行政命令讓地方領主將土地資源分給院。而院再將手上龐大的土地資源分配給近親和成為心腹的寺社單位，以穩固自己勢力的基本盤。例如身為皇女的八條女院，地方領主們分給她大約有一百所領土，後白河法王的長講堂則約有九十所。諷刺的是，負責整頓莊園的上皇才是最大的莊園領主。而這也就是院政的真面目。

外史集

殘忍的保元之亂

對於在貴族相爭時，必定找武家助陣的時代來說，保元之亂是那時很典型的事件。但在這個戰役中，武家一樣會面臨殘酷的考驗。敵我雙方都有可能是來自於同一個氏族，例如身為姪子的平清盛必須斬殺叔父平忠貞家族中的所有人，而身為兒子的源義朝則必須手刃自己的父親源為義。

29 海賊將軍 平清盛

骨肉相殘的保元之亂

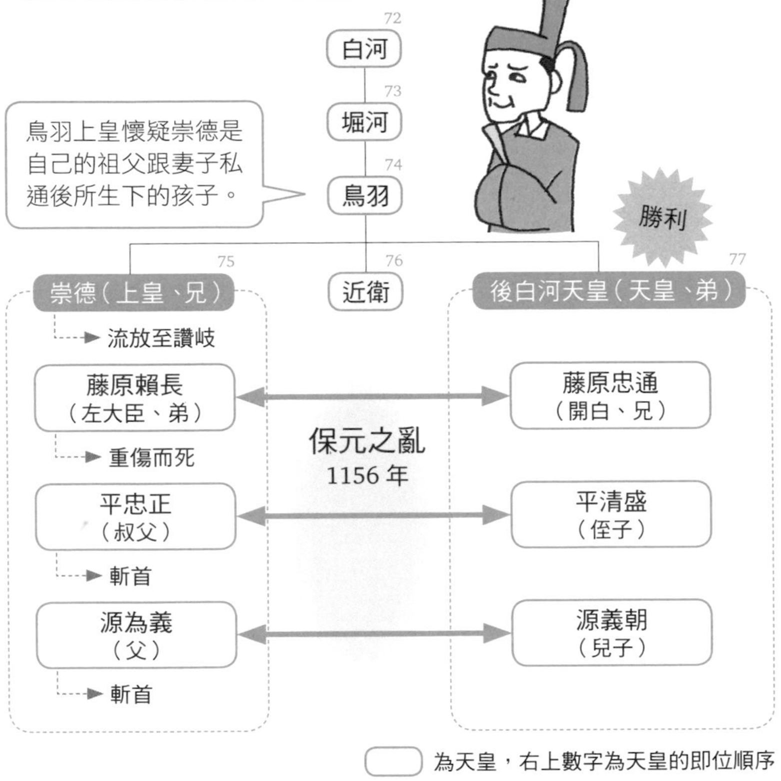
72 白河
73 堀河
74 鳥羽
鳥羽上皇懷疑崇德是自己的祖父跟妻子私通後所生下的孩子。
勝利
75 崇德（上皇、兄）
76 近衛
77 後白河天皇（天皇、弟）
流放至讚岐
藤原賴長（左大臣、弟）
重傷而死
平忠正（叔父）
斬首
源為義（父）
斬首
藤原忠通（開白、兄）
平清盛（侄子）
源義朝（兒子）
保元之亂
1156 年
為天皇，右上數字為天皇的即位順序

保元、平治之亂所引發的武士集團間的對立消失後，生存下來的平氏就由平清盛成為一族的首領。而在之前的戰亂結束後，貴族們就變得不敢太過依賴武士集團。

這時，後白河上皇將平清盛帶進公卿的世界，讓平清盛成為一個可利用且帶有武力的公卿。另外，這個發展並非沒有前例。例如永曆元年（一一六〇年）時，平清盛直接以武士的身分參議。當時人們都說平清盛是多虧白河法王的厚愛，才可以如此官運亨通。

後來，平清盛官位不斷往上爬，仁安二年（一一六七年），平清盛跳過左、右大臣的官位，直接就任為太政大臣。在平清盛的顛峰時期裡，其所支配的知行國，在日本六十六州內就擁有超過半數的三十餘國。

然而，平清盛還是沒有打造出只有武士的統治機構，就單純地讓平氏一族埋沒在貴族世界裡，結果成為海賊將軍的夢想不但沒有實現，而且就這樣開始步入衰亡。

靠平治之亂獲得地位的平氏

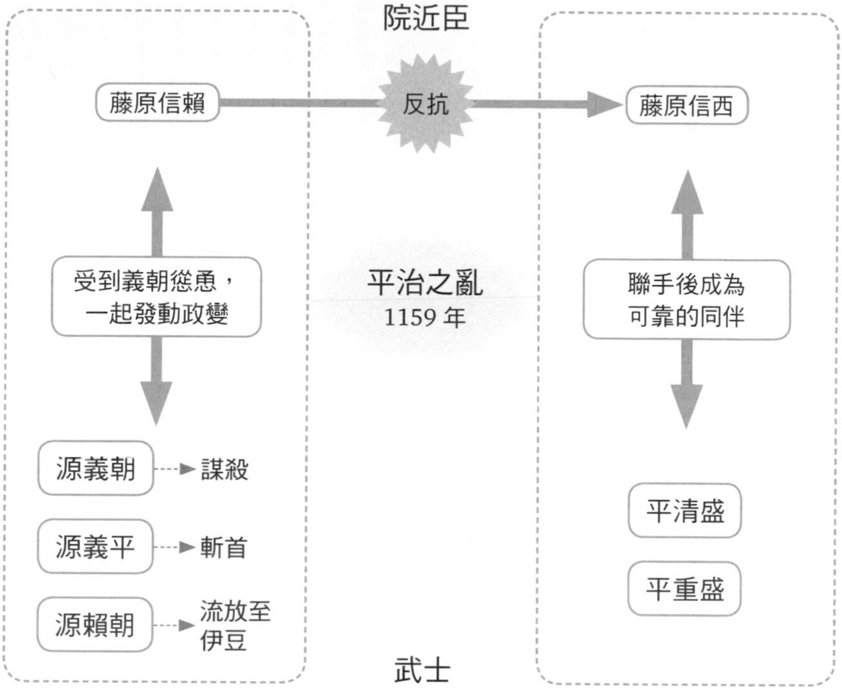
院近臣
藤原信賴
反抗
藤原信西
受到義朝慫恿，
一起發動政變
平治之亂
1159 年
聯手後成為
可靠的同伴
源義朝
謀殺
源義平
斬首
源賴朝
流放至
伊豆
平清盛
平重盛
武士

Column

平清盛的錯誤判斷

還好撿回
一條命…

貴族、武士大亂鬥的第二回合就是「平治之亂」了。而這場爭鬥唯一勝出的人就是平清盛。當時源氏一族幾乎就快要滅亡，已經到了剩最後一口氣的地步。但由於平清盛把母親池禪尼的懇求聽進去，因此放過源義家的嫡子源賴朝一命，只對他施以流放之刑。結果，聽從婦人之仁反而成了招致平家滅亡的判斷。

外史集

平清盛是白河院的私生子嗎？

位於滋賀縣的胡宮神社有一份族譜，上面記載的日期為文曆 2 年（1235 年），根據這個族譜可以得知後白河上皇曾與一名祇園女御（嬪妃）往來，後來甚至染指了那名女御的妹妹，因而生下一名私生子。而那名私生子後來就過繼給平忠盛了。或許身為平忠盛之子的平清盛，其實就是當年的那名私生子。

30 來自木曾的壞小子——源義仲

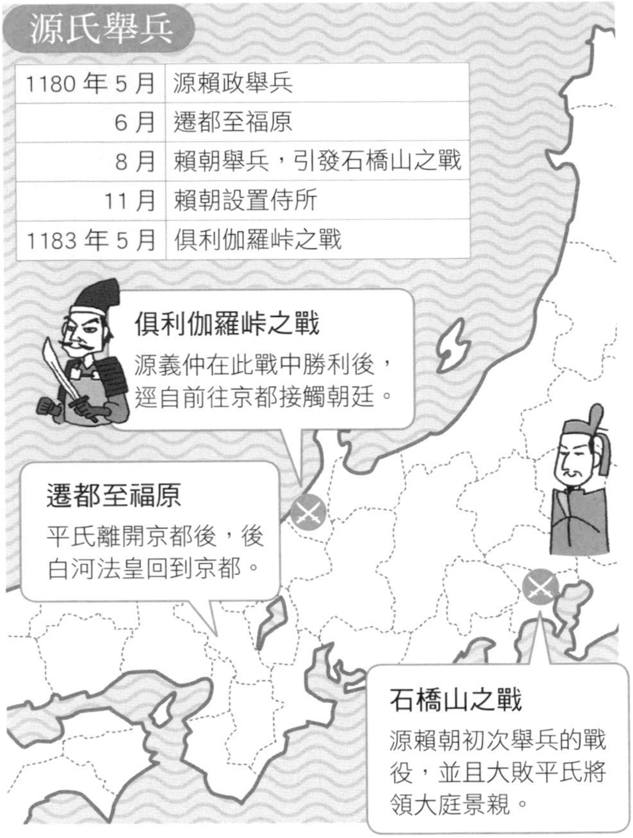

俱利伽羅峠之戰
源義仲在此戰中勝利後，逕自前往京都接觸朝廷。
遷都至福原
平氏離開京都後，後白河法皇回到京都。
石橋山之戰
源賴朝初次舉兵的戰役，並且大敗平氏將領大庭景親。

源氏舉兵

1180 年 5 月	源賴政舉兵
6 月	遷都至福原
8 月	賴朝舉兵，引發石橋山之戰
11 月	賴朝設置侍所
1183 年 5 月	俱利伽羅峠之戰

俗話說，驕兵必敗。治承四年（一一八〇年），平清盛讓後白河法皇退位，並且使自己的孫子安德天皇即位，結果此決定讓地方武士團、京都的公卿、寺社爆發強烈的不滿。

首先包括源賴政在內的諸國武士團收到後白河法皇的次子——以仁王的命令後，便宣布即日起將要打倒平氏。而身先士卒的就是跟著源賴朝從伊豆而來，號稱木曾的壞小子——源義仲。

源義仲最讓人津津樂道的就是在俱利伽羅峠大破平家軍的事蹟，後來還趁機入京接觸朝廷。可惜他的軍隊一入京卻是四處打家劫舍，讓後白河上皇立刻運轉起腦裡的政治計算機。首先，後白河上皇命令源義仲出兵追擊平家軍，然後再用「即時上京」的命令叫關東的源賴朝入京。

但源賴朝也不是省油的燈，他要求發布敕令，將東海、東山、北陸三道的國衙領、莊園返還給國司和本所。然後自己再以這些領土的代理負責人身分，獲得了有立場走進政治圈的名分。不得不說源賴朝的確懂得跟朝廷打交道。

後白河法皇命源賴朝討伐源義仲

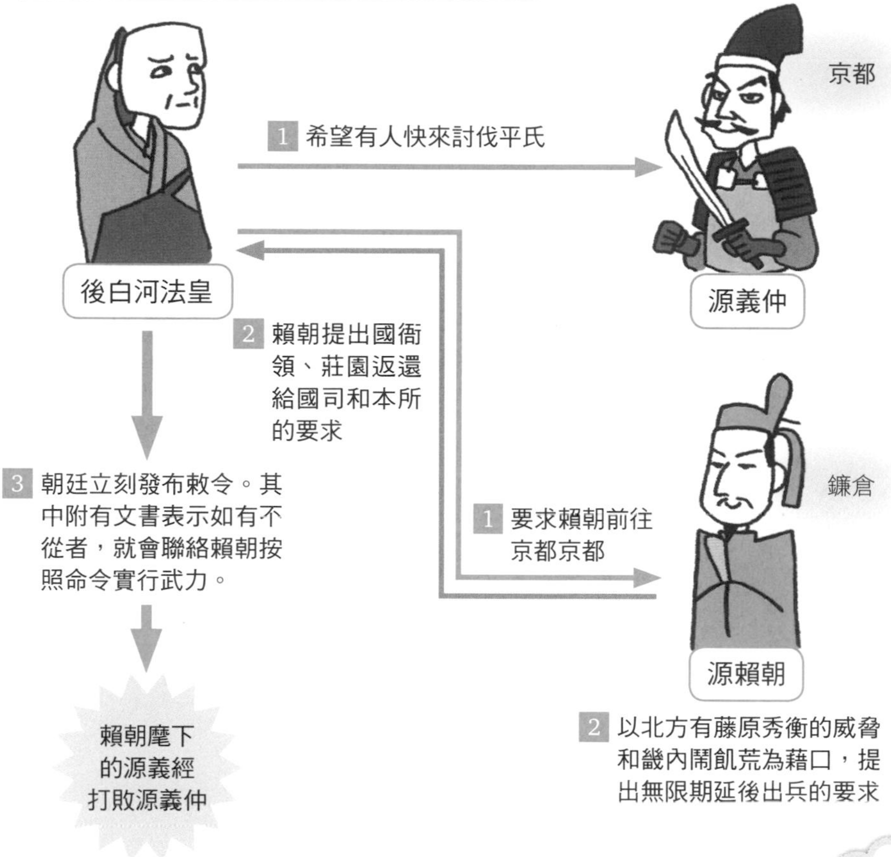
後白河法皇
京都
源義仲
鎌倉
源賴朝
1 希望有人快來討伐平氏
2 賴朝提出國衙領、莊園返還給國司和本所的要求
1 要求賴朝前往京都京都
2 以北方有藤原秀衡的威脅和畿內鬧飢荒為藉口，提出無限期延後出兵的要求
3 朝廷立刻發布敕令。其中附有文書表示如有不從者，就會聯絡賴朝按照命令實行武力。
賴朝麾下的源義經打敗源義仲

Column 感嘆三分天下之勢的右大臣兼實

源義仲的軍隊趁亂入京時，朝廷的右大臣兼實對此表示：「京都最近除了武士以外的人，都已經變得難以過生活了。很多人為了求得工作，只好紛紛逃往鄉下。但四國、九州、山陽道的安藝以西都是平氏的地盤。北陸、山陰兩道則是源義仲的地盤。而東山、東海兩道又被源賴朝給占據，可謂是四面八方都是危險之處。」因為三個武家勢力到處割據，所以貴族也不得不感嘆日子變得越來越難混。

外史集

源賴朝和北條政子之間的戀愛

被流放到伊豆的源賴朝立刻就和北條時政的長女政子相戀。身為當地豪族的北條時政當然拒絕女兒跟處於帶罪之身的源賴朝往來，但這卻擋不住政子熊熊燃燒的愛火。夜裡她趁著豪雨跑到源賴朝的身邊，打算直接和他一起私奔。當時源賴朝的年紀是 31 歲，政子則是 21 歲，誰也沒料到這場戀愛會產生出後來的鎌倉幕府。

31 鞍馬山的小天狗——源義經的活躍

源義經剿滅平氏
源義經漸漸地把平氏從東邊趕到西邊去。
壇之浦戰役
源平之間的最後戰役。源義經利用潮汐變化的知識戰勝平氏軍隊，平氏從此走上滅亡的道路。
一之谷戰役
騎著馬從鵯越的斷崖襲擊平氏軍隊。
屋島之戰
經由攝津渡邊港於阿波勝浦登陸，偷襲原本準備打海戰的平氏軍隊後方。

壽永三年（一一八四年）二月後，源賴朝開始討伐平氏。在這段期間，其弟源義經在戰場上相當活躍。他在一之谷戰役、屋島之戰中採取大膽的奇襲戰法。一次次地打敗平家軍，最後在壇之浦戰役擊垮了平氏。

照理說，擅長騎馬打仗的源氏，應該不熟悉水上的戰鬥，但結果卻總是讓人料想不到，平氏面對源義經居然會連戰連敗。尤其在壇之浦戰役裡，源義經靠著數小時的潮流變化，巧妙地將平氏玩弄於股掌。最後終於將平氏趕盡殺絕。

然而，源賴朝卻不允許身為功臣的源義經凱旋回鎌倉。原因是源義經無視源賴朝希望鎌倉幕府接手管理武士賞罰制度的想法，私自接受後白河法皇的論功行賞。

希望武士可以成立獨立機關的源賴朝，身為嚴格且冷酷的源家首領，開始想要源義經付出代價，即使彼此是兄弟也絕不輕饒。於是源賴朝發揮了極高的統率力和領導者實力，果斷地排除了源義經的存在。

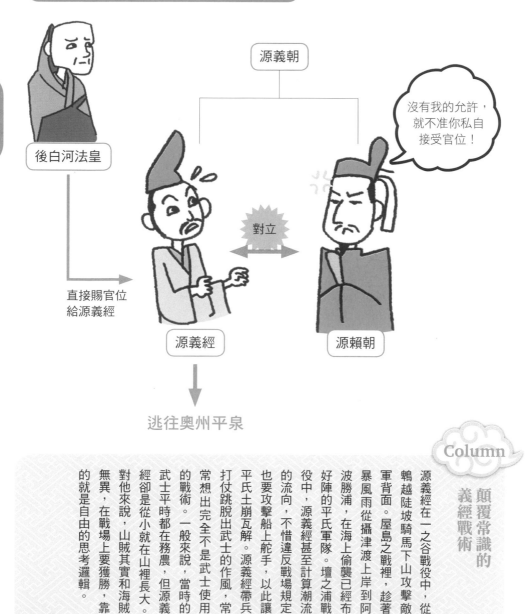

功高震主的源義經激怒了源賴朝

源義朝
後白河法皇
沒有我的允許，就不准你私自接受官位！
對立
直接賜官位給源義經
源義經
源賴朝
逃往奧州平泉

Column

顛覆常識的義經戰術

源義經在一之谷戰役中，從鵯越陡坡騎馬下山攻擊敵軍背面。屋島之戰裡，趁著暴風雨從攝津渡上岸到阿波勝浦，在海上偷襲已經布好陣的平氏軍隊。壇之浦戰役中，源義經甚至計算潮流的流向，不惜違反戰場規定也要攻擊船上舵手，以此讓平氏土崩瓦解。源義經帶兵打仗跳脫出武士的作風，常常想出完全不是武士使用的戰術。一般來說，當時的武士平時都在務農，但源義經卻是從小就在山裡長大。對他來說，山賊其實和海賊無異，在戰場上要獲勝，靠的就是自由的思考邏輯。

外史集

征夷大將軍的權限

征夷大將軍的管轄範圍一開始只到東國武士團和農民而已，沒有權力可以管轄貴族和大寺院。在這個時期，朝廷和幕府等於是兩個互相平行的有力政權。幕府不但沒有強勢到足以取代朝廷，而且對朝廷也還沒有產生取而代之的想法。

32 源賴朝與鎌倉幕府

鎌倉幕府設置的政治機關

- 鎌倉幕府／將軍
  - 執權官、連署官
    - 政所（從公文所改制而來）
    - 問住所
    - 侍所
    - 六波羅探題（從京都守護職改制而來）
    - 鎮西探題（從鎮西奉行改制而來）
    - 奧洲總奉行
    - 守護官、地頭官

源賴朝

建久三年（一一九二年），源賴朝被認命為征夷大將軍。雖然就事實上源賴朝早就已經在指揮自己打造出來的武士政權，但對朝廷官方來說鎌倉幕府是在這時正式成立。

長時間以來，在封建社會處於下等階級的武士團，即使擁有半獨立的政權，卻也受到貴族的支配，但這次在擁有了獨自的權力基盤後，開設幕府這件事也等同於對外「宣布獨立」。

身為征夷大將軍的源賴朝，由於位於幕府的權力頂點，因此可以在自己的執政下設置公文所（政所）、問注所，以管轄區域內的土地訴訟。而且對於這一類業務，甚至還設置了頗具意義的守護地頭官。

一開始將軍支配權所及的範圍雖然有限，大約只有從關東到陸奧的區域而已，但日後源賴朝逐步抓準機會，慢慢擴大將軍的管轄範圍。

直到幕府成為影響全國的政權。這可說是源賴朝在精打細算下的政治盤算。

各種定義鎌倉幕府成立時間的學說

- 1 1180 年說　源賴朝在鎌倉設置侍所，並且開始支配南關東
- 2 1183 年說　朝廷承認源賴朝在東國的支配權
- 3 1184 年說　設置公文所、問住所，使幕府的行政機能變得更完善
- 4 1185 年說　源賴朝獲得守護官、地頭官的任免權
- 5 1190 年說　源賴朝就任右近衛大將
- 6 1192 年說　源賴朝就任征夷大將軍

幕府到底
是什麼時候
成立的啊？

Column

幕府成立的正確年代是何時？

一般來說，幕府成立的時間是建久三年（一一九二年），也就是源賴朝被任命為征夷大將軍的那一年。不過在那之前，源賴朝的武士政權早已建立出完善的制度。元曆元年（一一八四年），鎌倉幕府設立管理政務、財政的公文所（日後演變為政所），後來也設置專門處理土地糾紛等訴訟問題的問注所。到了文治元年（一一八五年），為了管理莊園，也為了可以發動警察權，鎌倉幕府設置守護、地頭的官職。有些歷史學家認為，由於制度早已經有階段性的改善，所以源賴朝在入主鎌倉後，才能在治承四年（一一八〇年）設置侍所。

外史集

人生突然畫下句點的源賴朝

鎌倉幕府開設 7 年後，源賴朝於正治元年（1199 年）正月 13 日死亡。死因據説是行經相模川的橋時，不小心墜馬而死。但奇怪的是，鎌倉幕府的官方史書《吾妻鏡》卻沒有關於源賴朝死亡的記載，而且也缺失了源賴朝死亡前 3 年的歷史。也許這件事背後有什麼不可告人的祕密。

33

比丘尼將軍政子的咆哮

權力從將軍轉移到執權，北條氏因此崛起

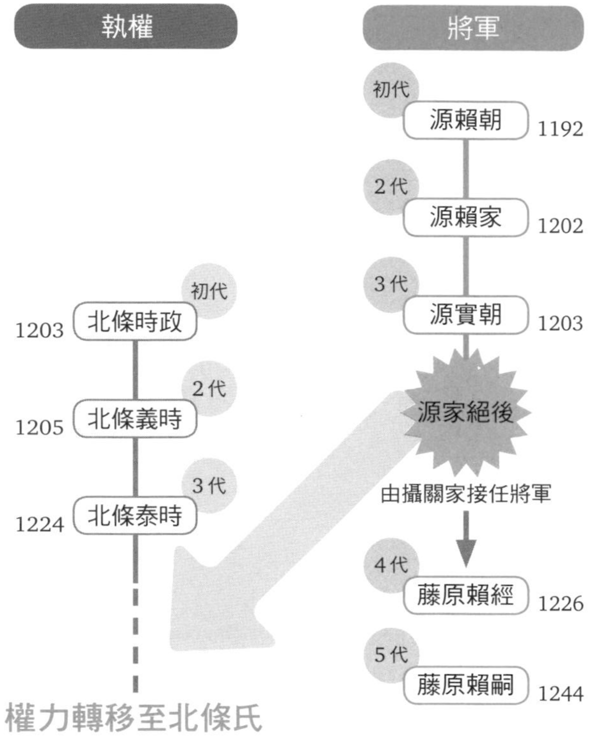

執權
將軍
初代
源賴朝
1192
2代
源賴家
1202
3代
源實朝
1203
源家絕後
由攝關家接任將軍
4代
藤原賴經
1226
5代
藤原賴嗣
1244
初代
北條時政
1203
2代
北條義時
1205
3代
北條泰時
1224
權力轉移至北條氏

看到武家政權日漸壯大，朝廷當然不會默不吭聲。後鳥羽上皇召集「北面武士」及「西面武士」，意圖為朝廷奪取復權的機會。反觀這時候的鎌倉幕府，由於將軍源實朝被第二代將軍源賴家的遺子公曉殺害，因此麾下的關東武士團開始對幕府失去信心。

雖然關東武士團一開始認為源實朝之死是朝廷暗中使出的計策，但他們後來馬上切換了想法，紛紛表態指責：「天皇大人您造反了」。會出現這樣的轉變，其中的原因就是北條政子的演說。

「你們忘了賴朝的恩德嗎？難道想要重回被朝廷當成奴隸的日子嗎？」

武士團聽了以後，意志堅定地攻下京都。後來幕府設置了「六波羅探題」這個機關，專門用來監視朝廷。同時也設置軍事據點以監視西國*方面的軍事動靜。至此幕府與朝廷的平行執政時期已畫下句點，鎌倉幕府已經在日本完全取得執政權。

*因為當初西國是支持後鳥羽上皇的勢力。

承久之亂為幕府帶來鞏固政權的機會

鎌倉幕府

- 跟朝廷有友好關係的源實朝死亡
- 實權被北條義時奪走

↓

- 幕府派的人士開始動搖
- 與朝廷的關係惡化

朝廷

- 不滿北條義時掌權
- 想把朝廷的政權奪回

後鳥羽上皇

1227 年

承久之亂

↓

北條政子

幕府勝利

- 幕府強化對於西國的支配
- 設置六波羅探題（監視朝廷）

Column

「天皇大人您造反了！」

鎌倉幕府的所有御家人原本沒想過朝廷打算對幕府動手，所以當幕府將軍遭到暗殺時才會噤若寒蟬。但他們聽了比丘尼將軍——北條政子的演說後，就紛紛站出來對抗朝廷。「賴朝死掉後，難道你們就忘了他的恩德嗎？忘了以前曾被朝廷壓榨嗎？現在就是你們向賴朝報恩的時候。如果有人反對我的意見，那就斬了我這個老尼的頭，儘管帶去京都邀功吧！」聽了北條政子聲淚俱下的演說，武士團們便群起激憤，一同朝向京都進擊。

外史集

鎌倉佛教興盛之時

武家的時代崛起後，精神方面的薰陶也出現了很大的變化。當時誕生了許多新的佛教流派，佛教也因為這個潮流而逐漸改變為連庶民也會信仰的宗教。原本雖然有法然的念佛宗（淨土宗），但後來在弟子親鸞的改革下，衍生出連惡人都能成佛得救的真宗。此外，還有宣導法華經正確意義的日蓮宗，以及最受武家喜愛的禪宗。

34

兩次擊退元軍

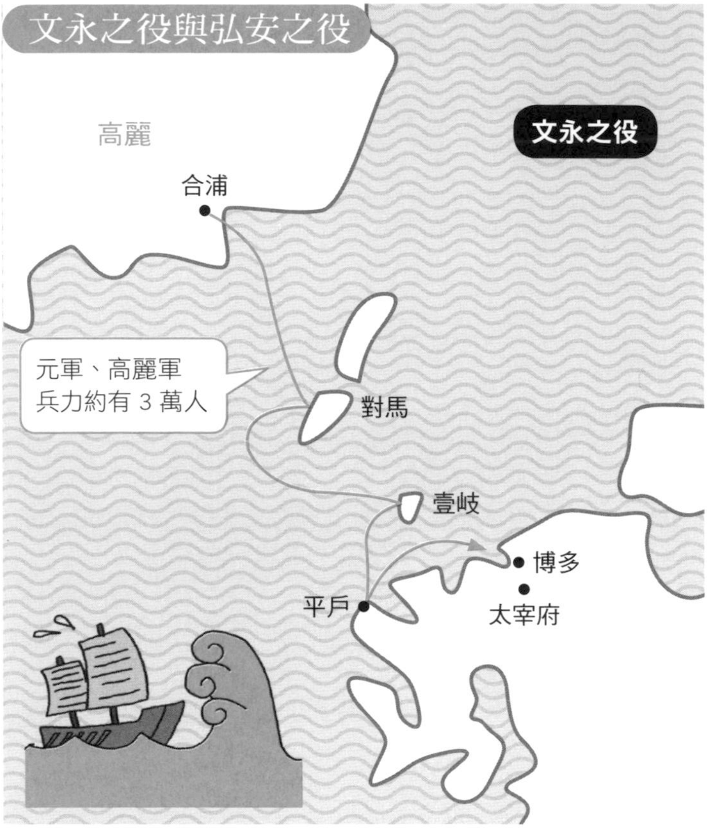
文永之役與弘安之役
高麗
文永之役
合浦
元軍、高麗軍
兵力約有 3 萬人
對馬
壹岐
博多
平戶
太宰府

文永十一年（一二七四年），元朝與高麗集合了三萬大軍入侵九州海岸（文永之役）。幕府動員了九州地區的御家人迎擊，但元軍的集團戰術和「鐵砲（以火藥引爆的投擲武器）」卻讓他們苦不堪言。所幸暴風雨拯救了當時的幕府。

後來，元軍於弘安四年（一二八一年），趁著滅掉南宋的氣勢，再度攻進日本。雖然幕府設置「異國警固番役」來監視海岸線，並在博多灣建築石造防壘，早已有萬全的防禦體制。但敵方人數有來自朝鮮半島的四萬人部隊，還有來自中國的十萬人部隊，所以敵方規模已經足夠讓幕府膽顫心驚了。

不過，日本武士也將元軍的戰術學了起來。他們不讓元軍下船，直接在海岸邊以集團戰術迎擊。簡單地說，就是阻擋軍船上岸使其無法登陸。傳說當時也有暴風雨，被困在船上的元軍最後只能選擇黯然撤退。

所以「神風」這個詞，跟有暴風雨相助的鎌倉武士團傳說有關。

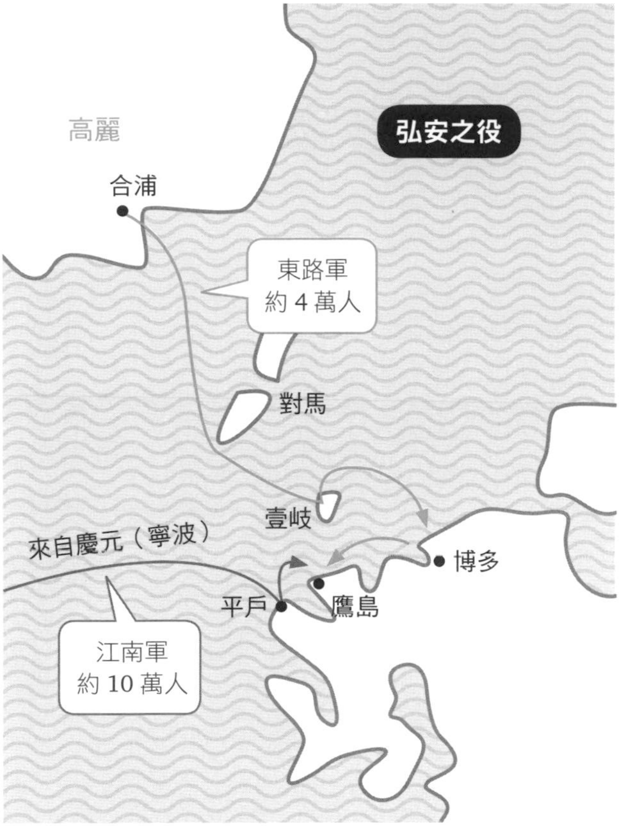
高麗
弘安之役
合浦
東路軍
約 4 萬人
對馬
壹岐
來自慶元（寧波）
博多
平戶
鷹島
江南軍
約 10 萬人

1268 年

元朝皇帝忽必烈要求日本朝貢

幕府無視要求

元＋高麗聯合軍 3 萬人來襲

1274 年 **文永之役**

因暴風雨侵襲而讓元軍撤退

14 萬元軍來襲

1281 年 **弘安之役**

因暴風雨侵襲而讓元軍崩潰

Column

海邊的迎擊戰術

元世祖忽必烈

據說元軍並非是因為神風來襲而不得不撤軍。第二次世界大戰後，由於駐日盟軍總司令對武士團的評價不高，所以認為神風只是後人杜撰的傳說，實際上幕府是靠阻擋敵軍登陸的集團戰術，才能順利將元軍擊退。至於武士們被蒙古的火藥武器嚇到，還有被蒙古戰騎打跑的事蹟，其實就只是一些零星發生的事件。不過據說鎌倉武士團在海岸邊阻擋元軍船隻靠岸，進而使元軍放棄登陸的紀錄也是事實。總之，這個歷史事件的確值得再三檢驗。

外史集

戰後沒賞可領，武士們開始爆發不滿

經過與元軍的戰役後，幕府一口氣加強對於西國的支配，並且讓權力集中在北條得宗的家族上。但最讓武士們不滿的是幕府沒有在戰後給予獎賞，因此埋下了武士團反抗幕府的禍根。

35 反潮流的後醍醐天皇

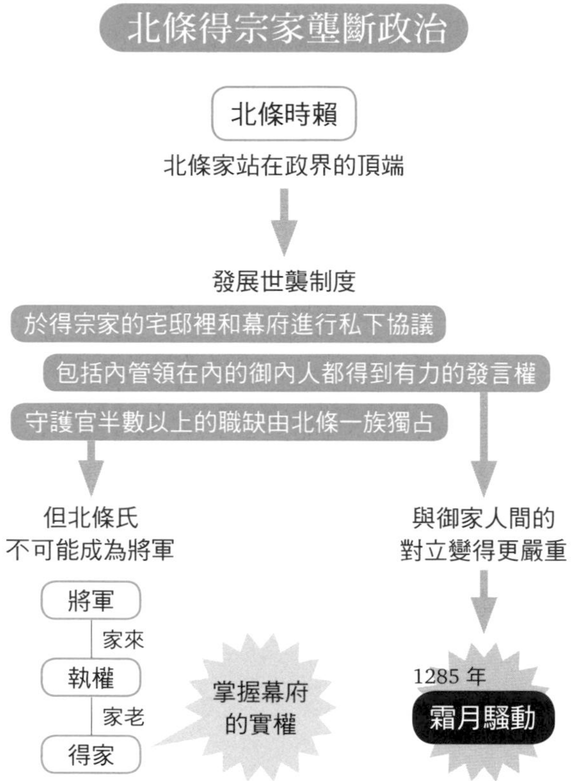
北條得宗家壟斷政治
北條時賴
北條家站在政界的頂端
發展世襲制度
於得宗家的宅邸裡和幕府進行私下協議
包括內管領在內的御內人都得到有力的發言權
守護官半數以上的職缺由北條一族獨占
但北條氏
不可能成為將軍
與御家人間的
對立變得更嚴重
將軍
家來
執權
家老
得家
掌握幕府
的實權
1285 年
霜月騷動

鐮倉幕府諷刺的運行體制

幕府原本是由數個得勢的御家人合議運行的機關，但後來代代繼承官位的北條家勢力開始壯大，逐漸成為當中的領導者。之後北條得宗將家族世襲制度化，於是漸漸開始跟其他御家人對立了起來。

首先，畿內的非御家人集團紛紛站出來反抗北條家，也就是河內國的「惡黨」楠木正成、護良親王、伯耆國的名和長年。然後，關東的足利尊氏也因為早就不滿得宗長年來的專制，所以也開始反抗幕府的命令，甚至還派兵攻打六波羅探題。之後，新田義貞也舉兵鎮壓鐮倉。

幕府就此瓦解後，後醍醐天皇將年號改為建武，開始按照自己的理想直接問政。不過，雖然他按照自己想法設置了記錄所、雜訴決斷所、恩賞方等機構，但卻沒有給反抗鎌倉幕府的武士們論功行賞，所以也埋下了日後的鬥爭。

由於後醍醐天皇的理想就是重建平安時代中期的醍醐天皇和村上天皇的獨裁制度，因此作風完全不符合時代的潮流。

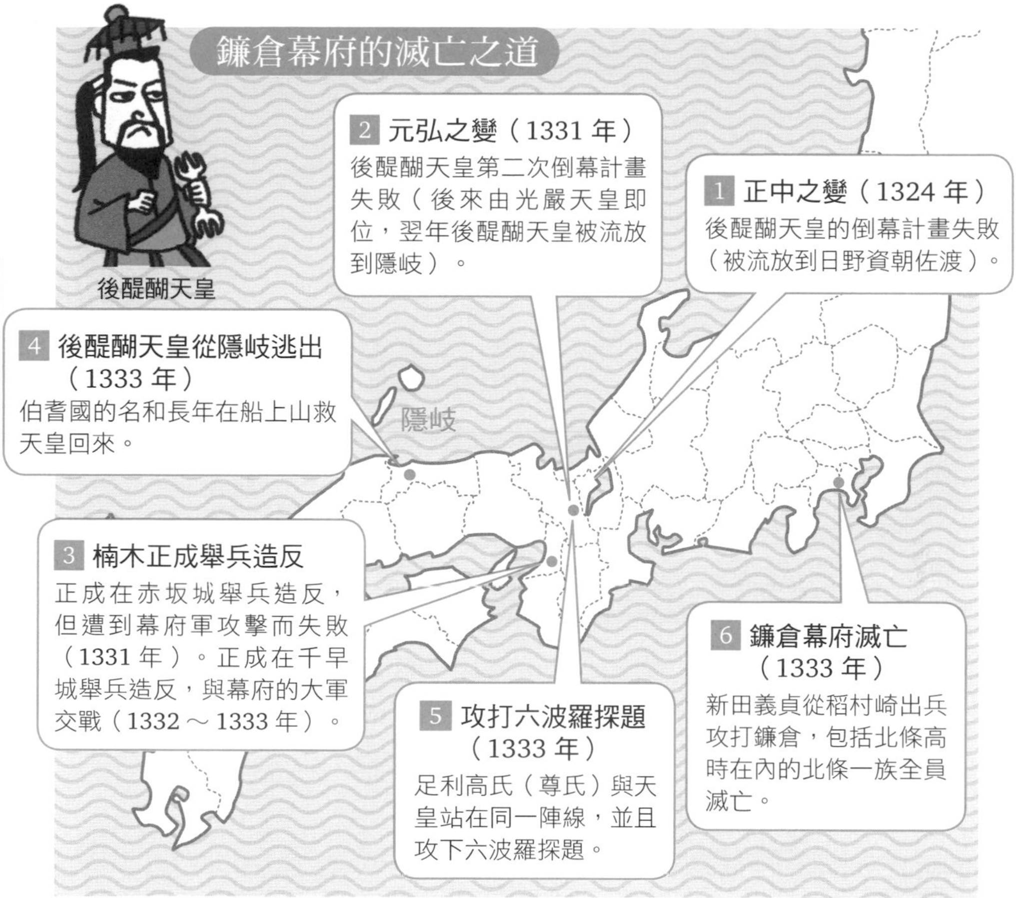
鎌倉幕府的滅亡之道
後醍醐天皇
2 元弘之變（1331 年）
後醍醐天皇第二次倒幕計畫失敗（後來由光嚴天皇即位，翌年後醍醐天皇被流放到隱岐）。
1 正中之變（1324 年）
後醍醐天皇的倒幕計畫失敗（被流放到日野資朝佐渡）。
4 後醍醐天皇從隱岐逃出（1333 年）
伯耆國的名和長年在船上山救天皇回來。
隱岐
3 楠木正成舉兵造反
正成在赤坂城舉兵造反，但遭到幕府軍攻擊而失敗（1331 年）。正成在千早城舉兵造反，與幕府的大軍交戰（1332～1333 年）。
6 鎌倉幕府滅亡（1333 年）
新田義貞從稻村崎出兵攻打鎌倉，包括北條高時在內的北條一族全員滅亡。
5 攻打六波羅探題（1333 年）
足利高氏（尊氏）與天皇站在同一陣線，並且攻下六波羅探題。

Column

惡黨楠木正成變為忠臣的理由

雖然楠木正成的出身至今仍眾說紛紜，不過可以確定這位地方強豪所率領的武裝集團，專門管理河內國的運輸、金融等商業活動。也因為楠木正成跟天皇家檯面下的非法活動有掛勾，所以他才會和天皇站在同一陣線。還有，由於楠木正成的武士團不事農業且經常在商業界打滾，幕府才會因此稱他為「惡黨」。

外史集

專門流放政治犯的隱岐

以日本海跟本島相隔的島根縣隱岐島，自古以來流放過不少政治犯。例如小野篁，以及經歷過承久之亂的後鳥羽上皇。後鳥羽上皇在生活了 22 年後，在島上去世。但一樣被流放到隱岐的後醍醐天皇，卻用不到一年的時間逃出來，而且還重新坐回天皇寶座。但最讓人感興趣的還是後醍醐天皇到底用了什麼手段，才能順利逃出隱岐。

36 新時代的武家棟梁——足利尊氏

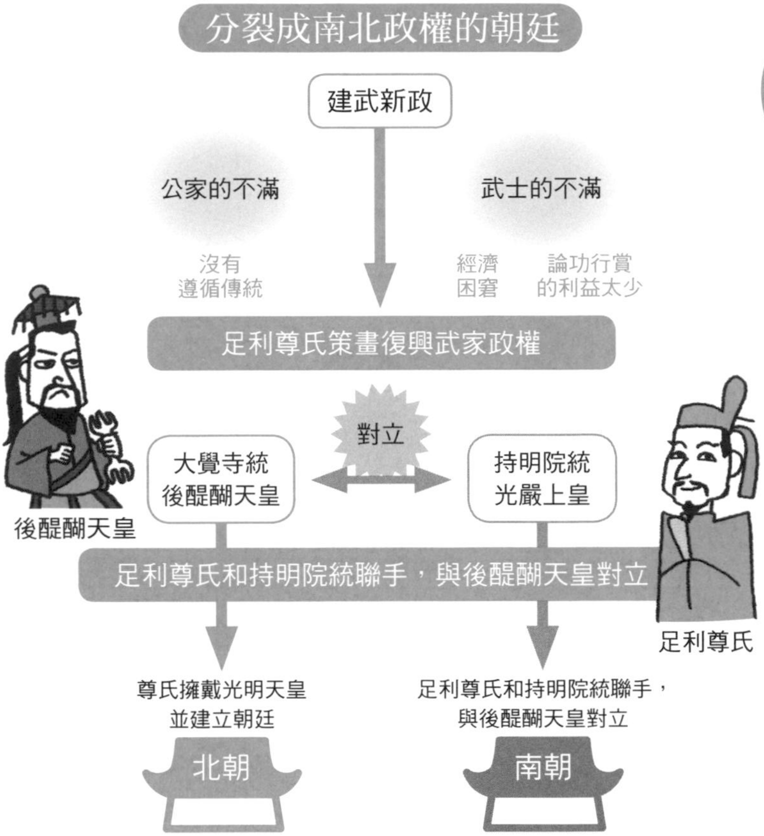
分裂成南北政權的朝廷
建武新政
公家的不滿
武士的不滿
沒有遵循傳統
經濟困窘
論功行賞的利益太少
足利尊氏策畫復興武家政權
對立
大覺寺統
後醍醐天皇
持明院統
光嚴上皇
後醍醐天皇
足利尊氏和持明院統聯手，與後醍醐天皇對立
足利尊氏
尊氏擁戴光明天皇並建立朝廷
足利尊氏和持明院統聯手，與後醍醐天皇對立
北朝
南朝

有別於鎌倉幕府這個權力機構，後醍醐天皇活用「惡黨」的力量開創了建武新政，但他亟欲回歸天皇獨裁政權，也招致許多武士反感。

而在這時脫穎而出的主角就是足利尊氏了。他鎮壓了北條軍殘黨，也鞏固自己的勢力，想要建立屬於自己的幕府。他曾主動向後醍醐天皇邀功，表示自己想成為征夷大將軍，但卻被拒絕了。因此雙方從合作逐漸演變為對立。

後來，足利尊氏擁立屬於持明院統（天皇家族中的家系之一）的光明天皇，讓自己升格為北朝政權的官軍（朝廷的御用軍）。相較於後醍醐天皇獨善其身的南朝，足利尊氏待在自己幫忙成立的北朝會更有地位。之後，局勢也從南北朝並立，逐漸轉為足利幕府的天下。

雖然足利直義和高師直之間的對立（觀應之亂），讓足利政權出現不安定的時期，但在第三代將軍足利義滿的領導下，日本可說是過了一段天下太平的時代。由於足利家在京都室町執政，因此一般也將足利幕府稱為室町幕府。

室町幕府設置的政治機關

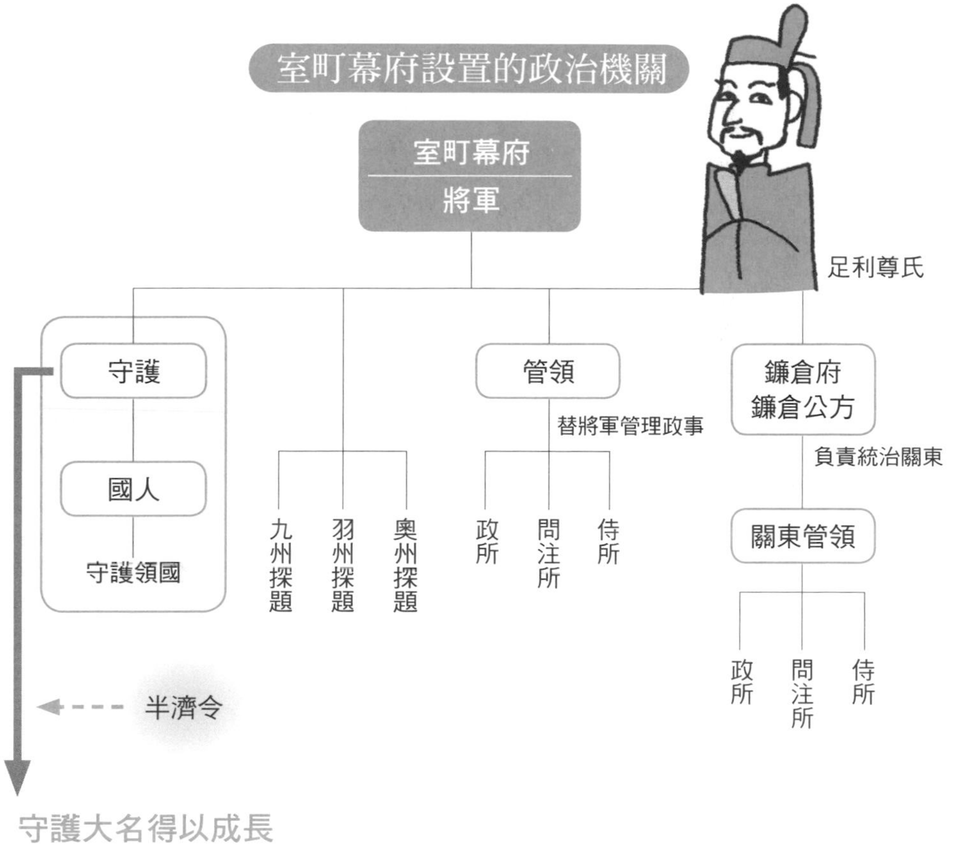
室町幕府
將軍
足利尊氏
守護
國人
守護領國
九州探題
羽州探題
奧州探題
管領
替將軍管理政事
政所
問注所
侍所
鐮倉府
鐮倉公方
負責統治關東
關東管領
政所
問注所
侍所
半濟令
守護大名得以成長

Column

義滿的財源是稅金

一般來說，封建大名的財政來源是民眾所上繳的年貢。不過，足利義滿開設的幕府則是以收取稅金為主。主要的稅金來源是御料所（直轄領）、守護官的轄地、對於地頭官和御家人的課金、土倉的藏役、酒店的酒店役。還有在交通網路上每個重要據點設置關所，對每個想要通過的民眾收取關錢。以及對海港、河川、湖泊上的內陸港口徵收稅金。換句話說，在足利的統治下你走到哪裡都要付錢給幕府。

外史集

高師直真的是惡徒嗎？

高師直雖然長年來在幕府位居要職，但是想要什麼就會動手搶過來，甚至還會奪取他人的妻子，各種事蹟完全顯示出他是徹頭徹尾的大壞蛋。不過他同時也是打敗北畠顯家、楠木正成的名將，一旦北朝出了什麼事，他都是會立刻跳出來阻擋敵軍的人，也因此他才會成為足利尊氏最信賴的左右手。

37 百家爭鳴的絢爛武家文化

北山文化

特徵	名稱的由來
受到禪宗影響的武家文化與京都的公家文化融合	取自足利義滿的官邸北山殿

進入室町時代後，把貴族地位壓下去的武士們開始吸收起傳統貴族文化，也開始和商人的自由都市、農民的惣村交流。此外，日本獨有的武家文化也是在室町時代興起並日趨成熟。武家文化甚至被現代人視為日本文化的起點。

作為武家文化的基礎，第三代將軍足利義滿所建的金閣寺，以及混有貴族與武家文化的「北山文化」可說是功不可沒。例如觀阿彌和世阿彌父子所創的能樂，就是受到上述兩者的啟發而受到大眾的喜愛。另外，在應仁之亂後，由第八代將軍足利義政所建的「銀閣寺」也被稱為「東山文化」，其典雅的風格頗受好評。

這個時代也流行用簡潔的禪意、傳統的幽玄、靜謐的風格建造書院，到處也都有畫家繪製水墨畫，茶道與花道的形式基礎也完整成形。庶民間也流行幸若舞、淨瑠璃、小歌等音樂娛樂，甚至還常常舉辦盆舞大會。

這個時代的文化發展傳達出任何階層都能在平日享受休閒的樂趣。

東山文化

特徵	名稱的由來
更為精簡洗練的武家文化，以探求素雅、靜謐、幽玄的深奧境界為主	取自足利義政退隱後在京都東山建造的別墅

Column

覺得丈夫不可靠的將軍之妻日野富子

日野富子在歷史上是典型的惡妻，而且她的丈夫足利義政還對政治冷感。雖然多虧足利義政對文化的付出，才會有銀閣寺這個充滿文藝氣息的建築留到後世，但對妻子而言，足利義政是個不可靠的丈夫。所以她學會獨立自主，幫幕府賺錢存錢，花費心思讓自己的孩子坐上權力的寶座。甚至還很強勢地發放高利貸，以毫不留情的高利率奪取眾人的錢財。

外史集

花之御所

在廣大的土地裡引進鴨川的河水，而且還有一座町鎮大小的池塘，庭院內也種植了代表四季的花草樹木，人們也稱之為「花亭」。永德元年（1381 年）3 月，足利義滿邀請後圓融天皇到花之御所參與落成大典。不過，義滿的主要目的是想向全天下宣告幕府將軍至上的新時代已經到來。

38 惣村之力爆發

開始自立自強的農民們
普遍種植
經濟作物
農耕技術
越來越進步
農民、農村尋求自立
● 設置自己才有的村規
● 為了保衛家園而有軍事武力
武士已經
不可靠了！
我不想上繳
年貢了！
以下犯上
一揆

十五世紀時，領主支配下的封建農村出現很大的變革。農民們開始種植二毛作，還有由於鋤鍬類的鐵製農具越來越普及，讓耕地面積也跟著變大。而且因為運輸物流的交通路線變得更發達，所以農民也開始種植起經濟作物。

近畿周邊的農村無不種植經濟作物，農村也趁機爭取自治化，並且聯合起來發展為惣村，於是想擺脫封建支配的獨立集落就此誕生。惣村的成員們會以集會設立規定並選出領導者。之後，惣村周圍的農村也會與之聯合，進而組織起一揆（民變、起義）。例如山城國一揆和加賀一揆就是這種發展的代表。

他們不依賴武士（高階大名），可以自主裁決也有精實的組織性，有的甚至備有軍事武力。也有惣村的領導者獨立成政治集團，開始治理起惣村的農民們，並且成長為新興領主。有的惣村勢力甚至發展到可以壓制高階大名。

換句話說，時代逐漸出現以下犯上的風潮。而這個現象也成為催生出戰國時代的能量。

平民們群起反抗，幕府大受影響

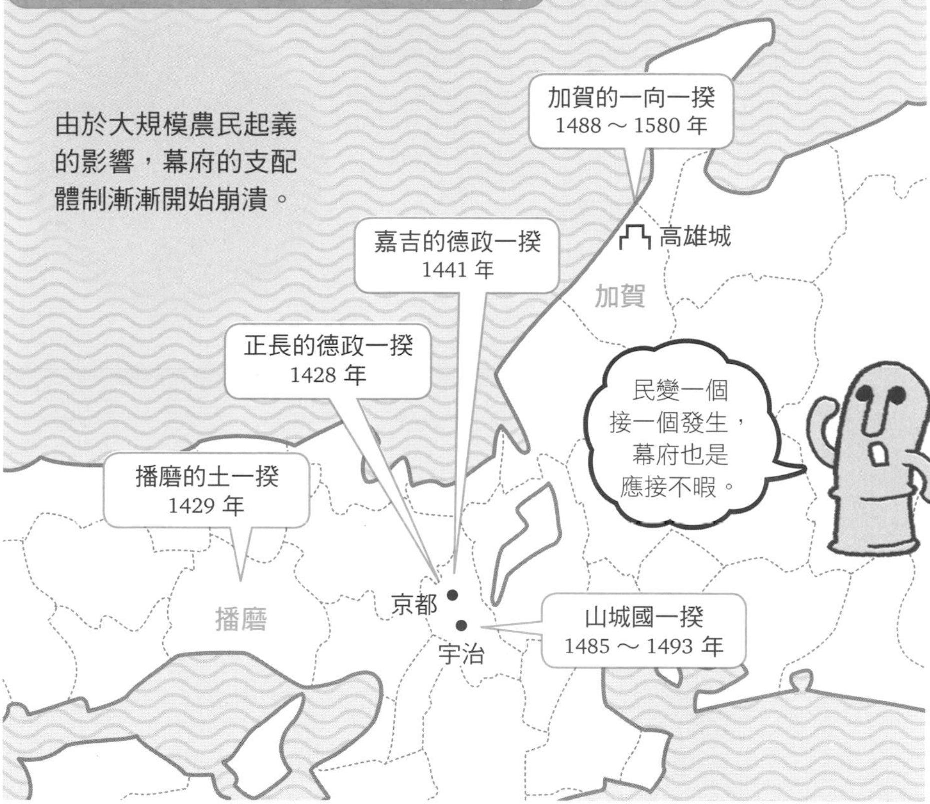
由於大規模農民起義的影響，幕府的支配體制漸漸開始崩潰。
加賀的一向一揆 1488～1580年
高雄城
加賀
嘉吉的德政一揆 1441年
正長的德政一揆 1428年
民變一個接一個發生，幕府也是應接不暇。
播磨的土一揆 1429年
播磨
京都
宇治
山城國一揆 1485～1493年

Column

復興淨土真宗的蓮如上人

作為真宗本流的本願寺非常地貧窮，不過在蓮如成為本願寺八世後，他看著開祖親鸞法師留下來的破舊寺院，不禁質疑起四周傾頹的環境。所以他後來開始以利益為訴求，積極對外宣傳本願寺的信仰，想讓本願寺能變得越來越繁榮。於是本願寺教團在經營上出現大改革。他們一邊宣傳容易讓世人理解的教義（御文）、一邊建設容易讓人們親近的道場（御本尊）。在蓮如他們做出這番努力後，信徒人數也急速成長，使本願寺成長當時的大教團。

我要改革！
蓮如上人

外史集

一休宗純禪師

一休宗純雖然是知名的大德寺住持，不過還是以寓教於樂的《一休和尚的頓智話》最有名。一休曾感嘆「以往抱有道心之人會進寺院，但現在有道心之人反而會遠離寺院」。據説一休會用衣著襤褸的模樣，拿著木劍在鎮上走著。一休除了不忌酒肉和女色之外，而且還愛戀著一位名為森的盲女，平時甚至對她呵護有加。

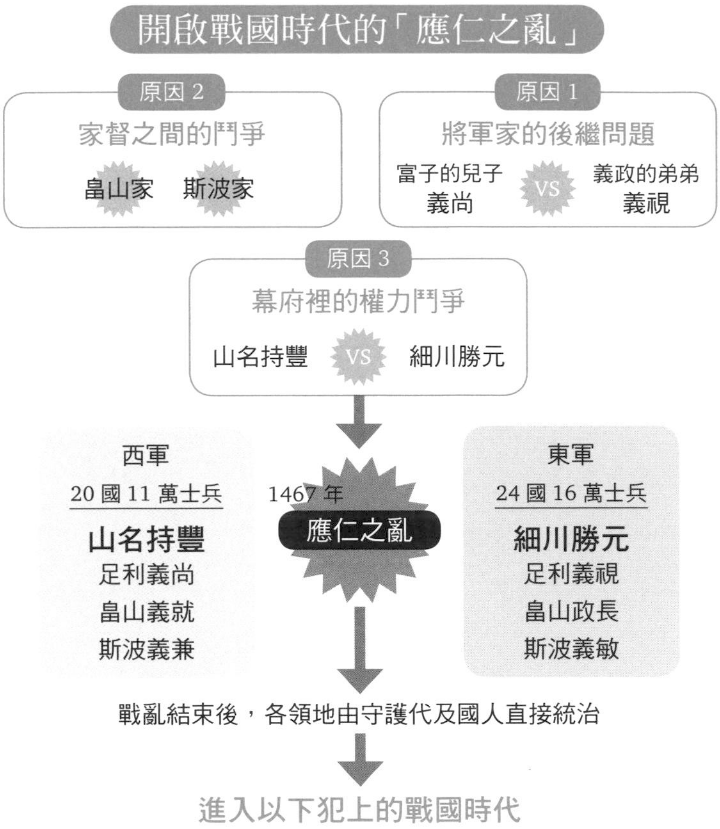

開啟戰國時代的「應仁之亂」
原因 2
家督之間的鬥爭
畠山家
斯波家
原因 1
將軍家的後繼問題
富子的兒子
義尚
VS
義政的弟弟
義視
原因 3
幕府裡的權力鬥爭
山名持豐
VS
細川勝元
西軍
20 國 11 萬士兵
山名持豐
足利義尚
畠山義就
斯波義兼
1467 年
應仁之亂
東軍
24 國 16 萬士兵
細川勝元
足利義視
畠山政長
斯波義敏
戰亂結束後，各領地由守護代及國人直接統治
進入以下犯上的戰國時代

39 應仁之亂是小兵活躍的舞台

足利幕府日漸衰退，將軍的支配權也被有力大名們奪走。應仁元年（一四六七年）時，大名們因爭權奪利而引發了應仁之亂，同時也點燃了戰國時代的導火線。

事件的開端雖然只是守護大名之間的對立，但後來卻演變成全國性的戰亂。引發戰事的細川勝元所率領的東軍為二十四國十六萬人，而對手山名持豐率領的西軍共集結了二十國十一萬人。雖然作為主戰場的京都因此荒廢，戰亂遍及全國，但最後雙方卻是以平手收場。

在戰亂中，最有戰功也最為活躍的卻是「雜兵」集團。這些集團的成員多半是身分低下的武士，他們在戰時是守護代、國人眾，同時也以富裕農民的身分領導地方上的居民。他們的地位完全是靠自己的實力得來，習慣用直接統治的方式讓人們承認他們的地位。

這些重視實力，把身分和家世擺第二位的支配者們成為新型態的領主，也就是所謂的戰國大名。其中太田道灌可說是當中的先驅者。

戰國大名「太田道灌」登場

元祖(?)戰國大名
江戶城
太田道灌
一看就知道是以前沒出現過的武家！

Column 詭異的群眾跳舞活動

文明元年（一四六九年）七月十七日，奈良興福寺的門前出現群眾整天跳舞的奇怪景象。大乘院的前門跡經覺僧正對此寫下紀錄：「群眾的最前端有打扮成前鬼形的人，接著後方又有穿著為桶取風貌的舞蹈者……還有的人頭上戴著烏帽子，以頭不斷地上下甩動」。這種場面就像是幕末突然發生的「這不是很好嗎？」騷動，也許那些民眾也想表達某些訴求。不過，這個事件其實很令人玩味，因為這表示當時的人們充滿著想要宣洩想法的能量。

外史集

京都的祭典

古代京都的居民最喜歡的活動就是八坂神社的祇園祭了。祇園祭源自平安時代，是在6月4日、17日進行的祈求疫病消失的活動。到了南北朝時代，則演變為人們爭奇鬥豔的祭典。雖然原本祇園祭上要注意的是神靈降於山鉾的啟示，不過後來逐漸變成居民們最期待的活動節目。

40 堪合貿易船隊間的對立

兩大勢力：大內氏與細川氏

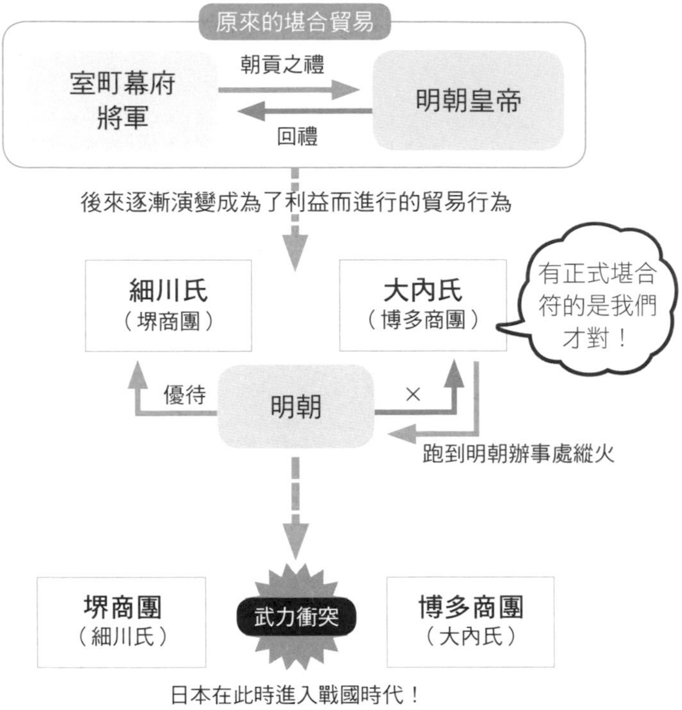

原來的堪合貿易
室町幕府
將軍
朝貢之禮
回禮
明朝皇帝
後來逐漸演變成為了利益而進行的貿易行為
細川氏
（堺商團）
大內氏
（博多商團）
有正式堪合符的是我們才對！
優待
明朝
×
跑到明朝辦事處縱火
堺商團
（細川氏）
武力衝突
博多商團
（大內氏）
日本在此時進入戰國時代！

大永三年（一五二三年），日本的勘合貿易船隊進入了明朝的寧波港，但大內船隊和細川船隊卻發生糾紛，甚至還發生明朝官府遭到日本人縱火的事件。

原因是持有正式堪合符的大內船隊，不滿明朝優待使用過期堪合符的細川船隊，因此大內船隊的人跑到明朝的辦事處縱火。後來還演變為大內船隊與細川船隊之間的武力衝突，這也代表憑著拳頭打天下的戰國時代已經到來。

堪合貿易在表面上是源自於古代的朝貢形式，不過後來變成商人的貿易活動，所以掛有大內家旗號的博多商團和掛有細川家旗號的堺商團開始產生出競爭意識，久而久之就演變為武力衝突。

有趣的是，此時在足利幕府裡當大官的大內家和細川家，已經無法控制博多商團和堺商團的行為。換句話說，這個時代也是商業中心逐漸成為能按照商人意思運轉的時代。

在兩個勢力背後操弄對立的是商人們
大內氏
細川氏
博多商人
堺商人
明朝
寧波

Column

堺市的護城牆與三十六人眾

位於現今大阪府的堺是典型的商人都市，而且還有稱為三十六人眾的有力人士經營當地政事，所以也算是一座自治都市。當地會先行選出三人一組的會合眾負責經營町政，並且每個月交班給下一組人馬。而一年總共有十二個月，所以三個人的十二倍就成了三十六人眾的由來。另外，雖然他們的工作是經營當地的商業活動，不過還是會出現必須制止混亂、衝突、外敵入侵的狀況。所以除了在城鎮的周圍挖掘壕溝防止外敵入侵之外，平時也會僱用傭兵作為防範。

外史集

博多商人宗金的實力

應永至永享年間（約 15 世紀中期），博多有一位名為宗金的人物。他平時的身分是跟朝鮮人交易的商人，但同時也是很厲害的船隊軍事顧問，在航行中負責把海賊給打發走。在那個時代，如果交友廣闊到連海賊都會對你一見如故，就有辦法安全地在海上航行。

41 以下犯上大賽的參賽者就是戰國大名

要在戰國時代出人頭地就跟打甲子園一樣，只要輸了就會直接淘汰。因此每個代表選手都要靠自己的實力不斷勝出，唯有倖存者才能站上最高點。例如相模小田原的北條早雲或美濃的齋藤道三等人，靠著巧妙的懷柔手段應付國人眾（地方豪族），讓自己的地位一路往上爬。

不只是戰國大名會讓地位從下往上爬，由於以下犯上的風潮在當時無法停止，所以也有守護大名靠著取代老一輩的支配者，讓自己成為戰國大名。例如東海的太守今川義元，或是甲斐的武田信玄等人。

又或是剛起步的低階領主，透過不斷的消滅身邊勢力，讓自己成為該地區的最高領導者，例如織田信長、毛利元就、伊達政宗等人。至於最典型的例子，就是出身低微的豐臣秀吉了，他本身的成就簡直完美地詮釋了以下犯上。

之所以會形成這股以下犯上的風氣，其動力就是老舊經濟體系瓦解的關係，因此眾人一直想辦法發展更廣泛、更有流通性的商品經濟。

在各地激烈爭鬥的戰國大名

Column

北條早雲的夢境

正月初二，北條早雲作了新年的初夢，他夢見一片草原上有兩棵大杉樹。然後他突然看到一隻老鼠鬼鬼祟祟地跑來，並且開始啃起大樹的根部。老鼠在啃食樹木的同時，也漸漸地變化成老虎。夢到這裡，北條早雲就醒了過來。事後他認為兩棵杉樹也許代表山內與扇谷的兩位上杉家人士。北條心想自己是子年出生的，所以啃食杉樹的老鼠就代表自己，因此預言自己未來可能會將兩個上杉啃食殆盡。

外史集

突然當上守護大名

大永 2 年（1522 年），奧州的伊達稙宗派遣使者向京都的第 12 代將軍足利義晴祝賀。使者回來後就把一封御內書交給稙宗，裡頭寫著「正式任命伊達稙宗成為陸奧國守護官」。由於當時陸奧國還有大崎家和出羽最上家這兩股勢力，所以這個讓自己直升為大名的任命書簡直是天上掉下來的禮物，所以稙宗後來也恭敬不如從命的接下這個官職。

42 法華之亂的真相

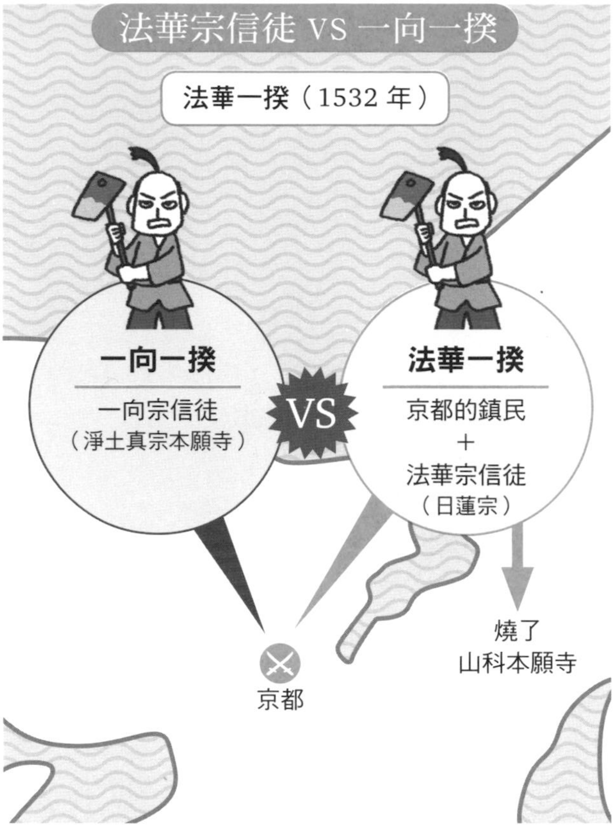
法華宗信徒 VS 一向一揆
法華一揆（1532 年）
一向一揆
一向宗信徒
（淨土真宗本願寺）
VS
法華一揆
京都的鎮民
＋
法華宗信徒
（日蓮宗）
燒了
山科本願寺
京都

天文元年（一五三二年），法華宗徒與京都街上的工商業者聚集起來，想保護京都免於戰火，於是組成「法華一揆」來對抗一向一揆。他們用這種獨立於幕府的方式改變原本的町政體制。換句話說，這也是一種以下犯上的形式。

法華一揆也趁著這股士氣不繳納町地子（稅金），這一連串反抗領主的獨立運動，等於是在跟細川家等領主、舊寺院勢力宣戰，所以法華一揆也連日不停地在京都建造防衛據點。

然而，法華一揆終究只是烏合之眾，無法阻擋細川晴元等既有勢力的軍隊，所以造反最後以失敗告終。組成法華一揆的鎮民心有餘而力不足是失敗的主因，加上敵方成員還有石山本願寺（一向一揆），所以成功的難度也變得更高。

細川晴元所代表的舊勢力位於山城、近江，一向一揆則是在石山本願寺，該區域周圍也有其他國人眾蠢蠢欲動。至於將這群勢力一掃而空的人物，就是後來的織田信長。

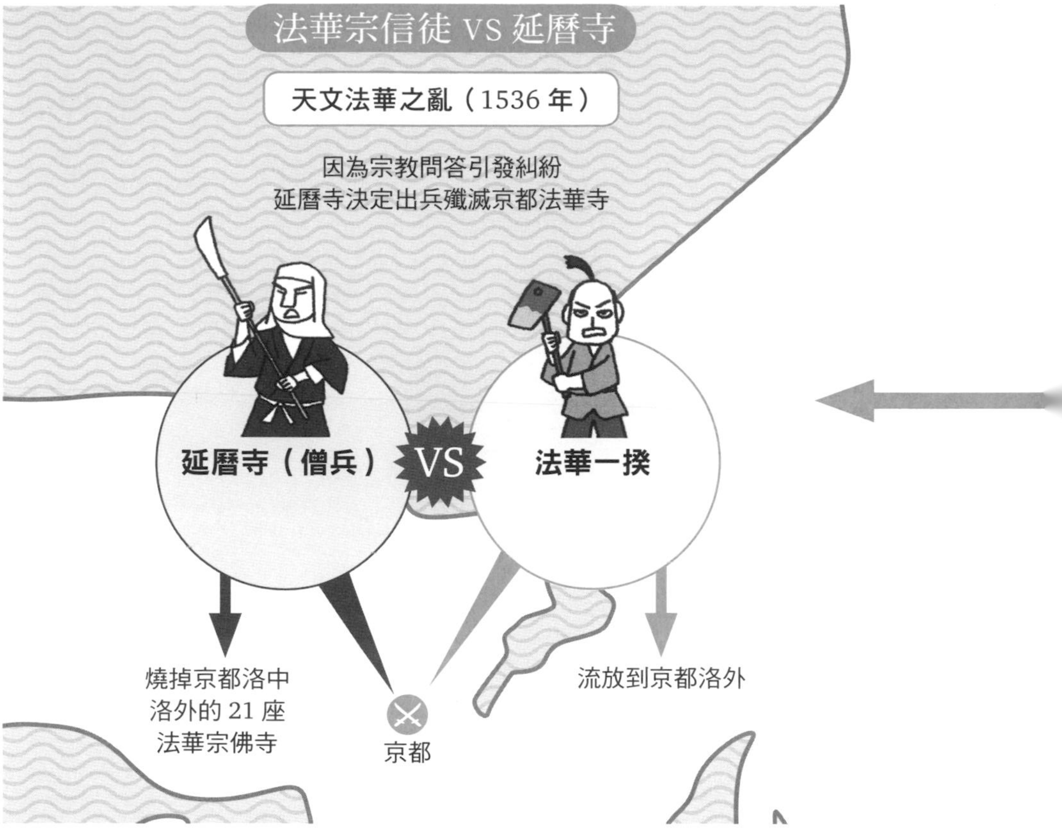
法華宗信徒 VS 延曆寺
天文法華之亂（1536 年）
因為宗教問答引發糾紛
延曆寺決定出兵殲滅京都法華寺
延曆寺（僧兵）
VS
法華一揆
燒掉京都洛中
洛外的 21 座
法華宗佛寺
京都
流放到京都洛外

Column

戰國版宗教戰爭？

在法華之亂當中，法華宗徒（京都町眾）和一向一揆眾（農民信徒）的對決，乍看之下就是一場宗教戰爭，但因為其中還有細川晴元以及比叡山等各方舊派勢力，所以戰爭輸贏的結果能對他們有什麼好處，反而有點難以看清，可說是一場奇怪的騷動。不過，只要好好整理町眾跟舊勢力支配者（守護大名）的對立，就會了解商人為何會因為無法得到滿足的政治安排，而開始進行激烈的反抗。

外史集

天主教傳教士

法華之亂後，三好長慶正式成為畿內的霸主。雖然三好家在法華之亂上對佛教徒毫不留情，但他們卻很喜歡卡斯帕．維萊拉、羅倫佐等天主教傳教士，甚至還下令保護天主教信仰，允許傳教士在領內傳教。據說三好長慶手下有 73 名家臣已成為天主教的信徒。

看出信長將來會很有出息的道三
美濃
齋藤道三
織田信長
尾張

43 齋藤道三的盜國物語

天文十一年（一五四二年）五月，美濃爆發一件不得了的事，身為守護官的齋藤道三（山城守秀龍）攻打並且流放美濃的守護大名土岐賴藝。齋藤道三公然以下犯上的行為，讓他順利奪下美濃國。

七年後，齋藤道三與鄰國尾張織田信秀締結同盟關係。後來更把自己的女兒嫁給信秀的嫡子信長。雖然齋藤道三在嫁女兒前早就見過織田信長，但在數年後卻傳出女婿氣宇非凡的樣貌使齋藤道三感到吃驚。齋藤道三那時的年齡是六十歲，而織田信長則為二十歲。據說，齋藤道三還感嘆：「將來我的子嗣或許會成為那個大傻瓜的家臣。」

可惜的是，齋藤道三晚年時跟自己的嫡子義龍對立。雙方即將交戰時，還留下一封遺書給信長，表示：「願意將美濃國讓給信長」。也許在他第一次遇見信長時，就有這個打算了吧？道三究竟將什麼想法託付給信長呢？那就是靠商業建立全新的國家。

齋藤道三的每一步策略

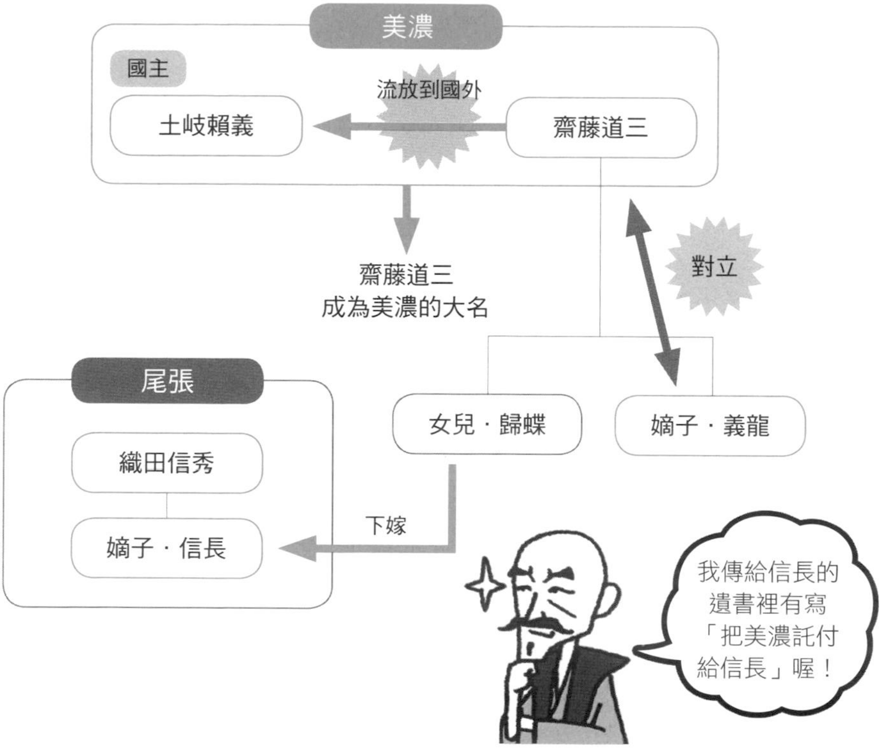
美濃
國主
流放到國外
土岐賴義
齋藤道三
對立
齋藤道三
成為美濃的大名
尾張
女兒・歸蝶
嫡子・義龍
織田信秀
下嫁
嫡子・信長
我傳給信長的遺書裡有寫「把美濃託付給信長」喔！

Column 道三的《讓國狀》

弘治元年（一五五六年）四月，齋藤道三即將跟嫡子義龍進行決戰前，曾命令么子勘九郎（當時為十一歲）將遺書轉交給織田信長。上面寫道：「再次捎信給您。我的領國可任憑信長處置，並以此書作為讓渡憑證。也希望您能按照約定，前往到妙覺寺出家。我對接下來的戰鬥抱著必死的覺悟。開悟於法華宗佛法的我，即使五體將會分屍各處，也必定會成佛離世。」

外史集

齋藤道三與其父的發跡推論

歷史記載齋藤道三原本雖然是在外賣油的小攤販，後來靠自己白手起家成為統治美濃的大名。只是這個發跡故事未免也太過誇大，讓人不得不懷疑其真實性。也許最合理的就是近江國守護大名六角義賢所遺留的文件，裡頭清楚記載齋藤道三與父親以盜國的手段成功發跡的紀錄。

44 信玄與謙信間的死鬥

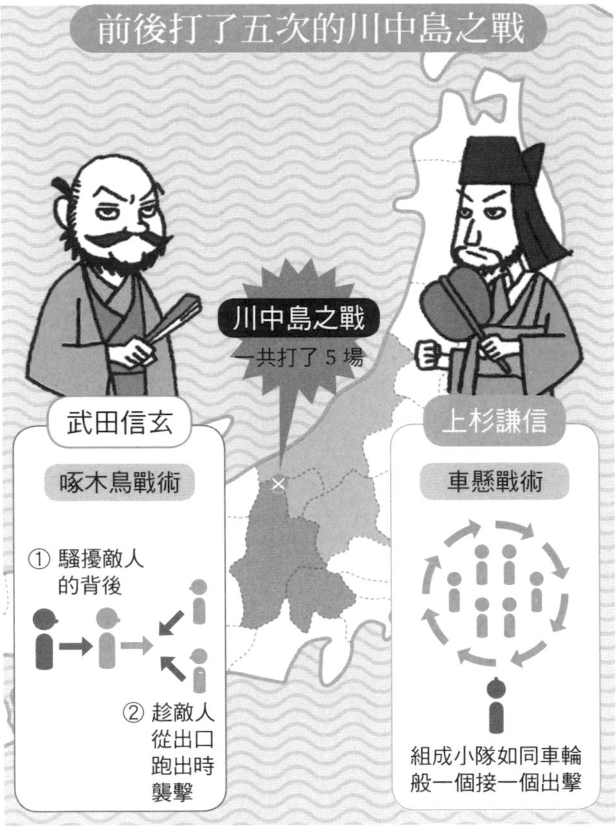
前後打了五次的川中島之戰
川中島之戰
一共打了 5 場
武田信玄
啄木鳥戰術
① 騷擾敵人的背後
② 趁敵人從出口跑出時襲擊
上杉謙信
車懸戰術
組成小隊如同車輪般一個接一個出擊

天文二十二年（一五五三年）春天，武田信玄放逐自己的父親武田信虎後，就將甲斐國納入自己手中，後來不但攻下了鄰近的信濃國，也因為掌握了甲斐、信濃而一躍成為關東的戰國大名。

這個時期，今川義元控制位於甲斐南方的駿河、遠江、三河，而甲斐東方的小田原地區則是由北條氏康統治相模、武藏。還有位於甲斐北方的越後，則是由「鎮守北天的毘沙門天」上杉謙信控制。

在武田信玄擊敗南信濃的小笠原長時，以及流放北信濃的村上義清後，便開始爆發知名的「川中島之戰」。雖然上杉謙信沒有與武田信玄開戰的理由，但為了回應村上義清奪回領地的要求，於是決定出兵攻打武田信玄。

川中島之戰前後發生了五場戰役，其中最有名的就是發生在永祿四年（一五六一年）九月的第四次戰役，武田信玄使用的啄木鳥戰術和上杉謙信布下的車懸之陣爆發激烈的對戰。當時雙方打得難分難解，誰勝誰敗就連後世都難以斷定。

上杉謙信出兵攻打小田原城

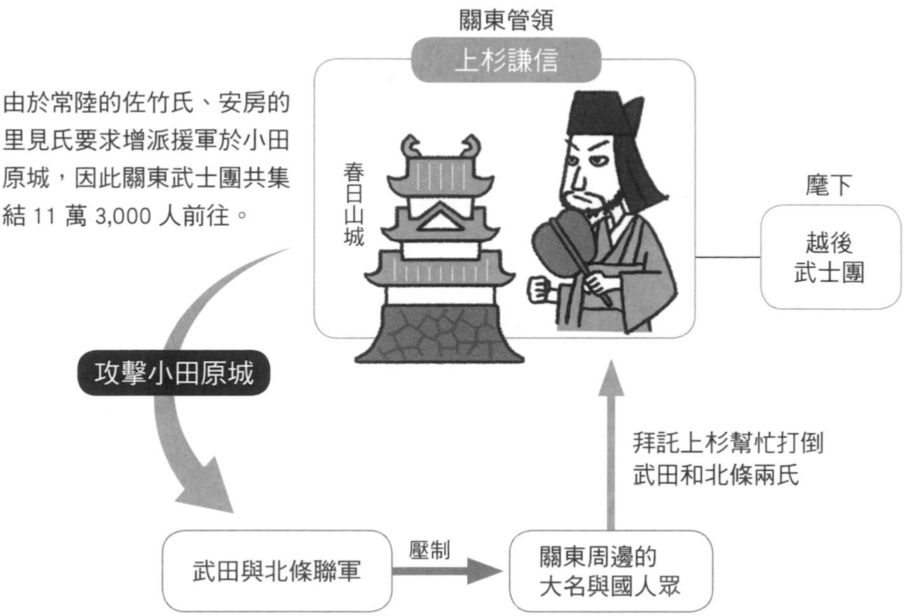
關東管領
上杉謙信
春日山城
麾下
越後
武士團
由於常陸的佐竹氏、安房的里見氏要求增派援軍於小田原城，因此關東武士團共集結 11 萬 3,000 人前往。
攻擊小田原城
拜託上杉幫忙打倒武田和北條兩氏
武田與北條聯軍
壓制
關東周邊的大名與國人眾

花了 1 個月的時間卻沒有把小田原城攻下，只好中止攻擊計畫

從此上杉謙信在歷史的舞台上日漸黯淡

Column

武田信玄的沖水馬桶

根據歷史記載武田信玄有自己專用的廁所，當中不但鋪有六疊榻榻米，而且還使用沖水式馬桶。這個廁所就設置在浴室旁，因此如廁完後會用回收過的洗澡水沖洗，不得不說這實在是很有節約用水的觀念。武田信玄的廁所不但乾淨、空間大，還可以讓武田信玄在裡面讀書、審閱公文。也許對繁忙的武田信玄來說，上廁所就是能安靜思考的時間吧？要是排泄物還能回收給池中鯉魚食用，也算是一種肥水不落外人田吧？

外史集

山本堪助是虛構的人物嗎？

雖然無法證實山本堪助是否為武田二十四將的其中一人，也無法證實是否當過武田信玄的軍師，但歷史上的確有山本堪助這個人。根據鄉土史學家上野晴朗先生的考察，發現山本堪助的墳墓還留存至今，而且山本堪助的後人也把他的牌位供奉在家中，故可證明真有此人。

45 信長的閃電出道

打敗攻打過來的今川義元
其實
我的處境
很危險…
織田信長
尾張
今川義元
三河
駿河
遠江
桶狹間之戰

永祿二年（一五五九年），織田信長在父親織田信秀死後，以十八歲的年紀就任為家督，接著在同族間的權力鬥爭中取勝，順利平定尾張國的內亂。

然而織田信長的運氣不太好。隔年五月，今川義元聯合駿河、遠江、三河的二萬五千兵力，準備入侵織田信長剛統一的尾張國。相比織田信長只有區區兩千人的兵力可以運用，正常來講根本就沒有任何勝算。

然而，織田信長卻還是打贏了這場戰役。雖然歷史研究者們認為織田信長是靠著掌握正確情資及發動奇襲才會獲勝。不過，近年來有些研究認為織田信長是採取正面急襲的戰術，以迅雷不及掩耳的速度衝進今川軍的大本營，並且直接拿下今川義元的首級。

不管如何，這場戰役讓織田信長從父親過世的陰霾中走出，而且還是在面臨危險之下，小心且迅速地攻進敵人的破綻。結果，桶狹間之戰就成了「尾張的大傻瓜」名震天下的出道戰。

桶狹間之戰

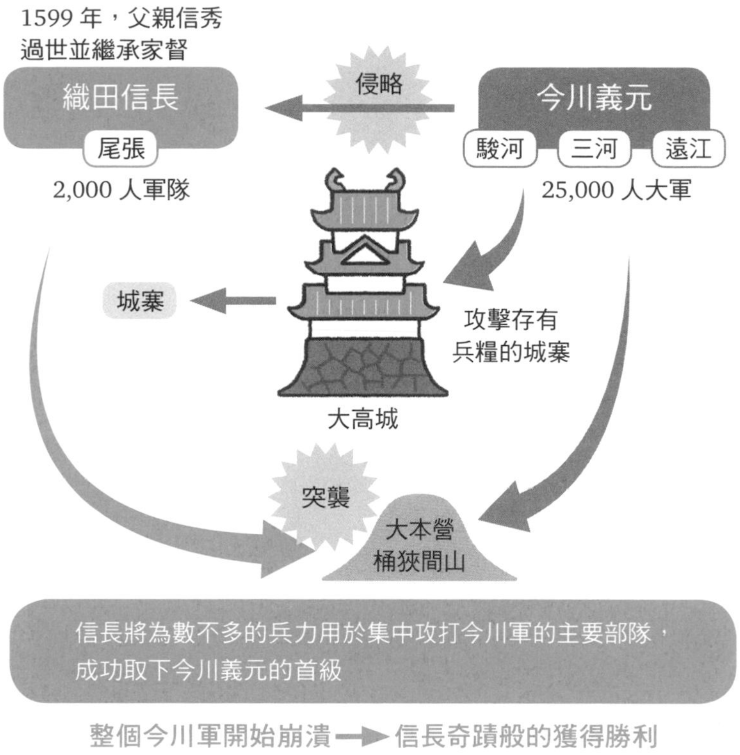
1599 年，父親信秀
過世並繼承家督
織田信長
尾張
2,000 人軍隊
侵略
今川義元
駿河
三河
遠江
25,000 人大軍
城寨
攻擊存有
兵糧的城寨
大高城
突襲
大本營
桶狹間山
信長將為數不多的兵力用於集中攻打今川軍的主要部隊，
成功取下今川義元的首級
整個今川軍開始崩潰
信長奇蹟般的獲得勝利

Column

津島國人眾

織田信長之所以會有如此精實的軍事武力，是因為自祖父織田信定以來，一直將津島國人眾收為直屬部隊。津島是位於尾張的河港，是掌握當地經貿的工商城市，而津島國人眾正是以津島為根據地的武裝勢力。特別是在桶狹間之戰因殺死今川義元而搶到首功的服部小兵太，更是津島國人眾的成員。由於乖乖務農並非傳統武士團的作風，因此津島國人眾的活動地點主要是伊勢、美濃、三河的商業圈。也因為常常有機會接觸各國往來的商人、手工業者，所以能快速吸收到經濟、技術的最新資訊。

外史集

生駒屋敷裡的會議

雖然《武功夜話》的真實性一直都被歷史學家質疑，但以下的故事卻又值得讓人玩味。那是織田軍武將在生駒屋敷召開會議的情形，參與成員有蜂須賀小六、前野宗安。書中記載：「織田軍中，若要說誰是棟梁之材……信長公無視禮儀規矩，在亂世中也被許多人稱為野人，但或許只有獨具一格之人才能成為棟梁之材。」

46 天下布武的大戰略

護送將軍足利義昭上京
我來帶你去京都吧～
足利義昭
岐阜城
京都
織田信長

永祿十年（一五六七年）夏天，織田信長率軍攻打美濃的齋藤龍興。信長想拿下美濃的宿願終於如願以償，接著他也準備好出兵攻打伊勢。此時，織田信長也發揮出與眾不同的雄圖大略。

首先，織田信長全面改建稻葉山的城下町，並將地名從井之口改為岐阜。在商業上，信長設置樂市、樂座來活絡經濟。在對外則使用附有「天下布武」四字的印章、印旗等，故意表明自己想取得天下的意圖。織田信長直接表達出對於未來的展望，所以織田軍上下無不感到熱血沸騰。

剛好流浪多年的足利義昭也來到織田信長的身邊。於是信長趁機提出復興幕府的計畫，要求足利義昭與織田軍一起上洛。後來信長動用了南北近江、山城、攝津、河內、大和的兵力，護送足利義昭前往京都成為第十五代將軍。

足利義昭想封織田信長為副將軍作為獎賞，但信長卻推掉這個官位。信長要的獎賞是獲得直轄堺、大津、津等商業城市的支配權。他並不在乎虛職，而是想擁有控制物流據點的支配權。

信長推辭副將軍職位的真正用意

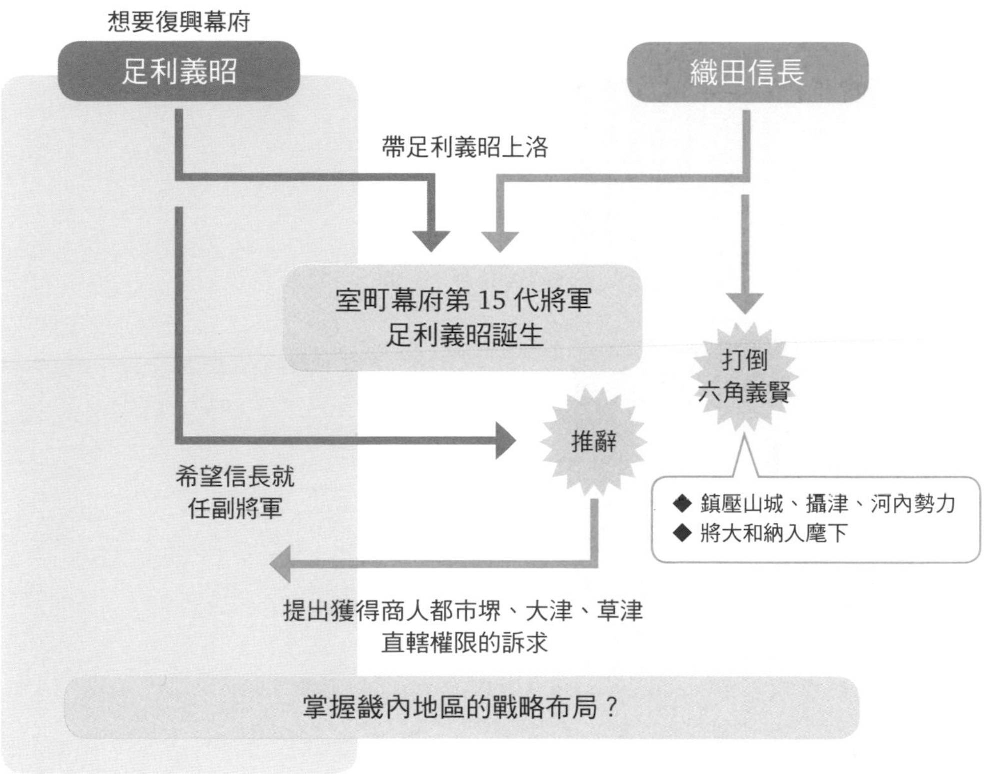
想要復興幕府
足利義昭
織田信長
帶足利義昭上洛
室町幕府第 15 代將軍
足利義昭誕生
打倒
六角義賢
推辭
希望信長就
任副將軍
◆ 鎮壓山城、攝津、河內勢力
◆ 將大和納入麾下
提出獲得商人都市堺、大津、草津
直轄權限的訴求
掌握畿內地區的戰略布局？

Column 建造墨俣一夜城的手法

織田家的武將柴田勝家、佐久間信盛曾接下一個荒唐的計畫。那就是在敵人的地盤上建造城寨，後來當然是以失敗告終。不過這個任務交給木下藤吉郎（豐臣秀吉）和蜂須賀小六執行後，兩人卻能順利達成。當時除了武士之外也動員了船夫、馬夫、木工等粗工及臨時工，參與人數多達兩千多人。因為要在五天內一邊跟敵軍交戰，一邊建造出城寨。他們決定在山上收集木材，並在以船運輸的同時進行加工，如此在到達墨俣時就能立刻組建為城寨。換句話說，他們用的就是現今所謂的預鑄工法。

外史集

岐阜地名的由來

奪下美濃的稻葉山城後，織田信長決定將這座城作為奪取天下的基地。所以取周文王於岐山興起為例，將稻葉山城改名為岐阜城。不過據說僧萬里集之九集《梅花無盡藏》裡早有記載「岐阜陽」一詞，其他篇章也能發現記有「岐陽」。

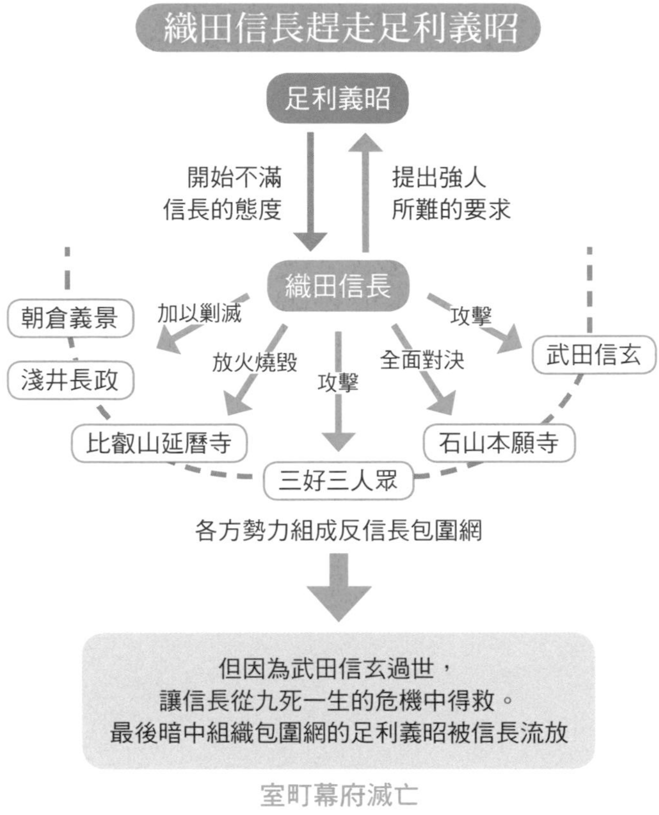
織田信長趕走足利義昭
足利義昭
開始不滿
信長的態度
提出強人
所難的要求
織田信長
加以剿滅
攻擊
朝倉義景
淺井長政
放火燒毀
攻擊
全面對決
武田信玄
比叡山延曆寺
石山本願寺
三好三人眾
各方勢力組成反信長包圍網
但因為武田信玄過世，
讓信長從九死一生的危機中得救。
最後暗中組織包圍網的足利義昭被信長流放
室町幕府滅亡

47 跟本願寺王國（一向一揆）之間的戰爭

元龜元年（一五七〇年）正月，織田信長對足利義昭提出五項限制的規定。幕府要寄送御內書給諸國時必須要附上信長批閱過的公文才可以過關。這也就表示不管是哪一個大名，只要想接受幕府的命令，都得先經過信長的審查才行。

當然，身為幕府將軍的足利義昭不願接受這種安排，於是私下組織起反信長包圍網。反信長包圍網的成員有越前國大名朝倉義景、近江國大名淺井長政、比叡山延曆寺、石山本願寺，以及甲斐國大名武田信玄。但武田信玄在途中因病去世，使整個聯軍亂了陣腳，最後只得到潰敗的下場。實在不得不說信長撿回了一條命。

雖然包圍網以失敗告終，但長島一揆和金森一揆以石山本願寺為基地，持續抵抗織田勢力。由於本願寺想創造出聖俗兩全的佛教王國，所以對於想獨攬天下的織田信長而言，這個宗教勢力將是最大的阻礙。因此織田軍攻打本願寺的戰略就是「殺無赦」。在這一戰後，日本政界就開始出現政教分離的情形。

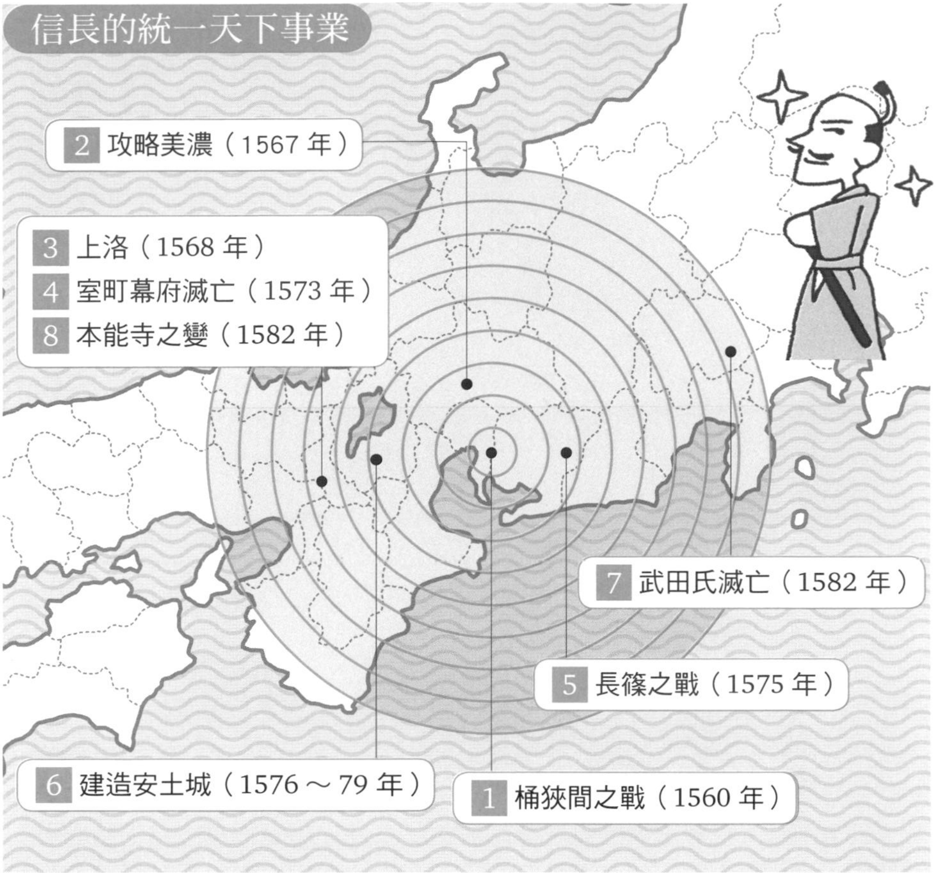
信長的統一天下事業
2 攻略美濃（1567 年）
3 上洛（1568 年）
4 室町幕府滅亡（1573 年）
8 本能寺之變（1582 年）
7 武田氏滅亡（1582 年）
5 長篠之戰（1575 年）
6 建造安土城（1576 ～ 79 年）
1 桶狹間之戰（1560 年）

Column

鐵錚錚的裝甲艦隊

在木津川會戰裡，為了打擊輸送救援物資給本願寺的毛利水軍，信長出動了大家前所未見的裝甲艦隊，將毛利水軍打得狼狽不堪。當時信長艦隊裡的大船規格為橫十二點六公尺，縱二十二公尺。船首到船尾都設有箭樓，同時也有類似天守閣的構造，模樣簡直就像是一座「浮在海上的城」。這艘讓人們需要仰頭才能觀看的戰艦，還在船體上設置厚達二到三公分的鐵板。面對如此強悍的船艦，就連隨織田軍出征的傳教士宇留岸伴天連也驚愕不已。

外史集

柴田勝家的沒收武器政策

信長家臣柴田勝家在平定完越前之後，為了繼續揮軍前往加賀而居住在北之庄。當時他除了建造城池之外，也為居民建造城下町，在照顧民生方面是很有能力的武將。這段期間，柴田勝家發布刀狩令，強制和尚和農民繳出武器。而那些被沒收的武器全都被熔製為農具，然後再還給民眾使用，以此作為振興農業的政策。

48 繼承天下的秀吉

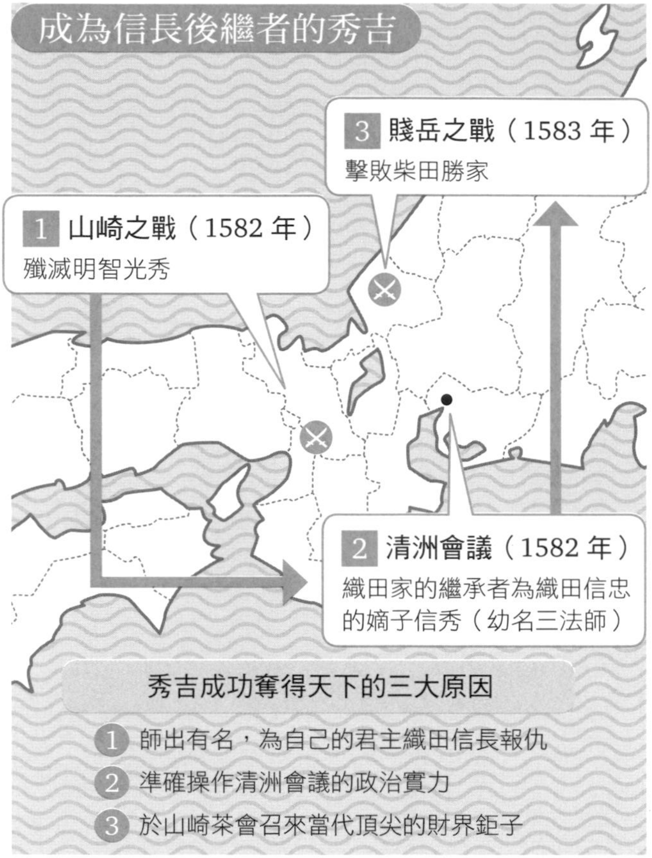

成為信長後繼者的秀吉
3 賤岳之戰（1583 年）
擊敗柴田勝家
1 山崎之戰（1582 年）
殲滅明智光秀
2 清洲會議（1582 年）
織田家的繼承者為織田信忠的嫡子信秀（幼名三法師）
秀吉成功奪得天下的三大原因
1 師出有名，為自己的君主織田信長報仇
2 準確操作清洲會議的政治實力
3 於山崎茶會召來當代頂尖的財界鉅子

雖然織田信長在面向琵琶湖的安土山上建造華麗的大城，以彰顯自己天下布武的成果，但最後卻因為本能寺之變而讓畢生的心血付之一炬。而本能寺之變也讓日本政權產生出一瞬間的權力真空。此時，能毫不猶豫立刻接手奪取天下的人就只有羽柴秀吉了。

羽柴秀吉在短時間內做出迅速果決的判斷。雖說中國大返還在歷史上是很少見的狀況，但不管是在姬路城的不退讓宣言、山崎之戰、清洲會議上的政治判斷、在山崎茶會接見千利休、籠絡當代所有財政界龍頭等布局，都是審視過時勢發展的決定。

雖然這一系列的判斷看起來像是憑著運氣出手的賭局，但在判斷上卻是精準無比。光靠單純的政治與謀略，是不可能看準政治動向後再奪得天下，也不可能讓德川家康歸順稱臣。這一切已經完全跳脫出運氣的範疇，幾乎是用接近神乎其技的手法奪取天下了。

也難怪秀吉有辦法將天下掌握在手中。

讓明智光秀大吃一驚的中國大返還

6月13日
開戰
山崎之戰
6月6日
出發
姬路城
高松城
尼崎
富田
快點
往前衝！
竟然這麼快
就趕過來！
羽柴秀吉
明智光秀

Column

著名的中國大返還

發生本能寺之變後，為什麼羽柴秀吉會選擇從中國地區的交通路線上急行軍呢？其中的理由很簡單。因為織田信長原本準備要出兵，途中會經過的中國地區早已經先打點好路況。而且把路況安排妥當，等織田信長率軍過來的人也正是秀吉。然而突然發生本能寺之變，秀吉在經過縝密的判斷後，馬上就把準備給信長軍隊的補給水、軍糧、武裝、火把等資源帶走，直接往中國地區的路線撤離。所以秀吉等於是在事先準備好的路線上進行中國大返還。或許秀吉上輩子真的燒了好香吧？

外史集

黑田官兵衛惡魔般的呢喃

織田信長死後，黑田官兵衛對不知所措的羽柴秀吉説：「現在正是奪得天下的好時機。」這個故事雖然很有名，但據説史實裡的黑田官兵衛只有建議秀吉：「趕快跟毛利家談和，然後再出兵攻打明智光秀。」官兵衛的建議其實再正常也不過，但這個事蹟還是照樣被後人加油添醋。

49 用前所未聞的戰術攻打小田原城

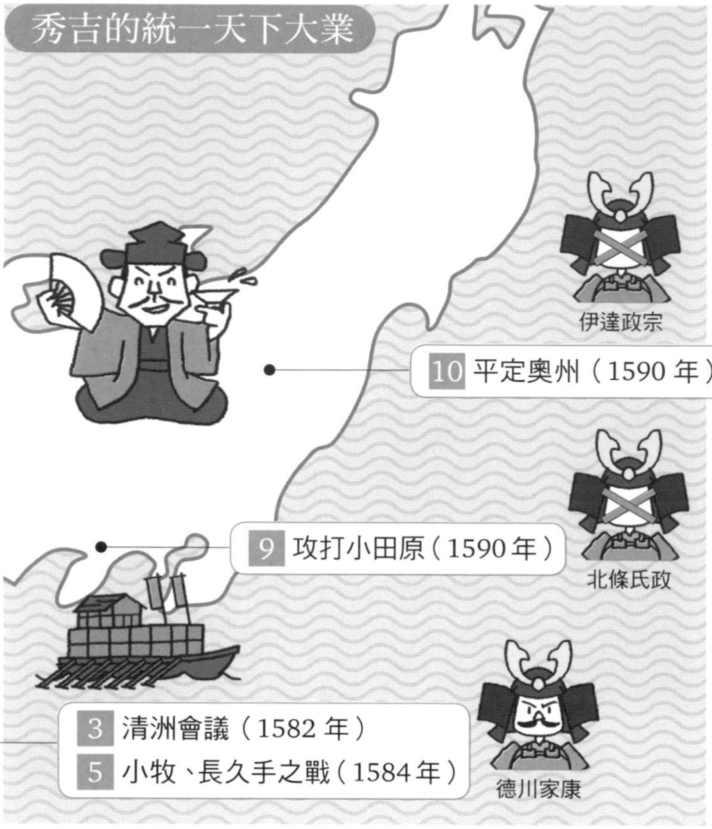
秀吉的統一天下大業
伊達政宗
10 平定奧州（1590 年）
北條氏政
9 攻打小田原（1590 年）
3 清洲會議（1582 年）
5 小牧、長久手之戰（1584 年）
德川家康

小牧、長久手之戰後，羽柴秀吉和德川家康開始和睦相處了起來，家康甚至還放低姿態，正式對秀吉稱臣，整個戰國時代簡直飄散著即將邁入精彩大結局的氛圍。接著在秀吉準備出兵討伐四國的長宗我部元親時，朝廷也跟著動了起來。

不久後，朝廷安排羽柴秀吉就任為關白、太政大臣，並且賜給他次於源、平、藤、橘的姓氏——「豐臣」。後來，秀吉對所有戰國大名發布《惣無事令》（全國停戰令），讓島津義久、義弘在九州的發展受限，甚至還以北條氏政違背《惣無事令》為由，出兵攻打小田原城，進而導致北條家滅亡。之後秀吉也憑著這個命令，著手鎮壓關東、奧州勢力。

秀吉在攻打小田原城時，共動員了三十五國的二十五萬兵力。而且為了打擊敵方士氣，更想出允許在陣中設置酒宴，讓武將帶家屬一同玩樂的戰術。打敗北條家後，秀吉雖然想徹底解決關東和奧羽的勢力，但結果卻不如預期。在天下即將太平的表象下，戰國的火種其實還在默默燃燒。

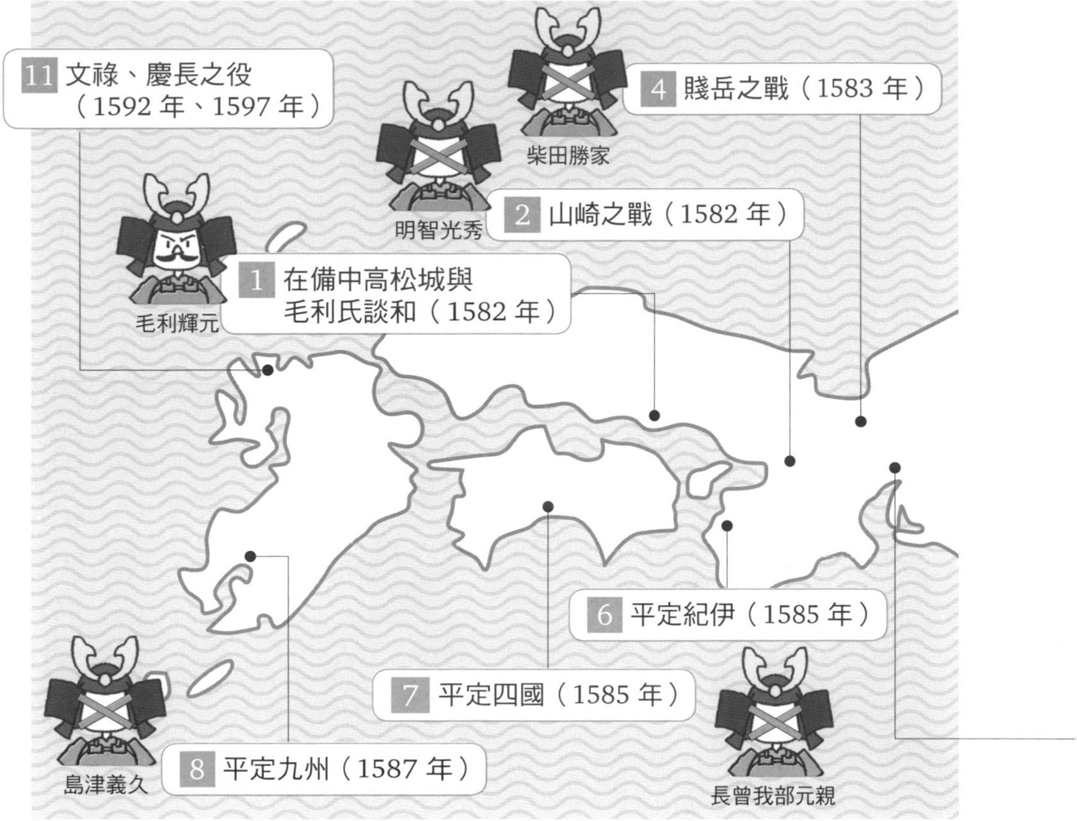
11 文祿、慶長之役（1592 年、1597 年）
4 賤岳之戰（1583 年）
柴田勝家
明智光秀
2 山崎之戰（1582 年）
毛利輝元
1 在備中高松城與毛利氏談和（1582 年）
6 平定紀伊（1585 年）
7 平定四國（1585 年）
8 平定九州（1587 年）
島津義久
長曾我部元親

Column

在戰場上遲到的伊達政宗

伊達政宗對自己的帶兵實力很有自信，但在豐臣秀吉動員全國大名攻打小田原城時，他卻遲遲不肯參戰。等好不容易來到陣前時，卻發現他雖然身穿白衣以示歉意，但所帶兵力就只有百名騎兵。還有，在秀吉原諒政宗遲到後，政宗卻在公開場合否定秀吉的攻城戰術，在場成員對此無不瞠目結舌。由於秀吉也承認政宗不是平凡的戰國大名，所以也放手讓他統治奧羽地區。後來，伊達政宗奉命在箱根的底倉閉門思過，他居然在這時跑去向千利休學習茶道。不得不說伊達政宗真的是膽大包天。

外史集

邊小便邊討論國家大事

雖然這則故事的真實性有待考證，但據說秀吉跟家康在小田原城眺望風景時，邀家康跟自己一起去小便。當時秀吉還跟家康提起自己欲將家康調往關東的人事異動。雖然這件事對秀吉來說沒什麼大不了，但家康才剛接收完武田家的家臣團，所以這個問題大概讓家康感到很不自在吧？

50 秀吉模仿信長的政策方向，文祿、慶長之役

秀吉所提出的改革政策

太閤檢地（1582～98 年）

測量土地，以石高來表示稻米的生產量。農民依田地的所有權，有繳納年貢米的義務。

↓

天主教傳教士驅逐令（1587 年）

平定島津氏的九州後，於當地頒布禁止傳教活動、驅逐外國傳教士的命令。

↓

刀狩令（1588 年）

為了防止農民起義，因此收武器。進而產生兵農分離的結果。

豐田秀吉

豐臣秀吉出兵攻打明朝前，曾先透過對馬國的宗氏要求朝鮮王國給日本進貢。但朝鮮直接加以拒絕，因此秀吉在文祿元年（一五九二年），號令所有戰國大名集結十五萬大軍坐著船艦前去攻打朝鮮，而這也就是史稱的文祿之役。

雖然秀吉統一了日本，但他還是想出了這個單純的領土擴張政策。在那之前，由於國內執行太閤檢地和刀狩令，不但掌握每個大名的石高，也徹底達到兵農分離的目的，而且百姓的身分和戶籍也得到明確的紀錄，戰亂雖然看起來因秀吉而終結，但他還是將遠征作為下一階段的目標。

除了擴大領土，遠征也是為了擴大貿易機會。例如後來的德川家康也實施過「朱印船貿易」。所以秀吉不是用武士的思維決定遠征，而是以商人思維判斷日本經濟必須有所進步。再說當時的堺和博多也有許多商人靠貿易發大財。

或許出身平民的秀吉無法想出攻打明朝的主意，但在他盡力模仿信長的施政作風後，才會毅然地發起遠征。

攻打朝鮮是豐臣家沒落的主因

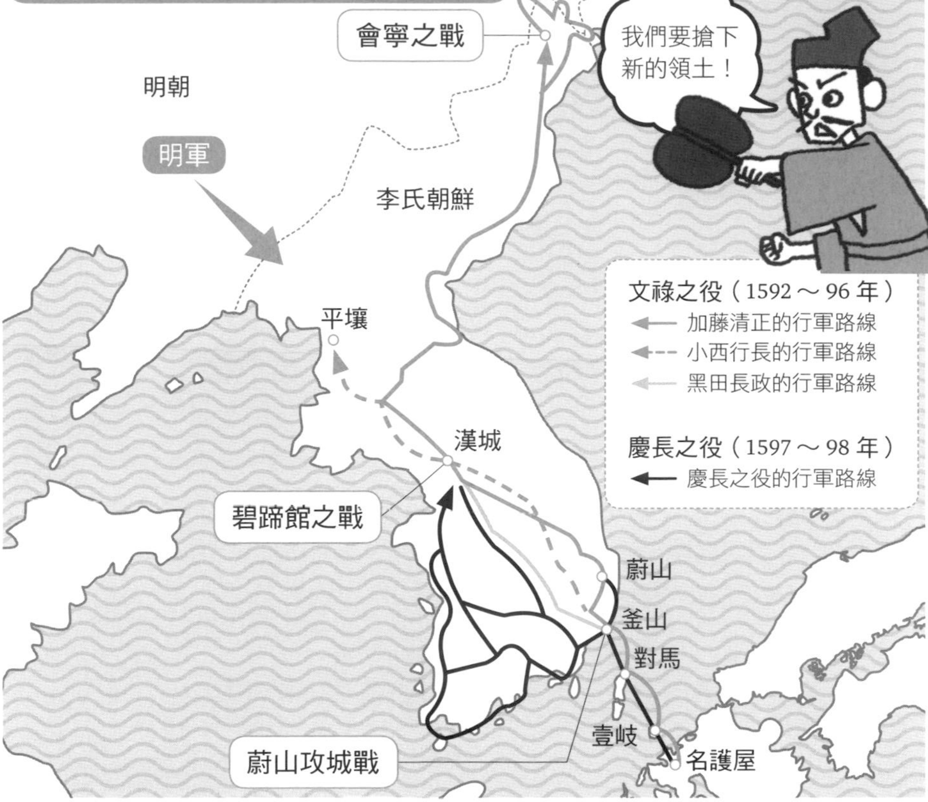
會寧之戰
我們要搶下新的領土！
明朝
明軍
李氏朝鮮
平壤
漢城
碧蹄館之戰
蔚山
釜山
對馬
壹岐
名護屋
蔚山攻城戰
文祿之役（1592～96年）
加藤清正的行軍路線
小西行長的行軍路線
黑田長政的行軍路線
慶長之役（1597～98年）
慶長之役的行軍路線

Column

秀長之死與千利休的切腹事件

豐臣秀吉曾說過：「公事可問秀長，私事可問宗易（千利休）。」然而秀長卻在天正十九年（一五九一年）時逝世，而千利休也在不久後突然被放逐到堺，然後就被秀吉下令切腹自盡了。由於當時秀吉正在著手統一天下，同時也在培養石田三成等年輕官員，所以有些人推測秀長跟利休的死亡，也牽涉到豐臣秀吉家臣間的世代交替問題。後來，豐臣秀吉將關白的職位讓給養子秀次，自己則是當上了太閤。只是，如此安排真的能讓豐臣家從此一帆風順嗎？

外史集

朝鮮俘虜被抓到後的下場

朝鮮俘虜由於可提供燒製瓷器、活字印刷技術給日本，因此可以免於一死，不過他們以後也只能繼續居住在日本。至於日本兵投降中朝聯軍時，會被編制到討伐胡人的傭兵部隊，或是被編進遼東半島、閑山島的水軍中，而且從此不能回日本。總之，兩邊的俘虜最後下場都是無法回祖國。

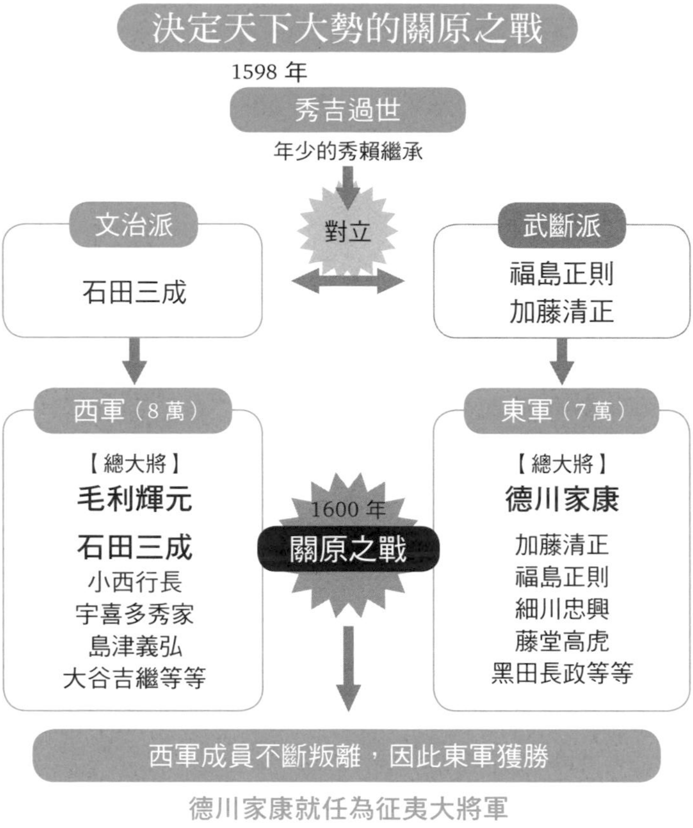
決定天下大勢的關原之戰
1598 年
秀吉過世
年少的秀賴繼承
對立
文治派
石田三成
武斷派
福島正則
加藤清正
西軍（8 萬）
【總大將】
毛利輝元
石田三成
小西行長
宇喜多秀家
島津義弘
大谷吉繼等等
1600 年
關原之戰
東軍（7 萬）
【總大將】
德川家康
加藤清正
福島正則
細川忠興
藤堂高虎
黑田長政等等
西軍成員不斷叛離，因此東軍獲勝
德川家康就任為征夷大將軍

51 織豐政權下的反作用力，關原之戰、大阪之陣

在豐臣秀吉過世的兩年後，豐臣秀賴成為豐臣家的領導者，但後來負責輔佐秀賴的前田利家也在慶長五年（一六〇〇年）過世。獲得這個天賜良機的德川家康，決定賭上自己一生的事業，準備照著自己的劇本演出奪權大戲。

德川家康要反對的是豐臣家的獨裁政治，不讓他們對其他大名予取予求。家康想打造出以將軍為中心的大名聯合政權（幕府），能透過絕對和平的權力分配，讓德川家永續經營的政治體制。而在這個想法下，對豐臣家盡忠的石田三成就是符合條件的對手。

要是德川家康願意當安分守己的大名，就能從此跟豐臣秀賴攜手同行，但家康的事業本來就是奪取天下，所以老早就捨棄這個苟且過活的選擇。至於奪權舞台就是關原之戰跟大坂之陣了。

奪得天下後，家康在施政上否定織田信長以來的商業立國方針。採用比較接近武田信玄的概念，也就是以農為主並且支配各領地的政策。

家康的統一天下事業

1584 年	家康於小牧、長久手之戰跟秀吉握手言和
1590 年	因北條氏滅亡，家康被移封到關東
1600 年	家康在**關原之戰**取得勝利
1603 年	家康就任為**征夷大將軍**，並且開設江戶幕府
1603 年	豐臣秀賴和家康的孫女結婚
1605 年	家康把將軍官職讓給德川秀忠
1607 年	家康以**大御所**的身分於駿府行使實權
1611 年	家康與豐臣秀賴於二條城進行會談
1614 年 7 月	家康以方廣寺的鐘銘為藉口，向豐臣家抗議
1614 年 11 月	因鐘銘事件導致德川和豐臣開戰（**大坂冬之陣**）
1614 年 12 月	大坂冬之陣雙方談和
1615 年 1 月	大坂城周遭建起城壕
1615 年 4 月	**大坂夏之陣**爆發
1615 年 5 月	**大坂城被攻下**，豐臣秀賴、淀君自裁身亡
1616 年	**家康過世**（追諡神號東照大權現）

Column
對抗西方的「東都」政權

也許在德川家康的腦中，深深烙印著自己對源賴朝政權的崇拜。例如源賴朝堅持不離開鎌倉，並且在鎌倉的土地上建造屬於武家的政權，這或許就是德川家康想追求的武家形象。又或許源賴朝的想法和行動，同時也是德川家康個人的行事準則吧？至少從家康愛看《吾妻鏡》的傳聞上，能窺見他多少有將源賴朝視為榜樣。對家康而言，位於東邊的都市才是武家真正的祖國，而位於西邊的京都從來就不適合武家。因此德川政權想要找地方落腳，那就非得選擇東邊的都市不可。

外史集

家康鍾情於未亡人

三位奪得天下的戰國大名，對異性有各自的喜好。例如信長只把女性當成工具，對他來說只要會生小孩就夠了。而秀吉比較喜愛出自高貴家族的女性。至於家康則是喜歡寡婦。據說家康認為這樣的女性比較適合當妻子，因為寡婦有生產的經驗，也懂得照顧小孩，所以才能放心將小孩交給妻子照顧。

天下普請
你們全給我過來幫忙蓋江戶城！
家康命令全國大名建造江戶城

52

天下普請——江戶與江戶城的建設

慶長八年（一六〇三年），就任為征夷大將軍的家康打算將幕府設置在自己的根據地江戶城。雖說是「城」，但規模卻不及太田道灌曾參與修築的江戶城，而且城鎮太過狹小也是個問題。

於是，德川家康發布「天下普請」，要求全國大名參與江戶城擴建計畫，同時也在日比谷海灣進行填海造地工程，讓該處與前島接壤進而產生大規模的居住地。

在慶長十七至十八年間，於前島的東側建造舟入堀（碼頭）。該地同時也位於現代的八丁堀。雖然此時的幕府只顧著建設江戶城，但這時的建設後來確實讓江戶成為全國物流重鎮，並且帶動大江戶八百八町的經濟繁榮。

除了同時進行擴建江戶城、填海造地，讓江戶確實地達成城、鎮合一之外，最值得一提的就是當時也建造了運河、民生用水系統等人造公共都市建設。無視許多不利人居的地理因素，將江戶改造成方便的近代化都市，可說是德川幕府最讓人感到驚奇的政績。

家康在江戶填海造鎮

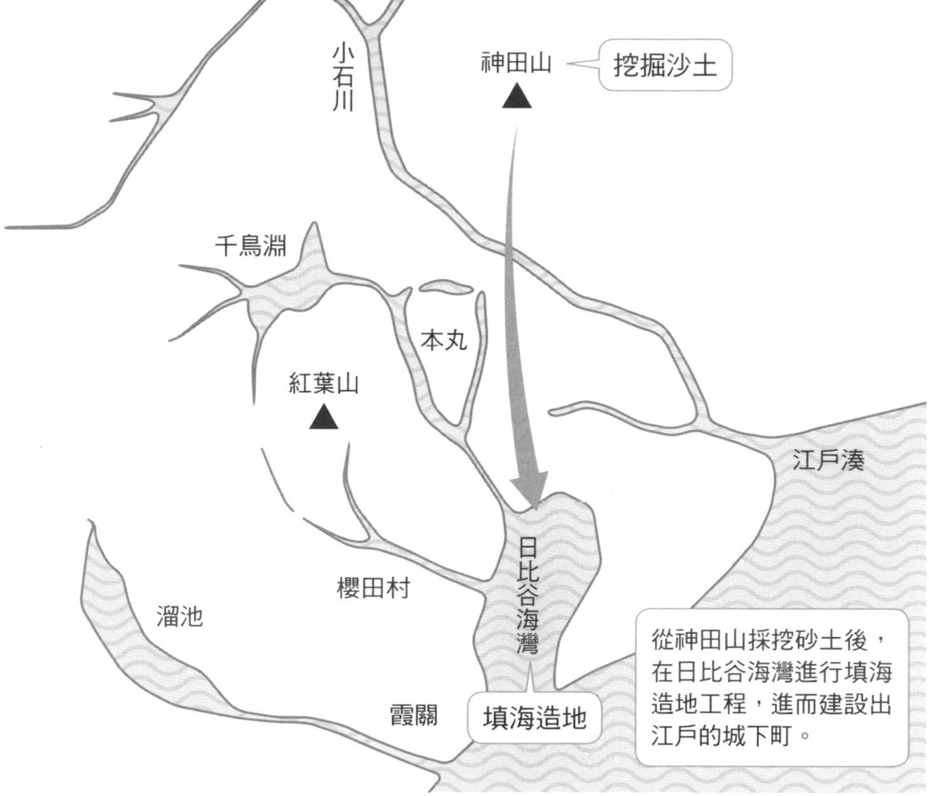
小石川
神田山
挖掘沙土
千鳥淵
本丸
紅葉山
江戶湊
日比谷海灣
櫻田村
溜池
霞關
填海造地
從神田山採挖砂土後，在日比谷海灣進行填海造地工程，進而建設出江戶的城下町。

Column

江戶灣填海造地的祕辛

在天下普請的相關史料中，完全沒有記載關於日比谷海灣填海造地的經過。照理來說，這種為民開拓可居住地的工程，稱得上相當亮眼的成績。之所以沒有寫在歷史紀錄中，原因可能是日比谷海灣造地並且接壤到前島後，幕府私自將前島收為己有的關係吧？因為江戶前島算是鎌倉圓覺寺的領地，這麼做等於是擅自占有別人的領地。從逾越朝廷公權力來看，德川家這麼做是很不可取的行為。若是把這件事白紙黑字記下來，就會成為德川家永遠的污點，所以才會故意不將填海造地的事實寫在天下普請的正式紀錄中吧？

外史集

福島正則抱怨德川幕府

福島正則在修築名古屋城時抱怨：「最近修城牆的差事未免也太多了吧。我知道駿府是天下重鎮，要我乖乖辦事我是沒話說，畢竟這個名古屋城也是他小兒子要待的地方。但派我們來做雜事實在太離譜了。」加藤清正於是回道：「你要是真的這麼討厭，不然你就舉兵造反好了。」福島正則聽了以後就不再抱怨，默默地修起城牆來。

53 橫渡亞洲海域的朱印貿易船

江戶初期的外交政策

家康的外交、貿易顧問

李夫德號 航海士
楊・優士登
（耶楊子）

威廉・亞當斯
（三浦按針）

主要輸出、輸入品

輸出品
銀、銅、鐵等等

↕

輸入品
生絲、絹織物、砂糖、
鹿皮、鯨皮等等

1600 年	荷蘭船李夫德號登陸豐後
1604 年	設置糸割符制度（管制日本商人輸入生絲的制度）
1607 年	朝鮮使節來到日本
1609 年	荷蘭於平戶設立商館
1611 年	中國船得到在長崎貿易的許可
1613 年	伊達政宗派遣慶長遣歐使節、荷蘭於平戶設立商館
1616 年	限制歐洲船只能在平戶、長崎入港

↓

此後外交政策轉為鎖國

朱印船貿易這個政策雖然是德川幕府鮮為人知的政策，但確實是日本在當時的對外和平外交政策。德川家康成為征夷大將軍後，對國內各大名發出如下命令：「我國的船隻若要向國外航行，請持有此文件並捺上朱印作為憑證。若無此印者，不可擅自出航貿易」。

這個政策有別於豐臣秀吉出兵攻打朝鮮，是德川家康以和平貿易的手段對國外進行外交。之後，台灣、菲律賓、印尼、越南、中國大陸的港灣都市漸漸有日本商團進駐，甚至出現日本人居住的城鎮。

當時的日本商人與現代的貿易商一樣，會前往國外尋求商機，並且在短時間之內於當地形成廣大的交易網路。他們等於是東亞貿易圈裡最主要的運轉者。

比起葡萄牙、西班牙派遣傳教士、軍艦於當地駐守軍隊，荷蘭、英國及日本的商隊對於拓展國外視野會更有效率。

朱印船貿易的中心地與日僑城鎮

■ 日僑城鎮
● 日僑居住地
朱印船主要航線
明朝
長崎
鹿兒島
寧波
信州
淡水
安平
澳門
暹羅
海防
河內
若開
安南
峴港
會安
卡加煙
呂宋
迪勞
聖米格爾
阿瑜陀耶
曼谷
奔涅魯
金邊
六昆國
北大年
汶萊
德那第
蒂多雷島
安汶
麻六甲
巴達維亞
萬丹

Column 亞洲貿易的實際情形

當時在東亞的貿易市場中，是以日本銅錢作為國際公認的結算貨幣。這是因為日本的銅錢品質優良，而且日本每年生產的銀礦平均為三萬五千到四萬五千貫（約為十三萬到十六萬五千公斤）。由於當時全世界的銀礦總產量推測為三十九萬到四十二萬公斤，所以也代表日本所生產的銀礦產量占了當時全世界銀礦產量的三到四成，因此當時的日本銅錢在國際流通性上可說是很有公信力。

外史集

山田長政的活躍

山田長政據說是駿河人士，於寬永年間前往暹羅王國成為王室的親兵。他手下有 800 多名日本傭兵，如果再把傭兵的家人算進去，大約有 1,400 到 1,500 百名的日僑居留在暹羅王國。寬永 5 年（1628 年）時，由於重用山田長政的暹羅國王死去，所以爆發爭奪王位繼承權的戰亂。山田長政最後也因為被當成叛亂軍成員而被當地人殺害。

54 開始實行鎖國政策——荷蘭的陰謀

天主教禁令及鎖國政策的發展

〈初代〉德川家德　〈二代〉德川秀忠

1601年	設置諸宗法度
1604年	開始實施糸割符制
1609年	荷蘭於平戶開設商館 強制沒收五百石以上西國大名所擁有的大船
1612年	直轄領（天領）實施禁教令
1613年	禁教令於全國實施 英國於平戶開設商館
1614年	信奉天主教的大名高山右近、內藤如安遭流放外國
1616年	除了明朝船隻，限制其他國家船隻只能停泊在平戶、長崎
1621年	禁止國人搭乘外國船隻、輸出武器
1622年	長崎發生二十六人殉教事件（元和大殉教）
1623年	英國關閉平戶的商館

德川幕府一開始雖然積極推廣國際貿易政策，但後來卻逐漸設下諸多限制。例如元和二年（一六一六年），限制歐洲船只能停靠在平戶和長崎。接著在八年後，幕府禁止所有西班牙船來到日本。十一年後，不但禁止日本人出國，也禁止旅外日本人回國。

雖然幕府官方宣稱這一連串的鎖國政策是為了防堵天主教在國內流傳，但這其實是表面上的理由。事實上，這些鎖國政策是歐洲商團想阻止日本商團獨占東亞市場所想出的點子。

施展這個陰謀的荷蘭和英國商人只是在幕府排斥天主教時順水推舟，對幕府提議禁止日本人民接觸任何外國文化。而不熟悉國際情勢的德川秀忠、德川家光也對這個意見照單全收，開始實施長期的鎖國政策。

之後，日本唯一可以對外交流的窗口只限於長崎的出島港口，就此把自己孤立於日本島內。

〈三代〉德川家光

1624年	禁止西班牙船隻航行至日本
1629年	長崎發生強迫天主教徒踩踏基督肖像的「踏繪事件」
1630年	禁止輸入天主教書籍
	日蓮宗的不受不施派遭到幕府管制
1631年	設置奉書船制度
1632年	幕府以「諸宗本山末寺帳」管制佛教
1633年	鎖國令1【禁止奉書船以外的船隻航行】
1634年	鎖國令2【限制外國商船航行至日本】
1635年	鎖國令3【全面禁止日本人航行國外、回國】
	全國開始實施寺請制度
1636年	鎖國令4【放逐所有居住在日本的葡萄牙人後裔】
1637年	因天主教徒起義而爆發島原之亂（於1638年平定）
1639年	鎖國令5【禁止葡萄牙船航行至日本】
1640年	宗門改（宗教信仰普查）機關製作「宗門人別帳」（各戶籍的宗教信仰紀錄冊）
1641年	荷蘭商館遷移至出島
	令荷蘭商館編撰《阿蘭陀風說書》（歐美各國近況報告）

江戶

Column

安汶大屠殺

一六二三年二月，駐守在安汶島之摩鹿加群島的荷蘭守備隊逮捕了數名日本傭兵。在拷問下，他們得知日本傭兵在調查荷蘭守地的城寨構造及兵力人數，也發現是同樣駐紮在安汶島的英國人僱用這些日本人，目的是為了占領那座荷蘭城寨。後來，荷蘭人又陸續拷問了數名葡萄牙人奴隸、英國人，甚至連島上的英國商館負責人也不放過。荷蘭人不但要他們寫下自白書，而且也斬首了三十名與英國駐軍有關的人員。後來這件事演變成外交問題，雖然英國收到來自荷蘭的八十萬鎊賠償金，但日本卻毫不關心罹難日本人的賠償問題。

外史集

被迫離開日本的混血少女

由於幕府在鎖國期間發布了外國人取締令，因此混有義大利人血統的日本女孩阿春，跟母親、姊姊一起被幕府遣送到雅加達。由於無法回日本，阿春最後只能選擇在雅加達終老。不過，根據雅加達圖書館的紀錄顯示，阿春後來在當地過著富裕的生活，所以也算是不幸中的萬幸。

55 低成長期的國內經濟發展

在全國開拓銷售通路的近江商人

鎖國政策在禁止所有日本人與國外進行貿易後，除了對國內的交易市場設下了諸多限制，而且也扼殺了日本自戰國時代以來的高度經濟成長，不但大幅縮小工商業界的發展，而且也讓他們逐漸失去競爭力。

原本活躍於堺、博多、京都、長崎等地的貿易商人們失去賺大錢的舞台，取而代之的是江戶、大阪、京都的新型態商人，而其中最值得一提就是近江及伊勢的商人。

近江商人透過在各地反覆經商，於全國開展出眾多實體店家、分店，同時也形成了屬於自己的商業網路。而伊勢商人則是進駐江戶、大阪等大都市。他們自成一格的商業模式，使當時的零售業界獲得了全新的進步。

另外，當時的稻米必須依賴東北農業區，因此在人人都需要酒、味噌、醬油等生活必需品的情況下，由於有伊勢和近江商人的努力，才能逐漸形成讓貨品可以流通至全國各地的商業市場。

在大都市扎根的伊勢商人
在創新方面下足工夫
就是做好生意的重點
大阪
伊勢
江戶

Column

機靈蒐集資訊的製藥經濟

擅長默默地謀取利益的金澤藩前田家，對於販賣藥品有一套自己的生意經，那就是從不拒絕製作、販賣藥品的委託。也因為這個前提，他們會積極拓展自家藥品的全國銷售通路。而這個開枝散葉般的商品販售網路，後來也直接作為金澤藩收集各方資訊的情報網。更有意思的就是金澤藩甚至不用自己的名義販賣自家出品的藥物，而是委託作為分家的富山藩前田家代為販售。因為要是藥品出現不良的狀況，金澤藩就可以將責任全交給分家處理。這種賺錢的方式其實也很像心機重的前田家會使出的策略。

外史集

江戶速食：握壽司

某個商人為了賣吃的東西給改建江戶的工人，所以發明了方便食用的「早鮨」。若用現代觀念來分類的話，「早鮨」算是一種速食。早鮨同時也是江戶前壽司的前身，其中一種作法是先在箱子裡鋪好醋飯，然後再把魚肉放上去，接著蓋上蓋子用重物壓幾個小時，最後把整個食材全切成一口大小就算完成。

56 戰國時期結束——頒布生類憐憫令

從武斷政治轉換為文治政治

武斷政治

（家康、秀忠、家光下的太平治世）

轉封	減封	改易
轉移領主的領地	削減領主的領地	領地改變領主

以武力進行高壓支配

↓

造成許多武士成為無主可侍奉的浪人，
許多武士對幕府越來越不滿

↓

1651 年 由井正雪之亂

↓

轉換為文治政治

- 緩和病危大名收養養子的禁令
- 廢止大名的人質制度
- 禁止殉死
- 獎勵儒學

天和三年（一六八三年），第五代將軍德川綱吉修訂了《武家諸法度》中的內容。

原本第一條的「嫻熟弓馬之道」，更改為對君主「盡忠」，對父母「盡孝」，並且在禮儀上「守秩序」。換句話說，原本戰國時代獲取地位的重點從「尚武」改為「尚文」。原本「重視武力」的武家生態，被改為「遵守禮儀、規範」。

而從這種思維所產生的命令就是「生類憐憫令」。德川綱吉基於自己的宗教信仰設置了不准宰殺任何生物的法律。但這項法律造成每個人的不便，反而成了不折不扣的惡法。不過後來新井白石上台後，幕府又重新以嚴刑峻罰對待罪犯，審判甚至還會罪及全族，或波及到幾千名與罪犯有關係的人。

雖然幕府表示：「戰國時代已經結束了，從今以後就是文治的時代了」，但一段時間發展下來，卻一直抓不到治理的重點，這個時期的幕府基本上就是做什麼都不上不下的時代。

五代將軍綱吉的治世

德川綱吉

1 獎勵研究儒學或其他學問

- 任命儒學者林信督為大學頭
- 建立湯島聖唐祭祀孔子
- 設置歌學方（研究詩歌）、天文方（研究曆法）

2 保護佛教 → 導致財政困難

- 建立護國寺、重建東大寺大佛殿

3 生類憐憫令

4 改鑄貨幣（元祿小判） ← 導致物價上升

反而讓百姓更加不滿

Column

農業與物流業有飛越性的成長

元祿時代的日本雖然各方面沒有明顯進步，但治水和灌溉等農業技術卻有飛躍性成長。當時不只改良農具、肥料讓稻米的品質變好，桑、麻、油菜、蔬菜及菸草等經濟作物的生產也有進步。另外，東海道、中山道、甲州街道、日光街道及奧州道中共五個交通幹道經過全面維護，並設置許多交通支線，讓物流變得更迅速。至於海上交通則有江戶商人河村瑞賢設置東迴和西迴的航線，讓當時的菱垣迴船、樽迴船創造出大量運輸的時代。還有，因為東日本有能力大量生產商品，因此也形成了遍及全國的銷售市場。

外史集

把人嚇到昏頭的參勤交待消費

明曆元年（1665 年）時，佐賀藩鍋島家（所領 7 萬 8000 石）用於參勤交待的費用為 1 萬 6000 石，相當於鍋島家所領石高的五分之一。鍋島家帶隊前往江戶的家臣有 500 人，而且全部的人都要從佐賀徒步走到伊萬里，然後從伊萬里搭船到大阪，最後再走到終點江戶。光是這趟路程就花了他們一個月的時間。

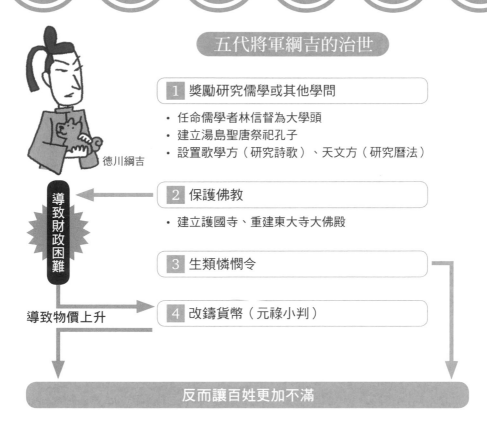

57 赤穗事件

為君主報仇雪恨的赤穗浪士

淺野長矩
吉良義央
遭到切腹和改易的懲處
我們要
替君主報仇！
大石內藏助

雖然德川綱吉認為「重視弓馬之道的時代已經結束，今後的時代將會以文治為主」，但他的想法卻不見得可以讓全國人民理解。而且在這時，還發生了相當有名的赤穗事件。

元祿十五年（一七〇二年）十二月十五日凌晨，那天雖然是大雪紛飛的日子，但赤穗城前任家臣大石內藏助率領四十多名浪士，依然攻進吉良義央的宅邸。將吉良義央斬首後，四十七名浪士終於為君主報仇雪恨。

這個事件讓江戶子民感到十分痛快，因為那時是充滿抑鬱的年代，每個人都活在無處宣洩不滿的生活裡。但沒想到德川幕府的直屬武士當中，居然有人會被失去君主的浪人斬殺，所以剛好成了大家的話題。不過，這件事的後續並沒有那麼美好，四十七名浪士最後還是向幕府自首。翌年二月，所有參與暗殺的成員全都奉命切腹自殺。

不過，淺野長廣*在德川綱吉死後獲得特赦，而且還升格為旗本（德川幕府直屬的武士），於阿波領受五百石。

*淺野長矩的弟弟，曾因長矩傷害吉良的案子而受到連坐處分。

與忠臣藏*有關的地點

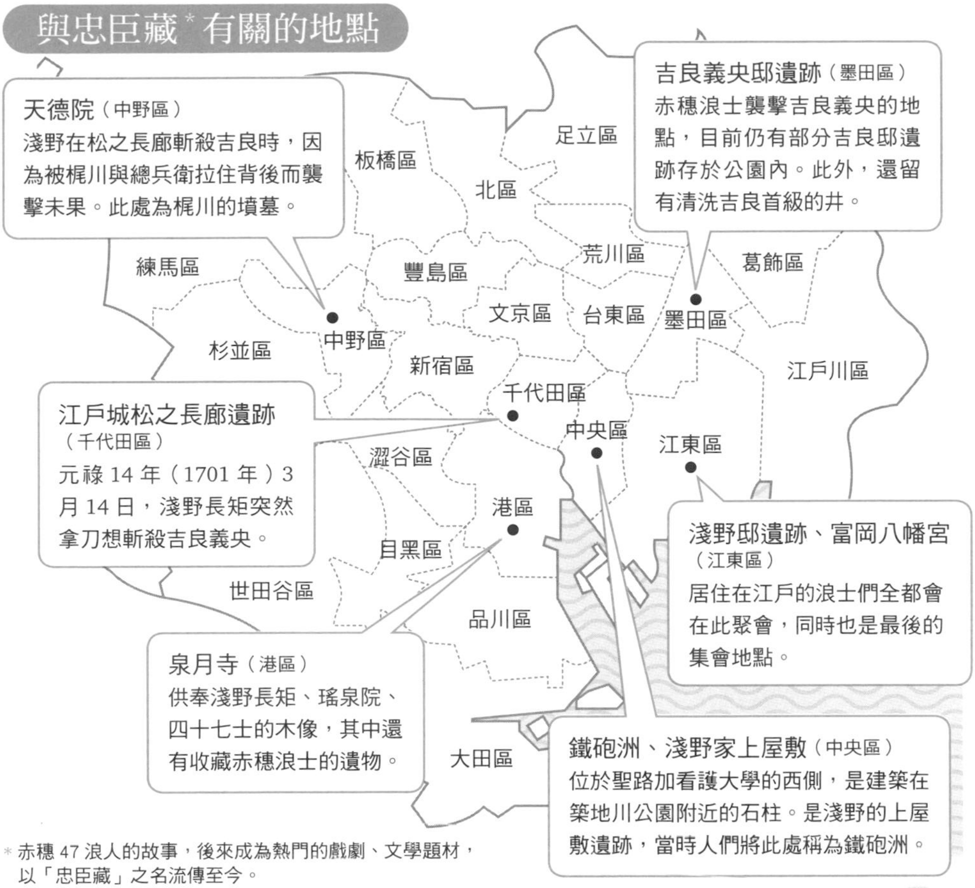
天德院（中野區）
淺野在松之長廊斬殺吉良時，因為被梶川與總兵衛拉住背後而襲擊未果。此處為梶川的墳墓。
吉良義央邸遺跡（墨田區）
赤穗浪士襲擊吉良義央的地點，目前仍有部分吉良邸遺跡存於公園內。此外，還留有清洗吉良首級的井。
足立區
板橋區
北區
練馬區
荒川區
葛飾區
豐島區
文京區
台東區
墨田區
中野區
杉並區
新宿區
江戶川區
千代田區
江戶城松之長廊遺跡（千代田區）
元祿 14 年（1701 年）3 月 14 日，淺野長矩突然拿刀想斬殺吉良義央。
中央區
江東區
澀谷區
港區
淺野邸遺跡、富岡八幡宮（江東區）
居住在江戶的浪士們全都會在此聚會，同時也是最後的集會地點。
目黑區
世田谷區
品川區
泉月寺（港區）
供奉淺野長矩、瑤泉院、四十七士的木像，其中還有收藏赤穗浪士的遺物。
大田區
鐵砲洲、淺野家上屋敷（中央區）
位於聖路加看護大學的西側，是建築在築地川公園附近的石柱。是淺野的上屋敷遺跡，當時人們將此處稱為鐵砲洲。

*赤穗 47 浪人的故事，後來成為熱門的戲劇、文學題材，以「忠臣藏」之名流傳至今。

Column 因明曆大火而大幅翻新的的江戶

明曆三年（一六五七年）正月十八日，一場大火將江戶的南半邊焚燒殆盡。雖說火災讓許多江戶人流離失所，但幕府也得到重新規畫城鎮的機會。幕府後來拓寬了道路，設置防火空地和防火堤。還有為了防止寺廟、吉原（妓院集中地）等地發生火災，強制相關設施遷移到相對安全的位置。重建後，江戶的市容也浴火重生。對擁有成千上百間房屋的江戶而言，重建確實收到很好的成果，美中不足的是依然常發生火災。因此第八代將軍德川吉宗即位後，就命令大岡忠相組織「伊呂波四十八組」，作為當地的消防隊。

外史集

不准喝到爛醉

元祿年間，德川綱吉將軍禁止人們互相勸酒，也要商家盡量少賣酒給客人。而且要是有人喝酒喝上癮，也會被相關單位取締。這是因為當時的酒得以大量生產，價格變便宜後，每個人都能輕易買來喝。所以要是到處都有人喝到爛醉，就會產生治安上的問題。

58 享保改革——修改帶有弊端的農本主義

德川吉宗的改革紀錄

開墾新農田以及增加徵收年貢量，可以對幕府的財政有良好的作用，但並不能讓問題從根本上解除。

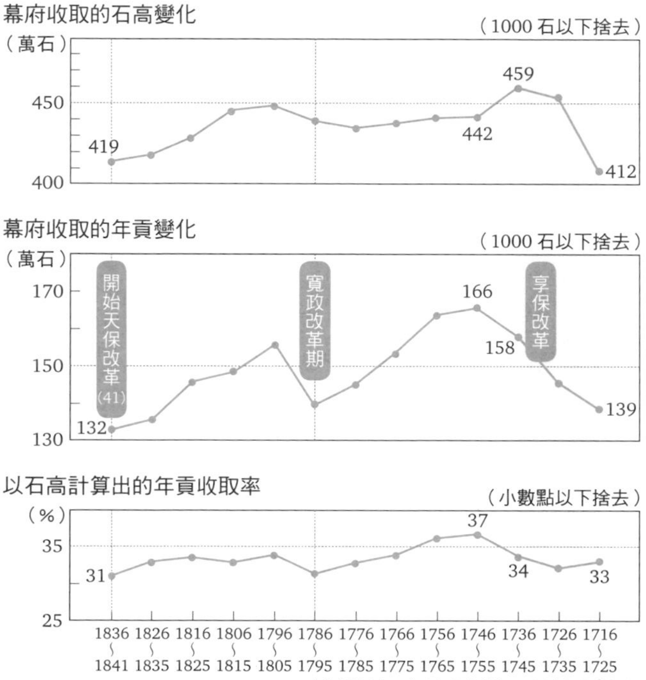

幕府收取的石高變化
（1000石以下捨去）
（萬石）
450
400
419
442
459
412
幕府收取的年貢變化
（1000石以下捨去）
（萬石）
170
150
130
開始天保改革(41)
寬政改革期
享保改革
132
166
158
139
以石高計算出的年貢收取率
（小數點以下捨去）
（%）
35
25
31
37
34
33
1836～1841
1826～1835
1816～1825
1806～1815
1796～1805
1786～1795
1776～1785
1766～1775
1756～1765
1746～1755
1736～1745
1726～1735
1716～1725

（參考資料：《日本史辭典》，角川書店出版）

德川吉宗原本屬於紀州德川家的子弟，後來過繼到德川的宗家後，即位成為第八代將軍。剛上任的德川吉宗，第一要務就是在不阻止貨幣經濟迅速發展的情況下，盡快改善幕府的財政狀況。

但想完成這個任務，卻會與幕府的體制相違背。因為幕藩的經營就是「否定商業，農民要繳交年貢」。但這會讓統治者不理睬生產和物流的發展，只是一味地維持消費，結果當然就是讓經濟走下坡。當時幕府的消費支出，就是讓年貢無法負擔財政的原因。

那麼又該怎麼辦呢？為了穩定徵收年貢，當時吉宗頒布了「定免法」，讓農民在期間內，可以用較寬鬆的比率繳納年貢。雖然有定免法拯救經濟、鼓勵農民種植新田，但卻難以稱得上改革成功。雖然那算是所有幕政改革中唯一成功的案例，但卻沒有在根本上改善財政問題。

因此，幕府的財政只能靠接手這個爛攤子的田沼意次了。

＊江戶時代經荷蘭人引進日本的西洋學術統稱。

飢荒與百姓一揆的發生件數

江戶時代裡百姓一揆的發生件數約有 3,200 件，尤其天明、天保飢荒時期的數據更有大增的趨勢

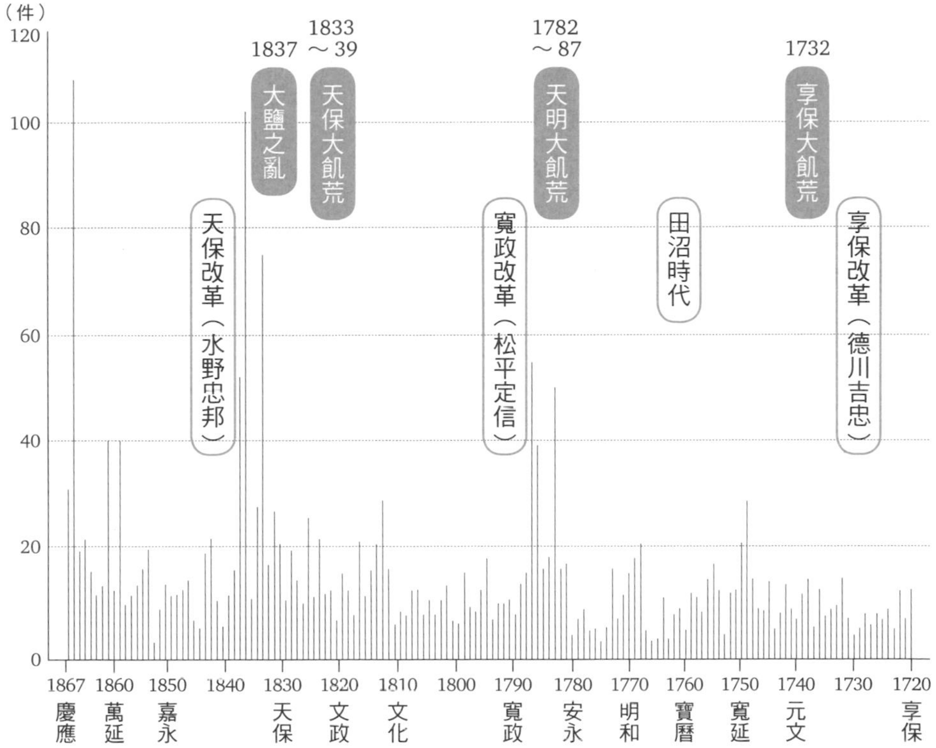

Column

近代產業改革旗手 平賀源內

德川吉宗一上台就放寬漢譯西洋書籍的輸入管制，使蘭學*得以在民間廣泛普及。其中最好的例子就是「第五回東都藥品會」（寶曆十二年）。這是包括平賀源內在內的日本學者，不借助外國學者的力量自行舉辦的學術研究活動。他們蒐集了日本國內的草木、鳥獸、魚貝、昆蟲、礦物，並且作為振興產業經濟的參考資料。更不用說這還是民間人士自行舉辦的活動，等於是為日本近代產業的發展起到了預示作用。平賀源內之所以會被人們稱為發明王，就是因為他的思考可以率先進入嶄新又先進的領域。

外史集

伊呂波四十八組

在官場上總是劍及履及的大岡越前守，為了在城鎮組織起取代舊制消防隊的單位，所以在隅田川以西的地區成立了更專業的「伊呂波四十八組」，至於隅田川以東則是成立另一支名為「本所深川十六組」的消防隊。

59 田沼意次的重商政策

田沼意次其實是很優秀的財政改革者？
1
認可民間結成的株仲間
向商人、手工業者收取營業稅
2
設置「座」，由幕府開設商品直營店
獨家販售銅、高麗人參、明礬等商品
雖然農業也很重要，但商業會讓國家賺錢啊！
3
圍海造田工程、開墾新農田
印旛沼、手賀沼進行圍海造田，派人調查蝦夷的土地
4
設置定位貨幣制
由中央政府發行的信用貨幣

江戸幕府的老中*田沼意次雖然因為「助長賄賂風氣」而臭名昭彰，但近年來的研究卻發現他其實是一名循規蹈矩的正直官員。

他捨棄原本消極的全民儉約政策，採取積極的商業至上路線，鼓勵民間積極進行經濟活動，而且盡量讓其中的利益轉換為對幕府財政有利的資金。他的經濟政策其實很類似現代政治家。

以下列舉田沼意次所實施的政策：①讓商人、手工業者組織起株仲間（工會），並且課以營業稅。②銅礦、高麗人參、明礬等物資，設置由幕府直營販賣的零售據點。③在印旛沼、手賀沼進行圍海造田工程，以此鼓勵農民開發新農田。

最值得注目的就是，為了讓人們的經濟活動更加方便，田沼意次還設定了④定位貨幣制（一兩金＝十二個五匁銀）。此外，還有大量流通南鐐二朱銀（八個＝一兩金），開近代國家發行信用貨幣的先河。

可惜他的政策生不逢時，無法受到重視農本的保守派青睞，所以最後才會在政壇上失勢。

*老中為江戸幕府中最高常設官員，由4至5名大名擔任，輔佐將軍處理國政及管理幕府軍隊。

政策太先進？所以導致田沼黯然下台？

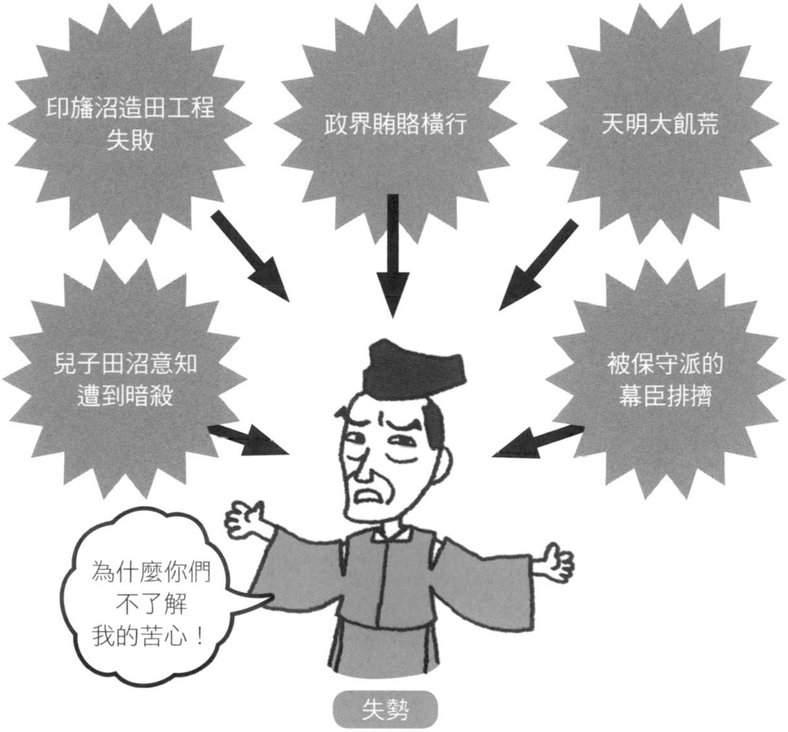
印旛沼造田工程失敗
政界賄賂橫行
天明大飢荒
兒子田沼意知遭到暗殺
被保守派的幕臣排擠
為什麼你們不了解我的苦心！
失勢

江戶

Column

指導上杉鷹山拯救財政的本間光丘

米澤藩是上杉鷹山所治理的領地，然而米澤藩的財政卻非常地貧窮。所以上杉鷹山為了還清米澤藩的債務，在生活上也很認份地縮衣節食，而且也在藩內實施扶植商業、鼓勵農業的政策。一連串的勵精圖治的確讓米澤藩成功創造出獨特的商品，但其中的利益卻都被商人給賺走，因此米澤藩的金庫照樣還是空空如也。所幸酒田商人本間光丘伸出援手，才總算拯救了米澤藩的財政。本間光丘當時不只借錢給上杉鷹山，甚至還以財政顧問的身分指導米澤藩如何靠那筆借來的錢賺更多的錢。

外史集

古時賣菜一天能賺多少錢

從買菜的太太身上賺到 200 文錢左右的金額。如果還要給自己的小孩 15、16 文零用錢，那麼手邊剩下的錢就不到 200 文了。當時的菜販生活就是這麼地拮据。

60 靠走路畫出來的超精密測量地圖

伊能忠敬測量全國土地

伊能忠敬

由於俄國船和英國船經常在日本近海出沒，甚至還發生過英國船闖入長崎港的事件，因此幕府在安政十二年（一八〇〇年）試著亡羊補牢，打算從國防的角度上繪製全國地圖。

這時，身為民間人士的伊能忠敬出於個人對學問的探求心，主動向幕府表明自己願意接下繪製地圖的任務。於是伊能忠敬得到幕府的准許，可以自行搭船前往蝦夷（北海道）。

後來，伊能忠敬在不知不覺間成為「幕府御用測量技師」。文化十四年（一八一七年），伊能忠敬經過奧羽、東海、北陸，將西日本全境的國土測量完畢。根據計算這總共花了十七年的時間。伊能忠敬測量的任務完成後，便以七十四歲的年紀過世。之後靠伊能忠敬的弟子們，將《大日本沿海輿地全圖》製作完成。

而這張地圖日後就成為幫助近代日本成為獨立國家的重要國防資料。

17 年來都在認真
測量全國，
真是辛苦你了！

Column

天明大飢荒與淺間山火山爆發

自寶曆五年（一七五五年）的飢荒以來，日本在三十幾年間相繼發生過飢荒、洪水、瘟疫、大火長期延燒等天災。到了天明三年（一七八三年），淺間山更是出現火山爆發的災情。淺間山爆發後的降灰範圍遍及十餘國，甚至連帶著引發出天明大飢荒。天明大飢荒時的災情比之前的天災還要嚴重，因為持續了數年的時間，全國各地也因此傳出不少悽慘無比的災情。根據菅江真澄的記載，奧州津輕一帶的居民在出門走在路上時，腳底還會踩在往生者的白骨上。

外史集

荒地重建人二宮尊德

話說以前日本許多學校常常能看到二宮金次郎背著薪材讀書的銅像。其實二宮金次郎長大後當官，成為荒地的重建負責人時，曾提議領主放下身段，親自出來指揮重建工作給農民看，受到鼓勵的農民就會有興趣前來耕田。靠著這個策略，領內的所有荒地終於完成開墾。

61

反潮流的天保改革

兩個讓幕府經濟倒退的政策

寬政改革

【1788 年開始，由松平定信主導】

圍米之制

設置社倉、義倉，儲備飢荒時的緊急糧食

舊里歸農令

鼓勵在江戶找工作的農民回鄉種田

七分積金

刪減用於各町救荒基金中的七成

棄損令

將旗本、御家人的借貸一筆勾銷

人足寄場

收容遊民，並提供職業訓練

禁止異學

將朱子學定為正統學問，並禁止昌平坂學問所研究朱子學以外的學問

管制色情行為、思想

禁止出版色情文學、取締公共澡堂男女混浴的風俗

要在都市政策上嚴加管制人民～

松平定信

歷史常常會出現諷刺的發展。德川家齊的散漫式經營使幕府財政長期赤字，為了化解危機，剛上任的老中水野忠邦就被拱為拯救幕府財政的救世主。但諷刺的是，水野忠邦根本不懂經濟，他的政策其實是在跟經濟現況唱反調。

當時的地主和經銷商會自行發展手工製造業，他們僱用大量貧民和勞工到工廠工作，能確實帶動經濟發展。例如北關東的桐生家和足利家，他們的紡織廠就是典型的例子。

但水野忠邦卻用端正社會風氣的名義發布「儉約令」。他要人們生活節儉，鼓勵大家互相檢舉奢侈行為，就連娛樂也多有限制。再來就是用維護市容和復興農業為由，強制貧民回鄉種田。他還認為株仲間（工會）會對經濟帶來不好的影響，所以也強制解散株仲間。但這卻讓社會失去流通商品的功能，導致物價不斷上漲。

水野忠邦可說完全沒有看到現實的需求。而有別於德川幕府的自斷江山，此時位於幕府西方的藩國則是默默實施截然不同的改革。

天保改革

【1841 年開始，由水野忠邦主導】

儉約令
限制使用奢侈品、衣物、娛樂
↓
造成民眾不滿

人返令
禁止農民外出從商，強制農民回鄉務農
↓
導致江戶附近的農村治安惡化

上知令
江戶、大坂周邊領地成為直轄地

強制解散株仲間
認為上游商家會透過株仲間的物流機制獨占貨品，是造成物價高漲的原因
↓
強制停止物流機能，反而使物價更加上漲，10 年後反而再度允許民間成立株仲間

↓

水野忠邦失勢 因為受到許多大名、旗本的抵制，所以無法繼續執行改革

↓

幕府權力衰退，西國雄藩勢力逐漸抬頭

江戶

Column

薩長雄藩的大膽改革

薩摩藩家老——調所廣鄉在借到龐大資金後，便立刻加強販賣奄美三島的黑糖。藉此讓琉球取得銷售長紅的交易成績後，藩主島津齊彬也開始在藩內建造反射爐、造船廠、玻璃工廠。換句話說，薩摩藩的經濟一好，軍事力量也跟著進步。長州藩則是在村田清風的財政改革下整頓借款，並做好理財規畫。同時，他們也強化了紙、蠟商品的販賣，還為此將下關作為出口據點，於當地設置迴船業，因此在委託銷售方面也取得了不錯的利潤。由於薩摩、長州兩藩有如此大刀闊斧的財政改革，才能搶先在幕末維新前蓄積政治力量。

外史集

研究西洋學術的尚齒會

話説以前日本許多學校常常能看到二宮金次郎背著薪材讀書的銅像。其實二宮金次郎長尚齒會，是天保年間於江戶山手附近開設的西洋學術研究會，時人稱之為「蠻社」。該集會的成員有渡邊華山、高野長英、川路勝謨、江戶英龍、佐藤信淵等人。雖然後來他們遭到幕府打壓，但都是當時思想較為先進的日本學者。

外國船隻相繼來到日本
國後
根室
俄國・
戈洛夫寧（1811 年）
俄國人戈洛夫寧在測量時遭到松前氏拘捕，後來跟俄國交涉時，以交換高田屋嘉兵衛作為釋放條件。
俄國・
拉克斯曼（1792 年）
來自俄國的拉克斯曼帶著日本籍船難者前來，並且要求與日本通商，不過幕府只給他在長崎入港的權利。
英國・戈登（1818 年）
美國・莫里森號（1837 年）
美國・貝特爾（1846 年）
1853
美國・培里
俄國・普提雅廷

62 打破「鎖國」政策的培里 來到日本

嘉永六年（一八五三年），美國東印度艦隊司令培里率領艦隊於浦越上岸，並且要求日本開國。其實七年前，前一任司令貝特爾也在浦越要求與日本通商，但幕府回絕了這個要求。

對於培里的要求，幕府這次卻採取曖昧的態度，一收下培里的請願書，就表示要在翌年給予答覆，打算讓培里碰碰軟釘子。但沒想到俄國的普提雅廷後來也率隊進入長崎，除了要求開國之外，也要跟日本劃清彼此的國境範圍。

這時幕府老中阿部正弘才終於肯修改鎖國政策。雖然他立刻設置舉國一致體制，大幅修改徵用人才的門檻，還有建設御台場、解除禁造大船的命令，但日本那時早已追不上其他國家的發展。所以翌年培里再度來到日本時，幕府就只能乖乖開國了。

當時日本除了提供煤炭、糧食給美國艦隊之外，也與美國締結了不平等的《日美和親條約》，其內容為開放下田、箱館港口給美國船隊靠岸，以及在當地設置領事館等等。

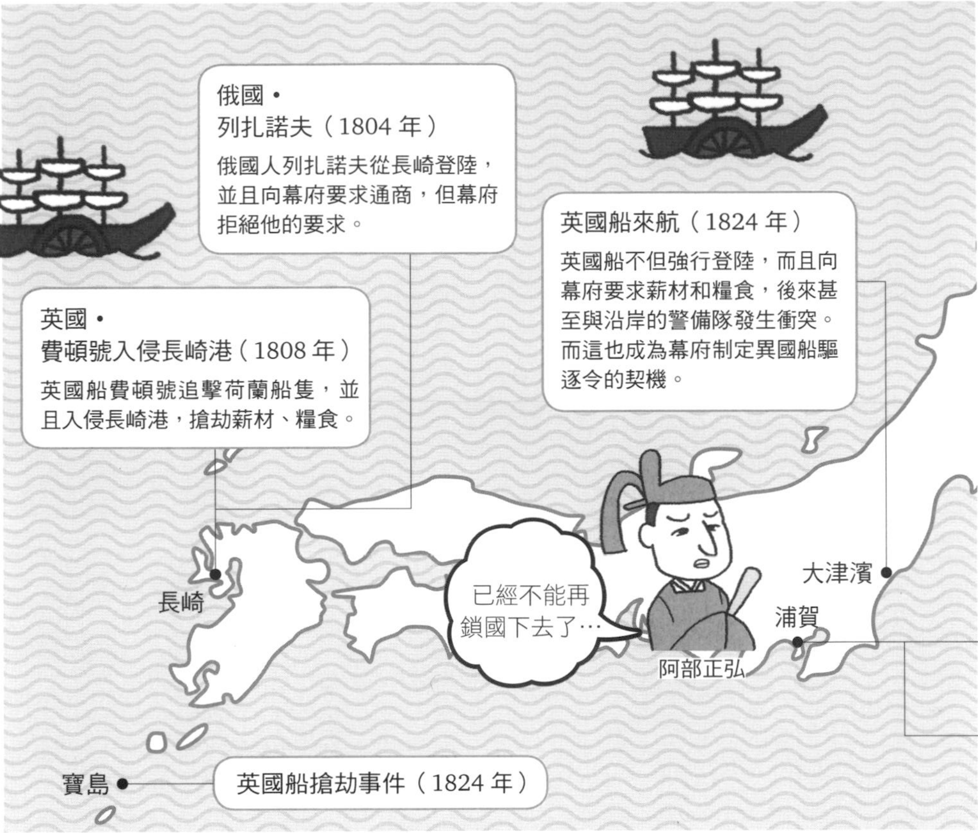
俄國・
列扎諾夫（1804 年）
俄國人列扎諾夫從長崎登陸，並且向幕府要求通商，但幕府拒絕他的要求。
英國船來航（1824 年）
英國船不但強行登陸，而且向幕府要求薪材和糧食，後來甚至與沿岸的警備隊發生衝突。而這也成為幕府制定異國船驅逐令的契機。
英國・
費頓號入侵長崎港（1808 年）
英國船費頓號追擊荷蘭船隻，並且入侵長崎港，搶劫薪材、糧食。
大津濱
已經不能再鎖國下去了…
浦賀
長崎
阿部正弘
寶島
英國船搶劫事件（1824 年）

Column

勸日本趁早開國的荷蘭國王

自從清朝在鴉片戰爭慘敗給英國後，其他歐洲國家也紛紛效法英國，直接跑去侵略清朝的土地。就在同一時期，荷蘭國王威廉二世也派遣特使前往日本。威廉二世基於荷蘭與日本長年來的友好關係，在外交信上勸告日本國皇帝（幕府將軍）必須立刻開國通商。信中也詳細敘述清朝在鴉片戰爭慘敗的過程，以作為日本在外交上即將遭遇到危險的警告。「蒸氣動力船已經能輕鬆拉近各國間的距離」，雖然外交信上這麼寫著，但擔任幕府老中的阿部正弘卻以「我國法律在傳統上無法輕易改變」婉拒了威廉二世的好意。

外史集

中濱萬次郎的英語學習法

中濱萬次郎因船難而在國外漂流多年後，回到日本雖然曾被幕府關起來，但因為長年在美國生活而學會英語，所以日後成為跟培里溝通的翻譯人員。不過他的英語教學使用片假名拼音，發音看起來會有些特別。例如狗是 Dougyo、貓是 Kyaa、頭髮是 Haya 等等。但即使如此，這的確是他從實際會話裡學會的正確英語發音。

63 安政大獄和櫻田門外之變

井伊直弼從就任大老到遭人暗殺的經過

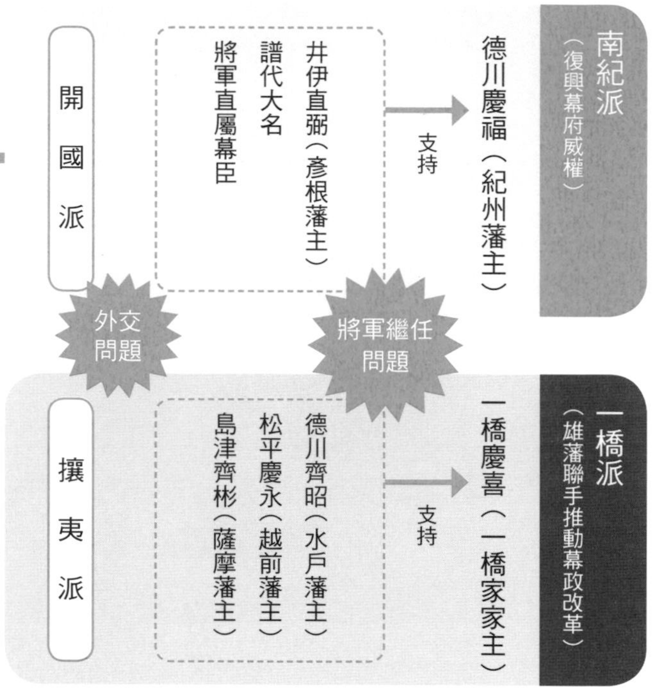
南紀派
（復興幕府威權）
德川慶福（紀州藩主）
支持
井伊直弼（彥根藩主）
譜代大名
將軍直屬幕臣
開國派
外交問題
將軍繼任問題
一橋派
（雄藩聯手推動幕政改革）
一橋慶喜（一橋家家主）
支持
德川齊昭（水戶藩主）
松平慶永（越前藩主）
島津齊彬（薩摩藩主）
攘夷派

安政五年（一八五八年）四月二十三日。幕府老中堀田正睦為了得到在《美日修好通商條約》用印的許可而造訪京都，但卻沒有得到天皇的答應。在堀田正睦離開京都三天後，彥根藩的藩主井伊直弼就上任為幕府大老（更高於老中的幕府內最高官職）。

井伊直弼一上任就未經朝廷許可，立刻跟美方簽訂《美日修好通商條約》，而且還將反對他的攘夷派公家、大名、志士一個接一個地關進牢裡。而這件事在日後就被稱為「安政大獄」。其實井伊直弼也真的不負幕府的期待，用強硬的手段解決了許多難題，看起來也的確達到了安定社會的目標。

但在萬研元年（一八六〇年）三月三日的下雪天，井伊直弼於櫻田門外遭到水戶浪士們的襲擊而當場殞命。由於這起暗殺事件的發生，讓幕府長年來的獨裁體制隨著井伊直弼的死亡而邁向終結。幕府已經無法隨著自己的意思治理日本，今後只能乖乖順著國際規則執政了。

井伊直弼就任大老
→ 德川慶福成為第十四代將軍（後改名為德川家茂）
身為大老的井伊直弼以強勢的作法擁戴家茂成為將軍
→ 締結《美日修好通商條約》（1858年）
→ 安政大獄（1858～1859年）
鎮壓一橋派和反對開國派的意見
→ 櫻田門外事變（1860年）

井伊直弼

吉田松陰

Column

吉田松陰的美名所招致的死罪

於安政大獄被關進牢裡的志士當中，最令人注目的就是吉田松陰。可是吉田松陰與將軍的繼任風波無關，結果一整個安政時期都被關在長州的監牢，幕府到底有什麼必要對他長期監禁，然後再處以死刑呢？

據說在幕府的調查下發現吉田松陰跟攘夷派人士梅田雲濱有往來。還有，雖然只要沒證據能證明有作亂的犯意，吉田松陰就能被立即釋放，然而松陰卻承認自己有暗殺老中間部詮勝的企圖。所以在吉田松陰即將被釋放前，井伊直弼對松陰的案子寫了一紙命令書，內容為「極度不尊敬公權力，故處以死罪」。

外史集

於幕末迅速崛起的新興宗教

從幕末到明治的期間，社會上突然出現很多神道教型態的新興宗教。例如黑住宗忠的黑住教、中山美伎的天理教、井上正鐵的禊教、川手文次郎的金光教、下山應助的御月教。雖然這是因為執政者排斥佛教而導致的神道復興熱潮，但突然會有這麼多新興宗教崛起，也代表日本的政局很不穩定。

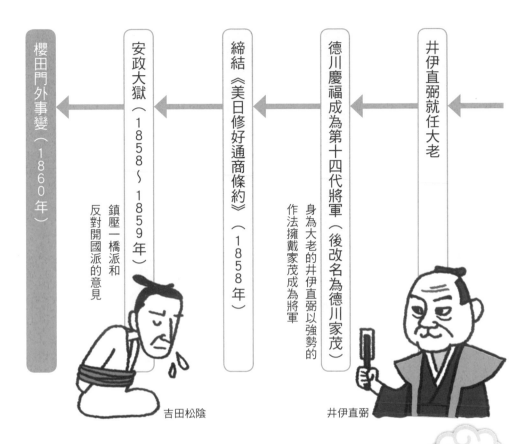

64 咸臨丸向洶湧的怒海出航

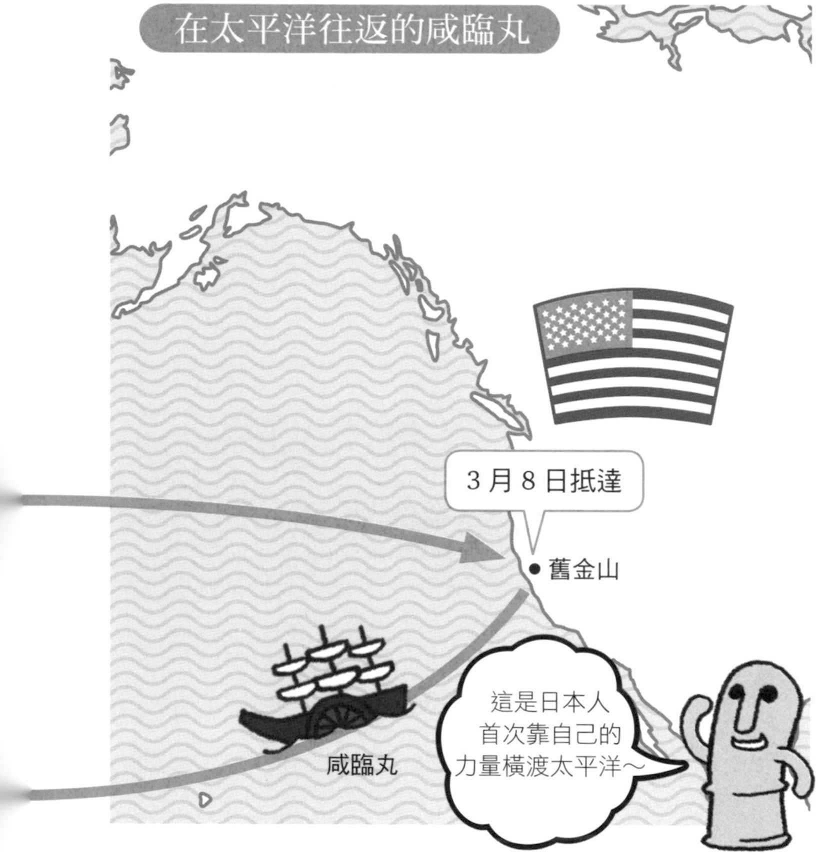
在太平洋往返的咸臨丸
3月8日抵達
舊金山
咸臨丸
這是日本人
首次靠自己的
力量橫渡太平洋～

萬延元年（一八六〇年）三月十七日，軍艦指揮官行木村喜毅所指定的艦長勝海舟乘著軍艦咸臨丸橫渡太平洋。這雖然是日本首次以船艦橫渡太平洋，但其實也是幕府在開國維新的決定上所做出的實際行動。

這件事不管是由幕府主導也好，薩長同盟主導也罷，都是對外表現出日本人實力的壯舉，畢竟當時船上有中濱萬次郎和福澤諭吉擔任翻譯人員。有了這兩位幫助日本開拓未來的人物，就足以讓咸臨丸成為將新文明帶入日本的「方舟」。

雖然這個使節團中的日本人還在頭上留著丁髷，不過大多都是很有上進心的學者。據說在依照條約內容而獲得上岸的權利後，他們就馬上前往當地的學校、工廠、博物館等設施進行考察。他們還有去劇場觀摩美國戲劇，也曾參加美國民眾的私人聚會等等。當時他們的所見所聞，後來也的確對日本的改革有實質上的幫助。

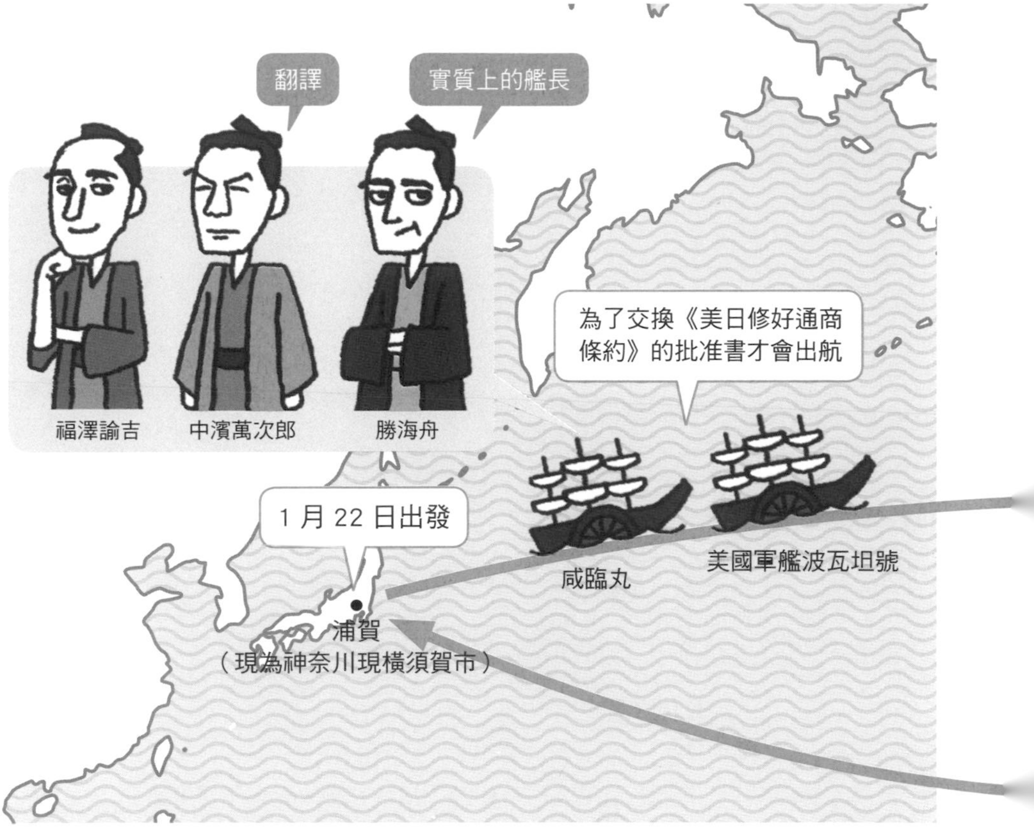
翻譯
實質上的艦長
福澤諭吉
中濱萬次郎
勝海舟
為了交換《美日修好通商條約》的批准書才會出航
1 月 22 日出發
咸臨丸
美國軍艦波瓦坦號
浦賀
（現為神奈川現橫須賀市）

Column

獲得美國淑女喝采的木村提督

咸臨丸在美國港口靠岸後，許多美國市民都圍過去湊熱鬧，打算就近參觀咸臨丸。但木村提督卻慎重地拒絕他們，並表示按照日本慣例不能讓女性上船。不過美國女士們也很不服輸，馬上就回家打扮成男人再集體要求登艦。而這次木村提督完全沒有拒絕穿著男裝的女士們登艦。當她們參觀完畢後，木村提督還送給每位女士一包伴手禮。當她們拆開包裝紙，發現是日本的傳統髮簪後，更是開心的不得了。美國人收到木村提督的心意後，都紛紛給予喝采，因為大家都沒想到日本武士原來也很了解如何帶給大家意外的小驚喜。

外史集

日本武士在美國的隨手筆記

某位搭乘咸臨丸的武士在筆記裡寫道：「跟美國人打招呼要把頭冠（指的是帽子）取下行禮示意。要跟美國人示好，可以抓取對方手掌上下搖動三次（指的是握手）。以嘴巴接觸美國女性的嘴巴（指的是接吻），更能立刻拉近彼此的距離」。這位武士吸收美國學問的效率實在是很高，如此正直的學習心態或許就是讓日本邁向現代化的第一步吧？

65 生麥事件的後續影響

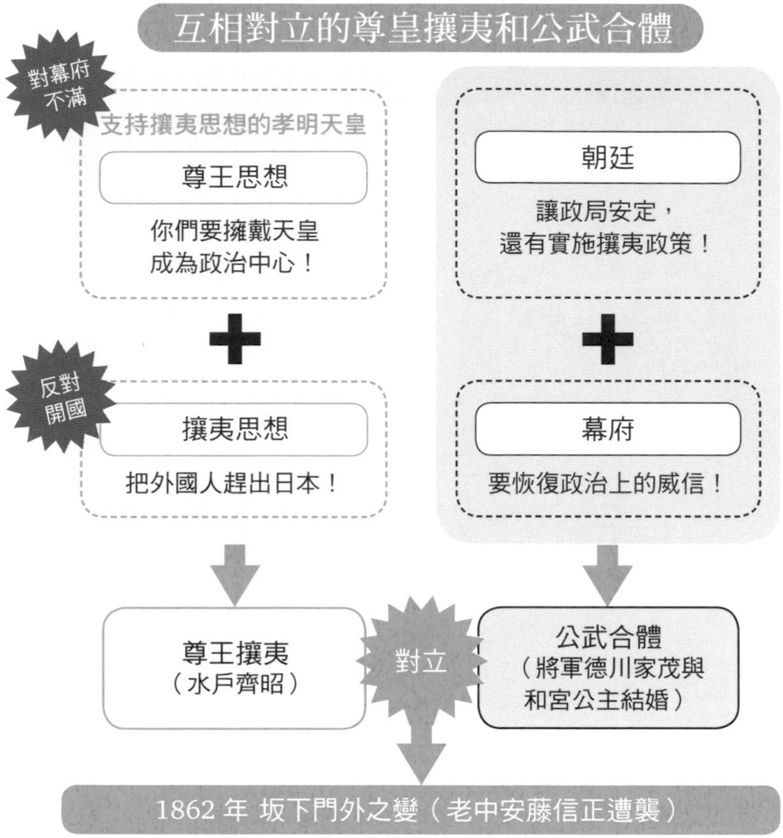
互相對立的尊皇攘夷和公武合體
對幕府不滿
支持攘夷思想的孝明天皇
尊王思想
你們要擁戴天皇成為政治中心！
反對開國
攘夷思想
把外國人趕出日本！
朝廷
讓政局安定，還有實施攘夷政策！
幕府
要恢復政治上的威信！
尊王攘夷（水戶齊昭）
對立
公武合體（將軍德川家茂與和宮公主結婚）
1862 年 坂下門外之變（老中安藤信正遭襲）

井伊直弼死後，幕府很乾脆地改變統治路線，打算跟朝廷聯手突破難關，於是主動呼籲「公武合體」。朝廷也馬上回應幕府的期望，決定讓孝明天皇的妹妹和宮嫁給第十四代將軍德川家茂。

此時幕府最有力的改革派人士就是薩摩藩的島津久光了。他讓松平慶永擔任政治總裁官，也讓德川慶喜擔任將軍輔佐官，使幕府出現政治新氣象。在國防上他採取西洋軍制，也緩和大名前往江戶進行參勤交代的任務。這些施政的確能防止尊王攘夷思想蔓延。可惜歷史發展事與願違。

島津久光實施改革後，卻突然引發震驚國際的「生麥事件」。當時島津久光出巡時行經橫濱的生麥村，由於路旁幾名騎著馬的英國人不遵守下馬迴避的規矩，因此他以不尊重官員為由下令斬殺。英國在知道英國國民被日本官員殺死後，就氣得率艦隊過來與薩摩藩開戰（薩英戰爭）。島津久光在這場戰爭體驗到歐美的軍事實力後，立場也從「挺幕府」轉為「倒幕並且開國」，因為他深切地了解日本已無力驅逐外國人了。

因為生麥事件的影響而與英國交戰的薩摩藩

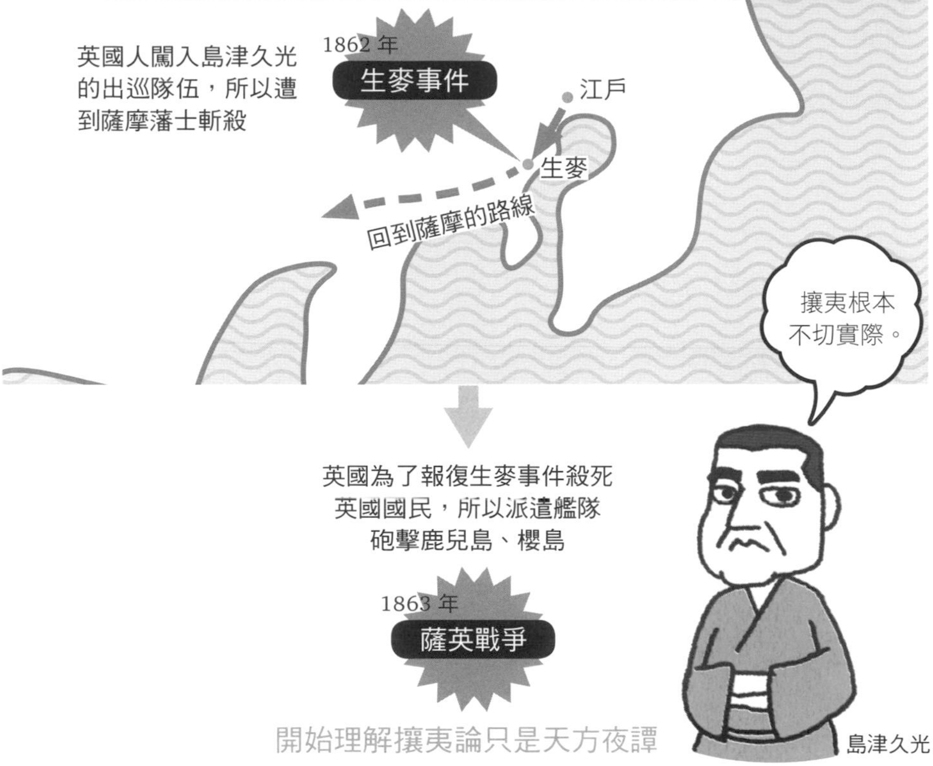
英國人闖入島津久光的出巡隊伍，所以遭到薩摩藩士斬殺
1862 年
生麥事件
江戶
生麥
回到薩摩的路線
攘夷根本不切實際。
英國為了報復生麥事件殺死英國國民，所以派遣艦隊砲擊鹿兒島、櫻島
1863 年
薩英戰爭
開始理解攘夷論只是天方夜譚
島津久光

幕末

Column

海港城市橫濱

由於《日美修好通商條約》中決定在神奈川增設港口，於是小小的橫濱村搖身一變成為聚集近代科技的全新港鎮。當時除了建有占地廣大的碼頭之外，也建設了專門提供外國人居住的住宅區。而且為了保障當地外國人的安全，住宅區外圍也設置了一道道圍牆和關卡。另外，原本的橫濱村也被圍在圍牆當中，只是這時已經被改名為元町。其中特別顯眼的就是英國商館和造船廠中停泊的商船、軍艦，如此不常見的光景，讓當時許多路過的日本人對異國文化感到不可思議。

外史集

以詩歌詠嘆焦慮心境的和宮公主

「想起京都路遙遙，一夜之宿難成眠」「拜別家都已數日，東行旅路心不安」。從這兩首詩能發現和宮公主準備下嫁給德川家茂時，心中一點也沒有在辦喜事的感覺，反而用焦慮不安的心情踏上前往江戶的旅程。

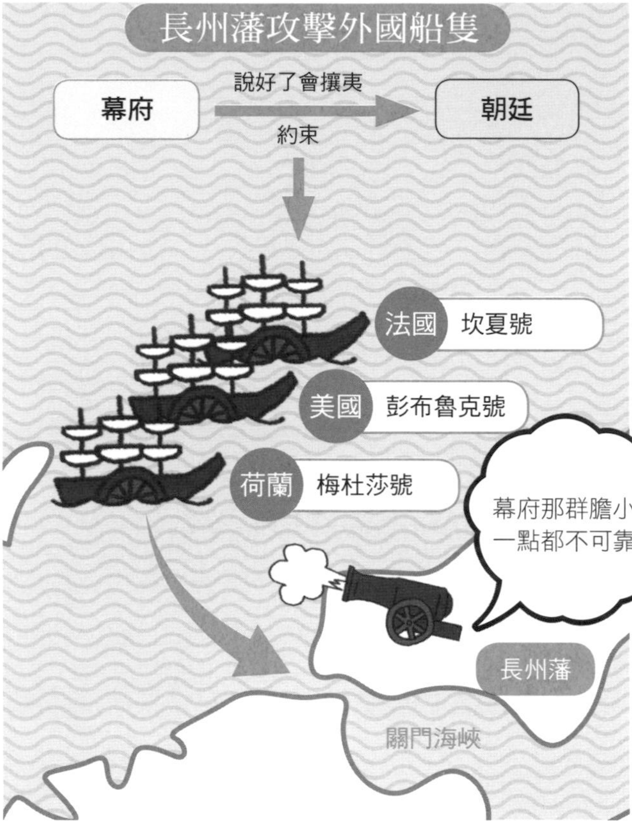
長州藩攻擊外國船隻
幕府
說好了會攘夷
約束
朝廷
法國
坎夏號
美國
彭布魯克號
荷蘭
梅杜莎號
幕府那群膽小鬼
一點都不可靠！
長州藩
關門海峽

66 薩長兩藩的攘夷戰爭

文久三年（一八六三年）五月十日，這天是長州藩尊王攘夷派引頸期盼的日子。

同年三月時，第十四代將軍德川家茂前往京都面見天皇，這是幕府將軍睽違兩百三十年來的上洛之行。在會面中，孝明天皇與德川家茂約定好「將五月十日設為展開攘夷行動的最後期限」。當然，覺得戰爭能避則避的幕府一點也不想打仗，但長州藩卻打從心底想趕走外國人。

所以那一天，長州藩的守軍在關門海峽砲擊美國商船彭布魯克號。然後到了二十三日，他們又砲擊了法國軍艦坎夏號。接著在二十六日，他們這次砲擊了荷蘭軍艦梅杜莎號。在連續砲擊三艘外國船艦後，長州藩的人們得意地高喊：「外國船不足為懼」。

但沒過幾天，美國和法國軍艦未宣戰直接入侵下關港。他們不但占領了壇之浦，而且也搶走長州所有的蒸氣船。一個月後，薩摩藩也遭到英國船艦的密集砲擊。結果，所有攘夷志士終於知道日本的國防武力遠遠比不上歐美國家。

為了報復長州藩，發生了「四國艦隊砲擊下關事件」（1864年8月）

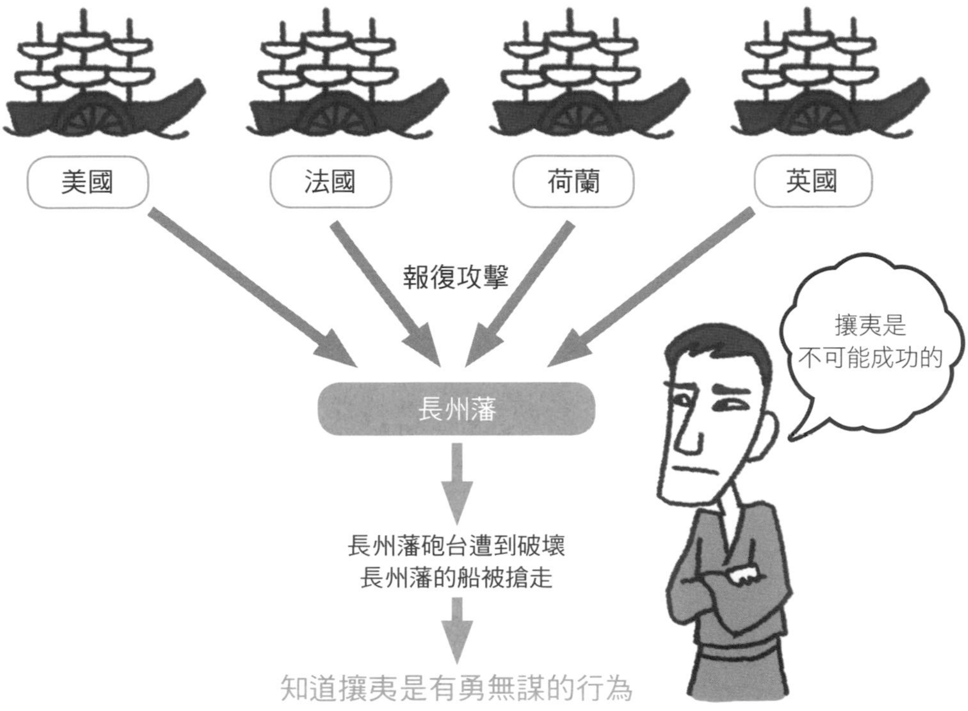
美國
法國
荷蘭
英國
報復攻擊
長州藩
長州藩砲台遭到破壞
長州藩的船被搶走
知道攘夷是有勇無謀的行為
攘夷是不可能成功的

幕末

Column

薩道義的回憶錄

薩英戰爭過後，薩摩藩跟英國就像是不打不相識，彼此突然友好了起來。就連在下關戰爭中對抗英國的長州藩也一樣，雙方的交流也變得很熱絡。其實薩摩藩跟長州藩在實際交戰前，就從英國的艦隊陣容了解到光是拿刀拿槍已經無力阻擋歐美國家的入侵。所以薩長兩藩在戰敗後就立刻放棄尊王攘夷的念頭，將政治理念改為倒幕開國。當時的英國外交官薩道義曾表示：「自從打敗長州人後，我們反而開始喜歡起長州人的務實，甚至還開始尊敬起他們」。也許正是因為這種想法，後來才會讓英國公然表態支持薩長聯手推翻幕府。

外史集

生麥事件中的被害者

雖然生麥事件是一件很不幸的事件，但身為英國人的被害者也的確沒有詳加理解日本官員的作風。據說當時被害者的朋友曾建議：「既然碰到大名出巡，我們這次乾脆就別散步了」，但被害者卻很強勢地說：「我很清楚要怎麼對付這群亞洲人」，然後就在出巡的隊伍前表現出不肯退讓的態度。

67

被趕出京都的尊王攘夷派

八一八政變——

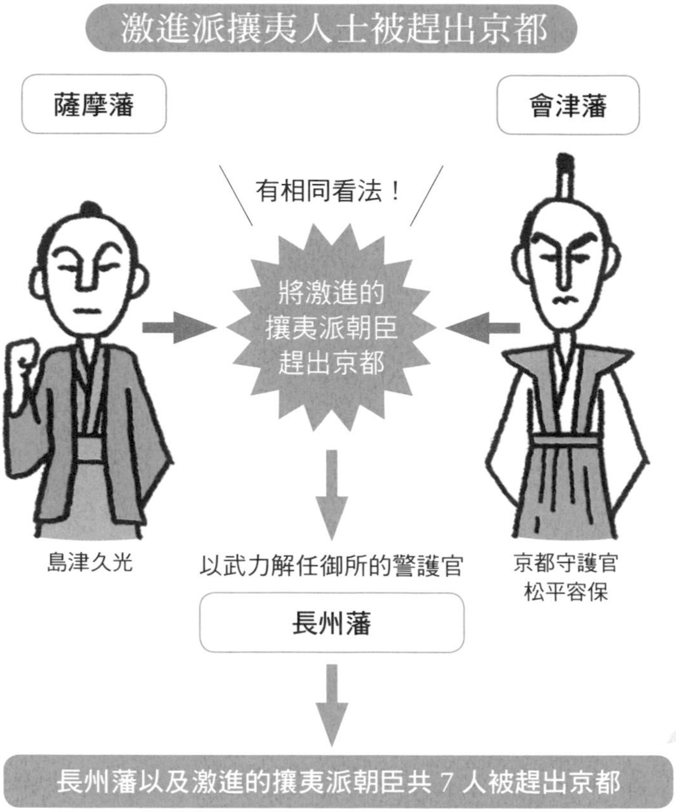
激進派攘夷人士被趕出京都
薩摩藩
會津藩
有相同看法！
將激進的攘夷派朝臣趕出京都
島津久光
以武力解任御所的警護官
京都守護官
松平容保
長州藩
長州藩以及激進的攘夷派朝臣共 7 人被趕出京都

這時的日本政局混亂，各方勢力的立場常會在一夕之間突然改變。長州藩的攘夷派朝臣雖然大力提倡「攘夷親政」，但同屬攘夷派的孝明天皇卻不喜歡他們的激進作風。因此在文久三年（一八六三年）八月十八日的深夜，發生了將長州藩攘夷派朝臣趕出京都的「八一八政變」。

事件的主導者是會津藩藩主松平容保和薩摩藩的島津久光。身為京都守護官的松平容保認為「必須將長州藩的人趕出京都」，而島津久光想要「清除激進派人士」，因此他們決定聯手趕走長州藩朝臣。當時誰都沒有預料到這個發展。

那天夜裡，會津、薩摩、淀等各藩國出動武裝部隊，一方面將御所的全部大門鎖死，一方面也禁止攘夷派朝臣闖入。接著更強行解任長州藩出身的堺町御門警備官，然後再改由薩摩藩朝臣擔任。攘夷派朝臣包括三條實美在內的七名公家，最後只能乖乖地回長州。

從那次以後，松平容保的評價跟著變高，就連他麾下的新選組也跟著意氣風發了起來。

恐怖份子化的尊王攘夷派與新選組

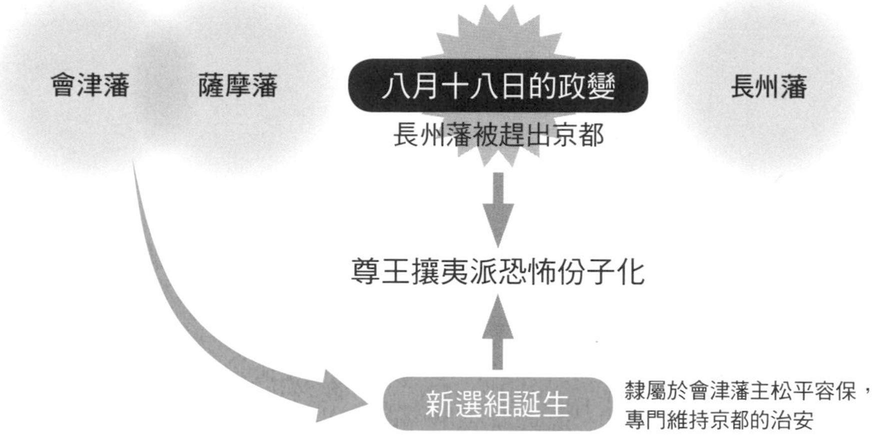
會津藩
薩摩藩
八月十八日的政變
長州藩被趕出京都
長州藩
尊王攘夷派恐怖份子化
新選組誕生
隸屬於會津藩主松平容保，
專門維持京都的治安

Column

恢復會津藩的名聲

會津藩曾有過一段時間被大家公認為「維新派的敵人」「朝廷之敵」，所以他們一直想要洗刷掉這個不名譽的標籤。而在會津藩參與「八一八政變」後，孝明天皇為了表揚松平容保，特別寄了一封附有和歌的書信。信中的內容為：「因亂臣們屢進讒言，且多行不正之舉，對此痛心的朕在無奈之中對各位下達內命。所幸有你能替朕完成本次任務，你的忠誠讓朕深感欣慰，故遣人賜與右方此箱也」。會津藩忠誠勤王的精神，終於獲得應有的榮耀。

外史集

七卿落難記

八一八政變發生後，19 日上午 10 點，7 位公卿接受長州藩兵的保護，在連日來的大雨裡南下避難。這 7 位公卿分別是三條實美、三條西季知、澤宣嘉、東久世通禧、四條隆謌錦小路賴德、壬生基修。他們雖然被趕出京都，但長州藩兵的士氣卻還是很高昂。

68 新選組襲擊池田屋

八一八政變後的長州
讓長州再次團結起來的兩人
他們兩位都是
吉田松陰
的學生
高杉晉作
桂小五郎
與四國艦隊
進行和平談判
&
創立奇兵隊
潛伏在京都，
為了幫長州藩
洗刷污名而奔走

蛤御門之變發生後，京都守護官的工作開始由其他會津藩朝臣擔任，新選組也順勢成為維護京都治安的最前線人員。

新選組的地位能如此扶搖直上，是因為曾獲得攘夷志士將在池田屋集會的情報。集會時間為元治元年（一八六四年）六月五日的祇園祭前夕，參與成員有長州的桂小五郎、吉田稔麿、出身肥後的宮部鼎藏等二十餘人。

新選組將這件事跟京都守護官、所司代報告，並約好在晚間八點一同突襲池田屋。但這兩個單位卻遲遲沒有到場，所以新選組決定直接展開行動。新選組出動了大約二十名隊員進行攻堅，當場殺死吉田稔麿等九名攘夷志士。之後也逮捕到二十三名從現場逃跑的攘夷志士，成功壓制了想要東山再起的攘夷派勢力。

新選組聲勢因此大漲，一口氣增列了一百三十多名隊員。對成員的規定也變得更加嚴厲，只要出現違規、背信的行為就必須切腹謝罪。而這種恐怖式管理也讓隊員能更無情地斬殺攘夷志士。

對密談中的攘夷派進行攻堅！

幕府旗下的反恐部隊
新選組
近藤勇、土方歲三、沖田總司、永倉新八等人
1864年6月5日
直接進行攻堅
池田屋
…………
…………
長州藩士
薩摩藩士等等
討論恐怖攻擊計畫
尊王攘夷激進派

Column 蛤御門之變

「八一八政變」雖然讓尊攘派朝臣各自回藩，但他們仍想恢復自己在朝廷的地位，所以後來便計畫出兵占領京都。在這個計畫裡打前鋒的是激進派的來島又兵衛和久坂玄瑞。但提倡與外國交易，並在長州藩形成割據勢力的桂小五郎反對占領計畫，高杉晉作則認為不可輕舉妄動。但自從池田屋事件發生後，作風穩健的攘夷志士已經無法擋下激進派的意見，所以長州藩最後還是決定出兵占領京都。雖然他們在京都蛤御門與會津、桑名、薩摩的藩兵作戰，但最終因為不敵對方而遭到擊退。

外史集

擅長斬殺活人的新選組

屬於尊王派的新選組在幕末以「天誅」的名義值勤，讓許多公武合併支持者倍感威脅。以持愛刀「虎徹」衝鋒陷陣的近藤勇為首，新選組成員個個都是使用日本刀的高手，尤其更擅長以刀斬人。特別是沖田總司、永倉新八的劍術更是讓人聞風喪膽。由於他們的存在，讓幕末的歷史背景更增添了一股血腥味。

69 意外的結局——長州征伐前後

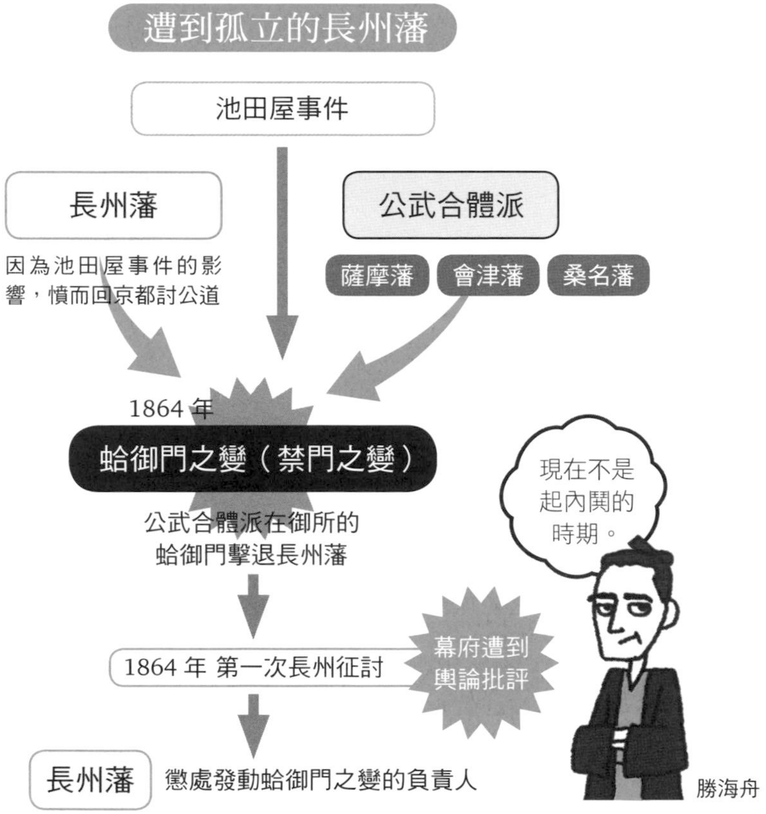
遭到孤立的長州藩
池田屋事件
長州藩
因為池田屋事件的影響，憤而回京都討公道
公武合體派
薩摩藩
會津藩
桑名藩
1864 年
蛤御門之變（禁門之變）
公武合體派在御所的蛤御門擊退長州藩
1864 年 第一次長州征討
幕府遭到輿論批評
長州藩
懲處發動蛤御門之變的負責人
現在不是起內鬨的時期。
勝海舟

元治元年（一八六四年）八月，朝廷打算追究長州藩發動「蛤御門之變」的責任，所以決定出兵追擊長州藩，幕府對此也命令西方其他藩國必須出兵響應。但令人意外的是幕府內外都一致批評攻打長州藩的決定。

廣島、因幡等藩國認為：「反過來攻擊抵禦外侮的長州藩，會讓我們成為日本之恥。幕府才應該先想辦法叫外國船撤退吧」。而幕府海軍指揮官勝海舟則表示：「現在不是起內鬨的時期」。

此時，長州藩的保守派嚴懲參與蛤御門之變的負責人，並且將首級獻給朝廷以示賠罪。雖然長州藩藉此迴避征討，但藩內依然不得安寧。因為包括高杉晉作所率領的奇兵隊在內，有諸多民間勢力在藩內舉兵叛亂，所以長州藩最後還是得動用到軍隊。最後，叛亂軍還是在大田繪堂之戰中獲得勝利。

這一連串事件後，長州藩得出一個結論。那就是「想開國維新，就要先倒幕」，而且往後的尊王攘夷運動也必須在現實層面上多做考量。

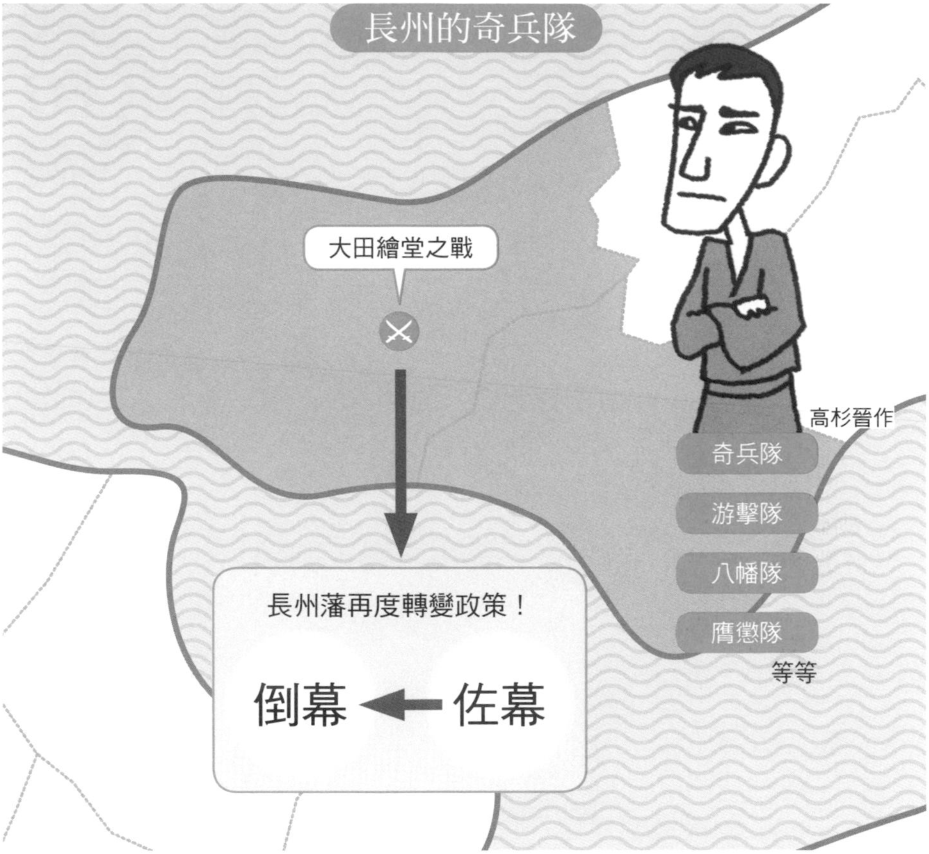
長州的奇兵隊
大田繪堂之戰
長州藩再度轉變政策！
倒幕
佐幕
高杉晉作
奇兵隊
游擊隊
八幡隊
膺懲隊
等等

Column

打破階級制度觀念的奇兵隊

自從長州藩無力反抗美國、法國軍隊前來報復後，藩內那群習慣於和平生活的武士階級，就顯得無法擔當起保家衛國的責任。相對於此，高杉晉作成立的奇兵隊不過問成員的身分高低，只要有志攘夷，任何人都可以加入部隊。某種程度上來說，奇兵隊是一支很類似現代民兵的概念。除了在赤間關（現為下關市）駐紮的奇兵隊之外，三田尻的游擊隊、山口的八幡隊等在瀨戶內海集結的部隊，其中還有人當過神官、僧侶、相撲力士。他們不同於舊時代制度下只看家世的武士團，而這也成為了攘夷志士討幕維新的原動力。

外史集

奇兵隊的隊規

由民眾組成的奇兵隊，立下的隊規也是以民間生活為重。例如：①遇到任何事不可輕舉妄動，要用謹慎小心的思維代替逞兇鬥狠的態度。②不妨礙農事，不在農家附近滯留。如果路上遇到牛馬，必須沿著道路邊迅速通過。

70 堪稱奇蹟的薩長同盟

促成薩摩跟長州團結在一起的坂本龍馬

犧牲小我，完成大我！
這樣我們就可以推翻幕府了～
高杉晉作
桂小五郎
西鄉隆盛
大久保利通
長州
薩摩
放開以往的恩怨，大家才能成為好夥伴！
坂本龍馬

長州內亂（大田繪堂之戰）最後由高杉晉作率領的奇兵隊及其他民間武裝團體獲勝。而這個結果也讓尊王攘夷派所主導的維新爭論改變風向。

「除了赤間關必須開港通商之外，這整個國家也一樣要全面開放對外通商。」「既然要開國，那就別輸給外國列強，所以我們的政策也往富國強兵的方向發展吧！」

在這個時期，薩摩的西鄉隆盛也開始表示「透過割據富國的手段來扳倒幕府」的可行性，而這剛好與長州藩所主張的「大割據論」有相同概念。換句話說，薩摩藩和長州藩突然在策略上達成共識，然後就決定攜手成立「薩長同盟」了。

原本薩長兩藩結怨許久，但代表兩藩的桂小五郎和西鄉隆盛卻能拋棄彼此的仇恨，大方地握手言和了起來。至於能促成這個奇蹟般的和解，在兩藩之間擔任仲介者的坂本龍馬功不可沒。看到薩長同盟成立後，幕府也跟著大喊要發起第二次長州征伐，只是一切都已經來不及了。

結成薩長同盟

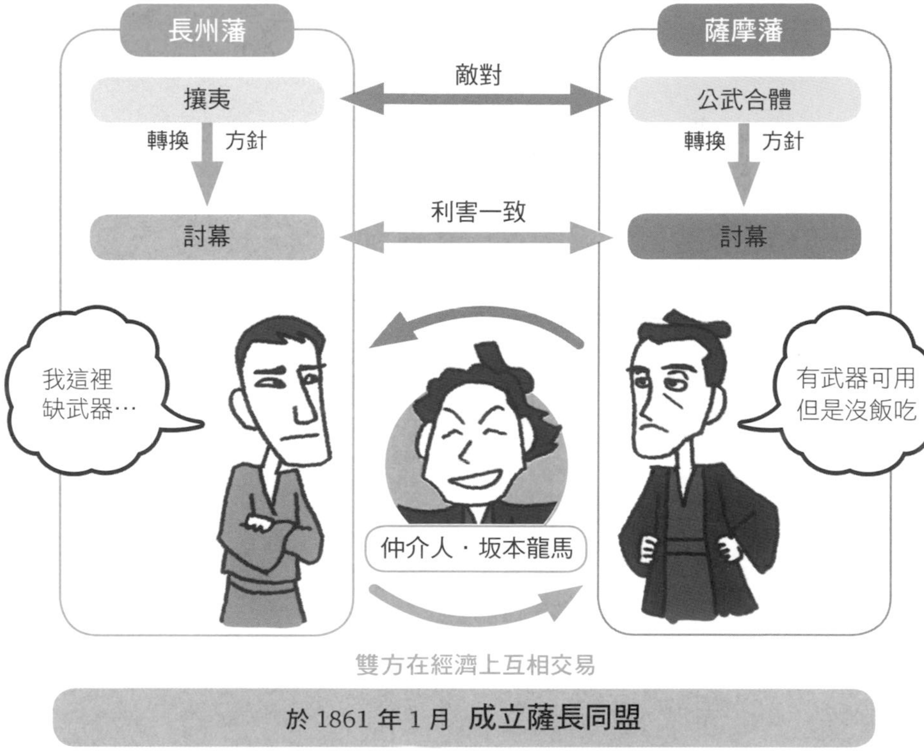

幕末

Column

指揮坂本龍馬的軍火商哥拉巴

慶應元年（一八六五年）七月，井上聞多和伊藤俊輔以薩摩藩名義向英國武器商哥拉巴採購。當時他們買了七萬七千四百兩 Minie 步槍、Gewehr 步槍一萬五千兩。為避開幕府耳目，武器必須直接用薩摩藩所屬船運送至長州，或是在薩摩藩領內於船上先完成購買契約，再由該船運回長州。哥拉巴會和伊藤一起渡船到長州下關，當時他們也對長州藩的人說：「不管長州藩需要多少槍砲彈藥，薩摩藩都會幫你們送過來。請你們記得用白米、小麥、食鹽交易就好」。而坂本龍馬就是哥拉巴專屬的代理人。

外史集

日本首次出現的蜜月旅行？

促成薩長同盟後，坂本龍馬立刻跟伏見寺田屋家的養女阿龍搭著薩摩船，前往鹿兒島過蜜月旅行了。當時他們兩人在霧島溫泉觀光，還上高千穗峰看瓊瓊杵尊所插的天逆鉾。對坂本龍馬來說，這次旅行是不可多得的閒暇時光。據說這還是現代日本首次發生的蜜月旅行呢。

71

大政奉還與慶喜的真意

末代將軍・德川慶喜

德川慶喜

- 1837 年　生於水戶藩
- 1847 年　成為一橋家的養子
- 1853 年　將軍繼嗣問題
  成為將軍的候選繼承者
  一橋派
- 1859 年　蟄居思過
  （安政大獄）
- 1860 年　解除蟄居
- 1862 年　就任將軍後見官
  （文久改革）
- 1867 年　就任第 15 代將軍

↓

大政奉還

↓

德川幕府就此終結

慶應二年（一八六六年）十二月，德川慶喜就任為第十五代將軍。德川慶喜上台後，幕府與法國合作，將幕府的軍隊體制做了一番變革，而這也意味著幕府即將跟薩長同盟硬碰硬，如此才能恢復幕府統治日本的主導權。

此時期幕府端出的政策是「大政奉還」。既然薩長同盟要幕府垮台，那麼幕府乾脆以退為進，將統治權交還給天皇管理。換句話說，就是將政權轉移給新政府後，薩長同盟就沒有立場進行倒幕運動了。但是，幕府的這種心機還是無法阻止倒幕勢力繼續成長。

慶應三年十二月九日，反幕朝臣發表了「王政復古大號令」。原本作風古典的朝廷，將會依照這個命令改頭換面。成立以天皇為中心的新政府之外，還會設置總裁、議定、參與這三大新型態的輔政官職。

當然，他們並沒有為德川慶喜在新政府中安插任何特殊官職，所以德川家也因此降格為普通大名了。

從大政奉還到王政復古

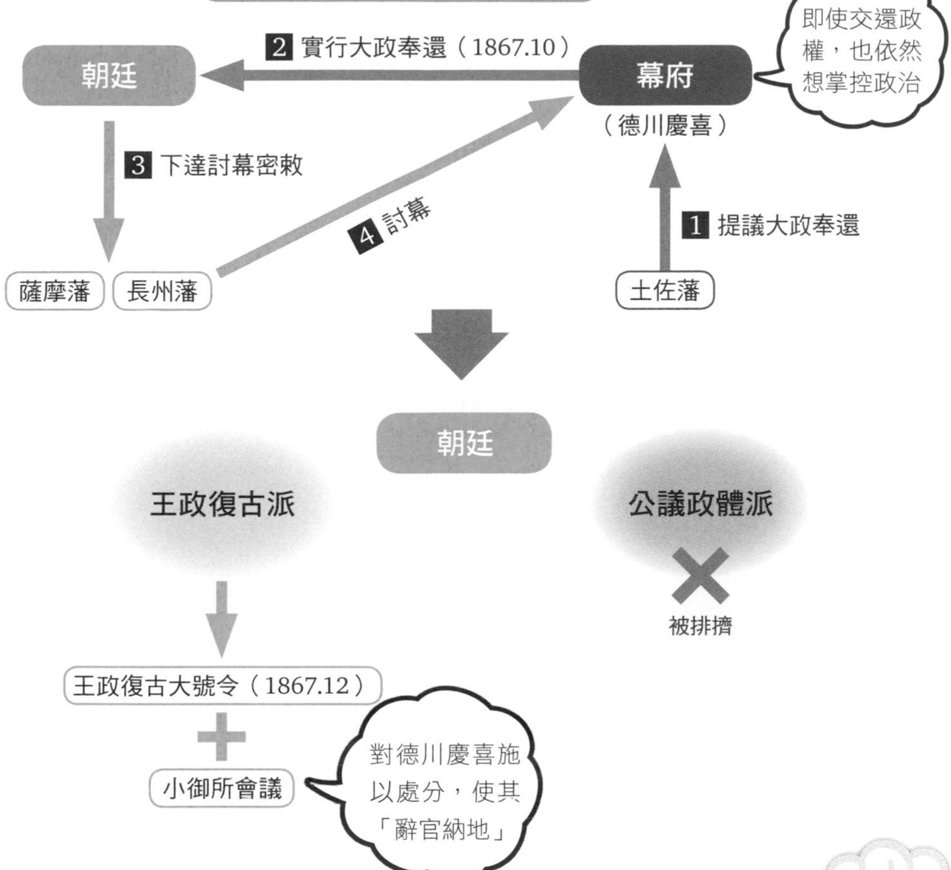

即使交還政權，也依然想掌控政治
2 實行大政奉還（1867.10）
朝廷
幕府
（德川慶喜）
3 下達討幕密敕
4 討幕
1 提議大政奉還
薩摩藩
長州藩
土佐藩
朝廷
王政復古派
公議政體派
被排擠
王政復古大號令（1867.12）
小御所會議
對德川慶喜施以處分，使其「辭官納地」

Column

暗殺坂本龍馬的兇手究竟是誰？

大政奉還前一個月的夜裡，坂本龍馬在京都四條河原的近江屋當中，遭到不明人士刺殺，身中數刀後當場死亡。當時與坂本龍馬在一起的中岡慎太郎也因此身負重傷，兩天後不治身亡。而這一天也是坂本龍馬的三十三歲生日，慎太郎當年則是三十歲。以現代對於壽命的觀點來看，他們兩人等於是英年早逝。雖然根據現場遺留下來的兇手木屐、刀鞘來看，有些人推測兇手的身分是新選組成員，但如果真是是專業刺客，是不太可能在現場遺留證據的。也許，兇手的真實身分會讓許多人感到訝異。

外史集

從醫生轉職為軍人的大村益次郎

長州征伐時，大村益次郎以最先進的武器和巧妙的用兵手法，一邊避免做出無謂的攻擊，一邊引誘幕府軍掉入陷阱。這種合理至上的戰術有別於幕府武家衝上戰場打仗的習慣，所以益次郎在最後取得了勝利。這是身為醫生的益次郎自學西洋兵書後，以精密的軍事知識大破幕府軍的故事。

72 江戶城無血開城與彰義隊決戰

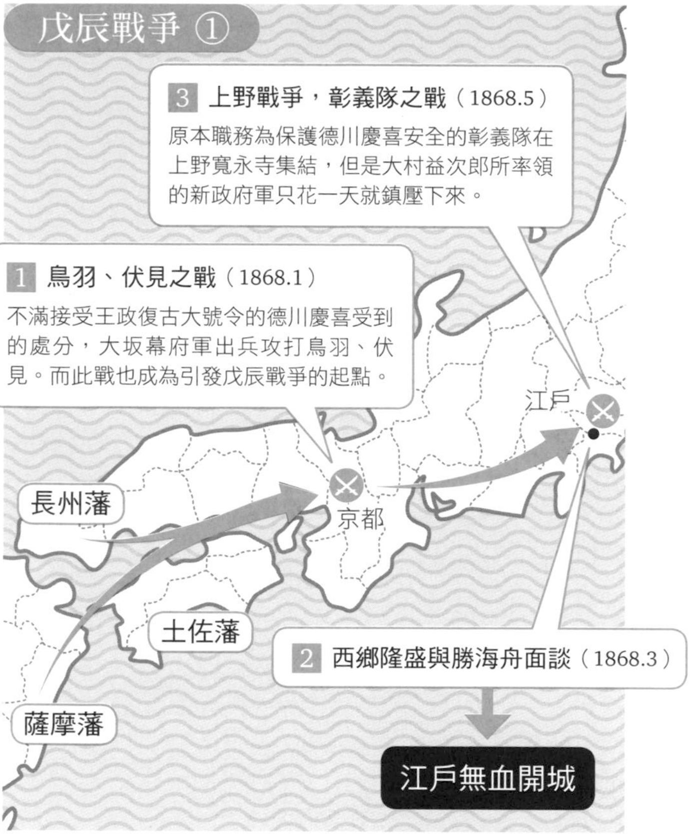
戊辰戰爭 ①
3 上野戰爭，彰義隊之戰（1868.5）
原本職務為保護德川慶喜安全的彰義隊在上野寬永寺集結，但是大村益次郎所率領的新政府軍只花一天就鎮壓下來。
1 鳥羽、伏見之戰（1868.1）
不滿接受王政復古大號令的德川慶喜受到的處分，大坂幕府軍出兵攻打鳥羽、伏見。而此戰也成為引發戊辰戰爭的起點。
江戶
長州藩
京都
土佐藩
2 西鄉隆盛與勝海舟面談（1868.3）
薩摩藩
江戶無血開城

慶應四年（一八六八年）三月十四日。新政府的官軍在池上本門寺、市谷的尾張藩邸、板橋集合，等待後方傳來發動總攻擊的暗號。但代表幕府的勝海舟和代表新政府官軍總督的西鄉隆盛，同一時間在薩摩藩會談。彼此在經過長時間的交涉後，決定對德川慶喜處以關禁閉的處罰，並且直接將江戶城讓給朝廷。

但不服從這個決定的幕府勢力卻在日後組成規模約有一千五百人的彰義隊，打算在上野山集結後與官軍決一死戰。此時，西鄉隆盛的總督府發生了一件很有名的插曲。大村益次郎對西鄉說：「請待在府裡坐好，他們就交給我來解決」。

接著大村叫人把阿姆斯壯大砲運往本鄉台，然後不斷往上野山發動砲擊。在上野山裡的彰義隊因為無處可逃而被迅速殲滅。雖然這件事代表江戶城並非是「無血開城」，但最後還是以最小限度的犧牲來達成目的。

至少，當時的江戶居民不怎麼歡迎官軍，他們反而比較同情被擊退的彰義隊。

勝海舟和西鄉隆盛會談下的無血開城

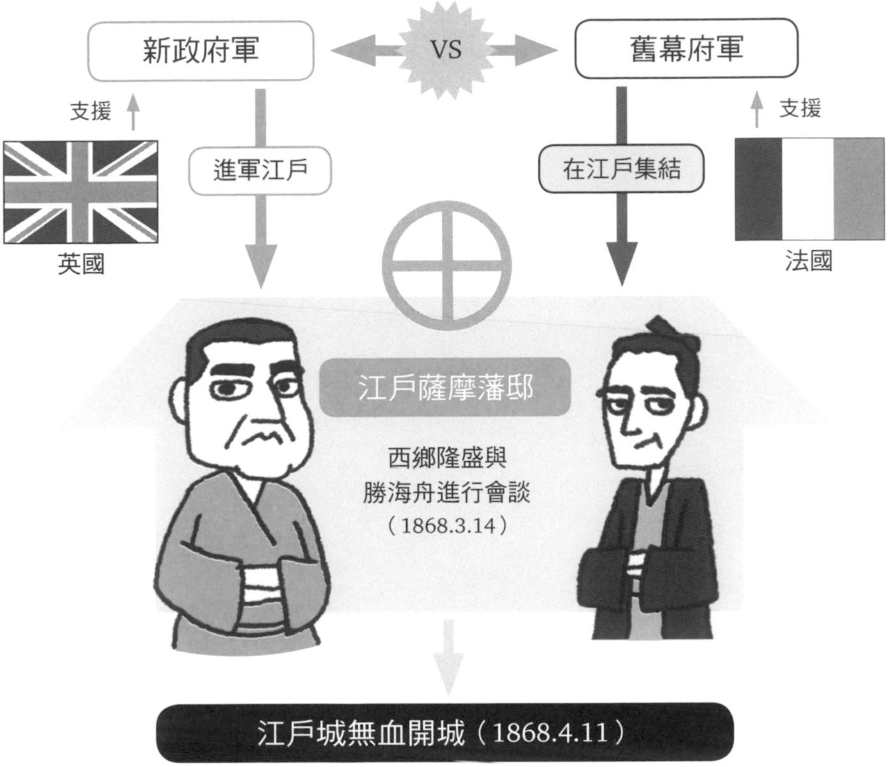
新政府軍
VS
舊幕府軍
支援
支援
進軍江戶
在江戶集結
英國
法國
江戶薩摩藩邸
西鄉隆盛與
勝海舟進行會談
（1868.3.14）
江戶城無血開城（1868.4.11）

Column

朝幕內政不能依賴外國勢力

陸軍總裁勝海舟和會計總裁大久保一翁面對新政府的東征部隊，以及沿途宣示效忠天皇的諸藩壓力下，只能說服德川慶喜採取順從的態度，才有辦法保全德川家的存續。他們認為要是就此發展成內戰，日本未來將會被外國軍隊趁虛而入。另外，英國外交官薩道義向討幕軍總督西鄉隆盛表示英國可以出手幫忙時，西鄉直接用「即使敵我意見相左，我國內政還是該由我國國人處理，我們不能厚著臉皮拜託外國人幫忙」的理由回絕。

外史集

擁有卓越宣傳效果的軍歌

薩、長、土三藩聯軍代替幾乎沒有武力的朝廷打得幕府節節敗退後，在勢如破竹往東挺進的同時，甚至用一首歌沿路宣傳軍威。「敢問熾仁親王大人呀，御馬前飄飄是什麼？那是討伐朝敵的御錦旗，就看你是知不知」。這首歌名為〈都風流節〉，據說是日本最初的軍歌。

結怨背景下的「會津之戰」

松平容保
我們要報
池田屋的仇…

為期一個月的攻城戰
唉…
大勢已去
白虎隊的悲劇

73 會津的悲劇

鎮撫完關東的官軍，接下來的目標是還沒臣服新政府的奧羽諸藩。但奧羽其實早就先選擇和會津藩站在同一陣線了。特別是會津藩從以前就致力於阻擾攘夷運動，因此對成為官軍的攘夷志士來說，會津藩是他們老早就想要報復的對象。

還有仙台、米澤兩藩，雖然他們放軟姿態表示願意接受招降，但因為不被官軍放在眼裡，所以他們決定加入奧羽列藩同盟。就這樣，雙方之間的恩怨已經讓他們無法避免正面衝突了。

官軍雖然屢遭激烈的反擊，但還是順利將越後到奧羽地區的領地攻下。當然，在官軍攻打會津若松城時，也展開了一場毫不妥協的廝殺。因為這場戰役所導致的少年兵（白虎隊）集體自裁事件，即使到現在也常讓人們感到難過。

蛤御門那次
你們竟敢…

在仙台、米澤藩投降後，庄內藩也跟著投降了。雖然率領官軍的西鄉隆盛會對敵軍做出寬容的處置，但榎本武揚所率領的蝦夷獨立軍還是對官軍做出抵抗。但沒有多久，他們就宣布投降了。這場戊辰戰爭終於在此畫下句點。

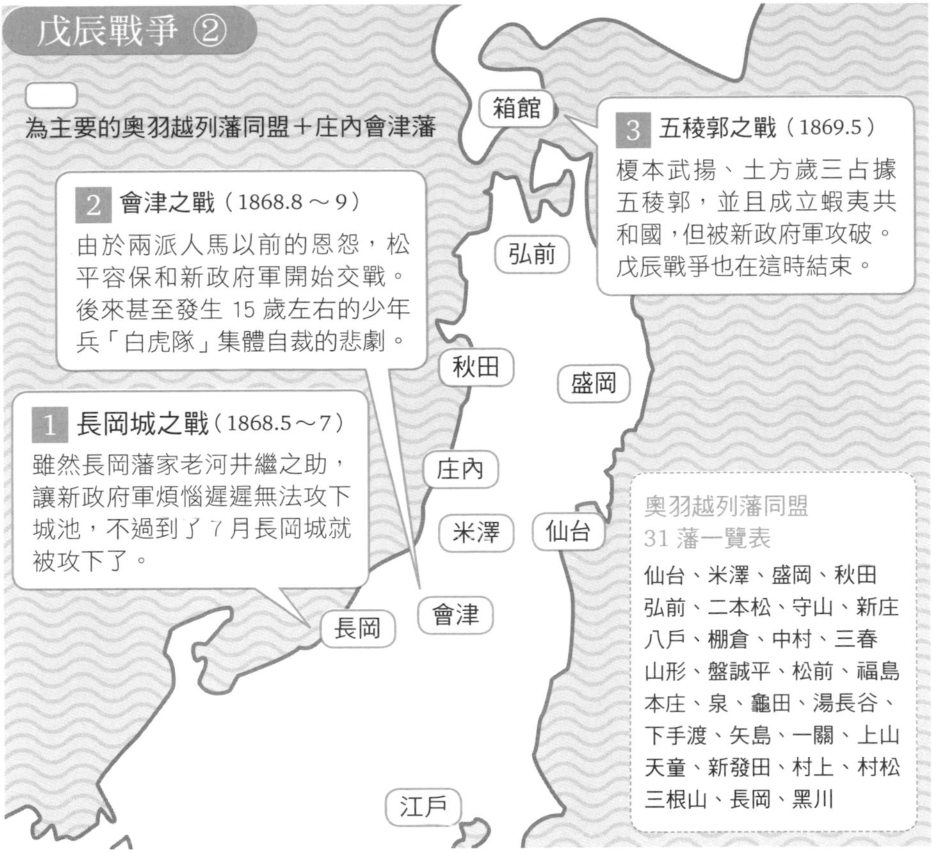
戊辰戰爭 ②
為主要的奧羽越列藩同盟＋庄內會津藩
箱館
3 五稜郭之戰（1869.5）
榎本武揚、土方歲三占據五稜郭，並且成立蝦夷共和國，但被新政府軍攻破。戊辰戰爭也在這時結束。
2 會津之戰（1868.8～9）
由於兩派人馬以前的恩怨，松平容保和新政府軍開始交戰。後來甚至發生 15 歲左右的少年兵「白虎隊」集體自裁的悲劇。
弘前
秋田
盛岡
1 長岡城之戰（1868.5～7）
雖然長岡藩家老河井繼之助，讓新政府軍煩惱遲遲無法攻下城池，不過到了 7 月長岡城就被攻下了。
庄內
米澤
仙台
會津
長岡
江戶
奧羽越列藩同盟
31 藩一覽表
仙台、米澤、盛岡、秋田
弘前、二本松、守山、新庄
八戶、棚倉、中村、三春
山形、盤誠平、松前、福島
本庄、泉、龜田、湯長谷、
下手渡、矢島、一關、上山
天童、新發田、村上、村松
三根山、長岡、黑川

Column

年號改為明治

在會津藩即將被攻陷的九月下旬，天皇隨著岩倉具視以下的政府官員、各藩的藩兵，一起從京都沿著東海道前往江戶，並且於十月十三日進入江戶城。入城的同時還把江戶城改名為東京城。其實，從京都出發前就已經從慶應四年改為明治元年。同時還限制一位天皇只能更改一次年號，也就是制定出所謂的「一世一元」。這種全新體制的天皇政治也能讓民眾產生出強烈的印象。至於國外也承認這個「帝制政府」是日本唯一的中央政府，並且採取置身局外的中立立場。

外史集

土方歲三之死

土方歲三身為新選組副局長，曾與近藤勇一同取締攘夷志士，而在他活到大政奉還的時代後，最終也在函館戰爭裡受流彈波及而死。但土方素來就有不服輸的個性，因此也有傳聞土方歲三其實是遭到同陣營人士的狙擊才會死亡。

74 顛覆舊體制的版籍奉還、廢藩置縣

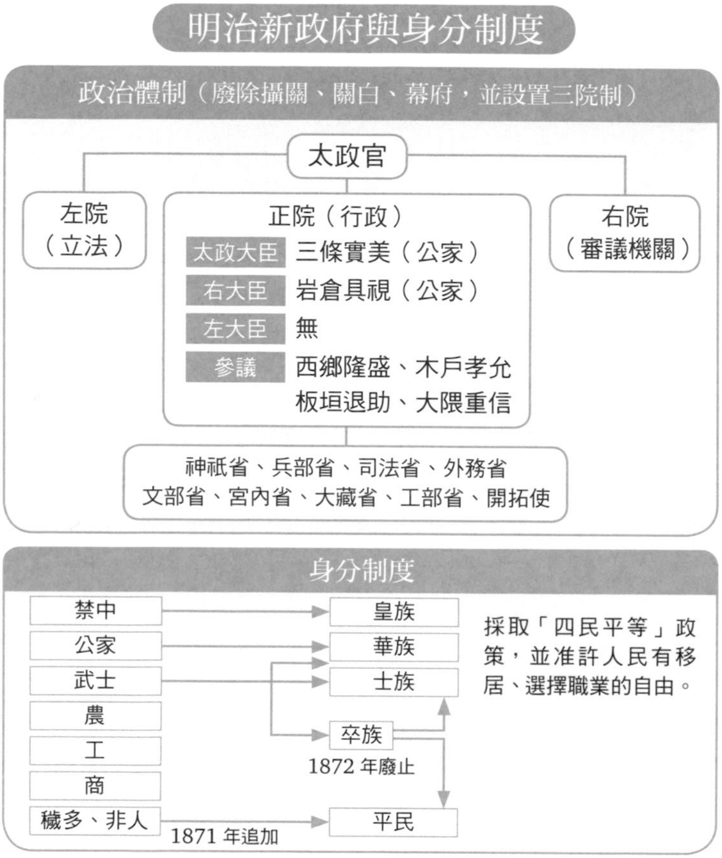

明治新政府與身分制度
政治體制（廢除攝關、關白、幕府，並設置三院制）
太政官
左院（立法）
正院（行政）
右院（審議機關）
太政大臣
三條實美（公家）
右大臣
岩倉具視（公家）
左大臣
無
參議
西鄉隆盛、木戶孝允
板垣退助、大隈重信
神祇省、兵部省、司法省、外務省
文部省、宮內省、大藏省、工部省、開拓使
身分制度
禁中
公家
武士
農
工
商
穢多、非人
皇族
華族
士族
卒族
1872年廢止
平民
1871年追加
採取「四民平等」政策，並准許人民有移居、選擇職業的自由。

近代日本歷史裡，發展最蓬勃快速的時期就從明治元年（一八六八年）開始。

新政府頒布「五條誓文」後，立刻將江戶改名為「東京」，年號則改為「明治」，翌年更將京都的首都政治機能轉移至東京。這時新政府已經準備好將日本打造成中央集權國家了。

但正式開始前，新政府要先宣導「版籍奉還」，也就是說服薩長土肥四藩為首的所有藩國交出領地統治權。然後就是「廢藩置縣」，也就是廢除地方政治體制「藩國」，改為由政府所派遣的府知事、郡令到「府縣」施政。還有，政府對薩長土三藩徵召政府的直屬軍隊「御親兵」。

這一連串要求領主放棄領地和領民統治權的政策，在古今中外的歷史上也是前所未見。最初的折衷方案是打算讓藩主成為縣的知事，並且給予任命或世襲職位的權力，但新政府最後還是決定不跟藩主們妥協。

所謂的改革無法在一夕之間完成，階段性地施行新政才是唯一的成功之道。

廢藩置縣後的 3 府 72 縣

罷免原本的知藩事後，並強制居住在東京。原本的地方首長由中央任命的府知事、縣令治理，進而在國內政治上達到統一。
青森
秋田
盛岡
水澤
酒田
山形
仙台
相川
新潟
置賜
福島
磐前
七尾
柏崎
若松
宇都宮
金澤
新川
長野
群馬
栃木
茨城
敦賀
足羽
入間
長濱
筑摩
埼玉
鳥取
岐阜
山梨
新治
豐岡
島根
京都
印旛
濱田
北條
深津
飾磨
大津
額田
足柄
木更津
種子島
廣島
岡山
福岡
山口
香川
奈良
度會
濱松
靜岡
東京
屋久島
伊萬里
小倉
名東
神奈川
名古屋
高知
安濃津
和歌山
大阪
長崎
大分
熊本
八代
美美津
堺
德之島
奄美大島
松山
三潴
宇和島
兵庫
與論島
鹿兒島
都城
沖繩島
宮古島
石垣島

Column

要全民皆兵？還是要武士軍團？

新政府的國防課題是強化政府直屬兵力和集中兵權。因此在版籍奉還後，大村益次郎和木戶孝允以全民皆兵的概念，提議設置直屬政府的常備軍隊。這是從高杉晉作的奇兵隊所得出的想法。但薩摩藩卻持反對意見，例如大久保利通的日記裡就記載：「大村想要排除藩兵，徵召農兵進入政府軍隊，但這讓某些人不放心。」相對於全民皆兵，反對派主張政府軍該由薩長土各藩的職業士兵組成。所以中央政府陷入了該把保家衛國的責任繼續交給武士階級還是一般民眾的兩難。這個論爭，日後也成為引發西南戰爭的導火線。

外史集

從外國人手中收回日本權益

慶應 3 年（1867 年）12 月，小笠原壹岐守代表明治政府回收美國人波特曼建造江戶至橫濱的鐵路經營權，以及回收普魯士人凱特涅在北海道七重村的租借權。之後，明治政府再以自己的能力建設鐵路、開發北海道。明治政府防止日本殖民地化的同時，也發揮了正當的民族意識。

75 殖產興業與教育改革

東京開始進入文明開化的時代

1869 年	● 發明人力車 ● 東京往返橫濱的馬車客運開業 ● 電信網路開通
1870 年	● 自行車開始流行 ● 民眾開始穿男性西裝 ● 流行西式雨傘 ● 開始製造國產皮鞋
1871 年	● 散髮令和脫刀令 ● 出現西洋料理店 ● 養成使用西式建築、椅子、餐桌的習慣
1872 年	● 帽子開始流行 ● 啤酒開始流行 ● 設置新橋往返橫濱的鐵路 ● 採用陽曆
1873 年	● 引進棒球運動 ● 開始有放暑假的政策
1876 年	● 廢刀令 ● 實施星期日休假政策
1877 年	● 設立東京大學
1879 年	● 公布教育令（義務教育為在 4 年內最少 16 個月的受教時間）
1882 年	● 新橋往返日本橋的有軌道馬車開通
1897 年	● 首次上映無聲電影

為了廢除幕府依賴年貢收入的制度，讓國家財政往近代化的方向發展，明治政府毅然地實施「地租改正」。

若繼續使用年貢制度，那麼在全國田地三千萬石當中，府縣管轄的土地只能收取八百萬石，其餘石高則必須從各藩身上課徵。所以在廢藩置縣後，就得廢除以物繳稅的年貢制，強制改為以金錢繳稅的新制度。而為了讓各縣有錢繳稅，明治政府也宣導殖產興業，鼓勵大家僱用西歐技術人員、建設官營工廠、鋪設鐵路、開發礦山。

另外，即使知道會被揶揄有樣學樣，明治政府還是照抄整套歐美式的義務教育制度，也以國家預算的五分之一送學生出國留學。為了不被歐美國家殖民，凡事都以「超歐趕美」為口號。

這一連串的努力終有成果，讓東京往橫濱的火車站開通，也設置好優先使用於軍警的電信網路，就連海運業也日趨完善。還有，明治政府以群馬縣富岡為首，於各地開設官營示範工廠，佐渡及釜石的礦山也積極地開採中。

以富國強兵的口號培養近代產業

札幌農學校（1876 年開校）
屯田兵制度
1875 年實施
院內銀山
佐渡金山
釜石鐵山
生野銀山
新町紡織所
高嶋炭礦
富岡製絲所
愛知紡織所
三池炭礦

Column

從神佛分離到廢佛毀釋

明治元年三月，新政府立法禁止神社招攬佛教僧侶處理社內業務，以及僧侶還俗後必須放棄原本的僧職。同年四月，神社內的神祇稱號若涉及佛教用語，則必須對外說明其中的由來，以及開始禁止於神社內擺放佛像、梵鐘、佛具。在這之後，明治政府陸續頒布嚴格的神佛分離政策，而且在這個政策上最為貫徹的就是奈良的興福寺。還有，如果僧侶原本是公卿子弟就必須還俗，並且強制於春日神社擔任神職。所以他們不得不拋棄原本居住的佛寺，五重塔也以兩百五十日圓的價格賣出，佛書、佛具等珍貴物品也就只能隨便丟棄。

外史集

岩倉使節團的歐美考察之旅

來自荷蘭的政治顧問奎多・沃貝克，因為擔心仍保有老舊官場思維的明治政府停滯不前，於是對大隈重信建議：「派遣使節到歐美考察文化和制度，可以作為日本政府發展國力的參考」。之後在明治 4 年 11 月時，大隈終於派遣岩倉具視前往歐美考察。

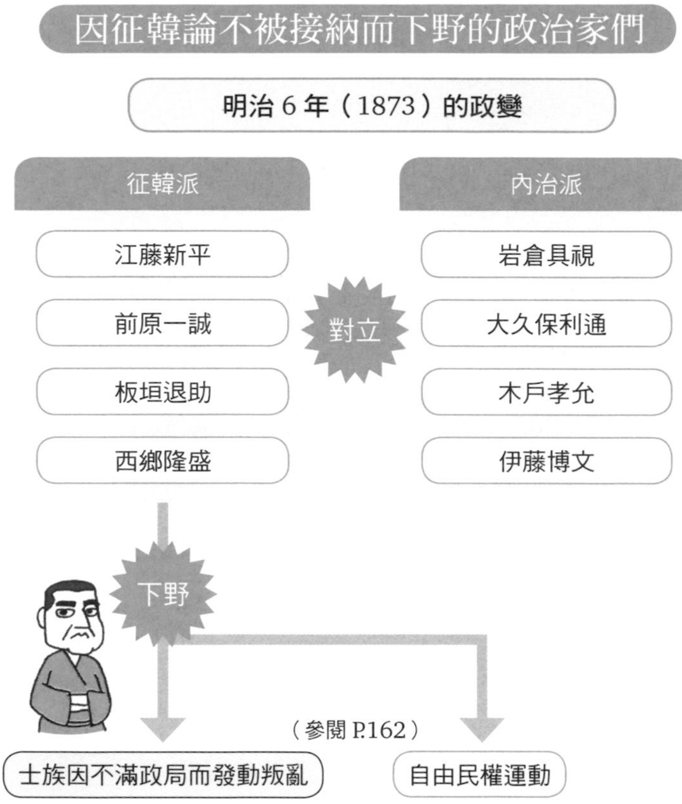
因征韓論不被接納而下野的政治家們
明治 6 年（1873）的政變
征韓派
江藤新平
前原一誠
板垣退助
西鄉隆盛
對立
內治派
岩倉具視
大久保利通
木戶孝允
伊藤博文
下野
（參閱 P.162）
士族因不滿政局而發動叛亂
自由民權運動

76 西南戰爭——士族的叛亂

在明治九年到十年初之間，日本內部一直處於紛擾不安的狀態。那時有人在雜誌上投書一篇名為〈防止政府傾覆論〉的文章，內容批評明治政府積極現代化的施政，但卻沒有提出具體的改革方案，只是單純的為反對而反對。

還有，由於強制廢除封建制度，讓武士階級走進歷史，所以在他們失去俸祿的同時，也就等同於失業。明治政府還頒布「廢刀令」，讓武士的不滿開始爆發，然後接連發生熊本敬神黨（神風連）攻擊熊本鎮台、福岡秋月黨之亂、荻之前原一誠之亂等內亂。

後來甚至連西鄉隆盛的薩摩武士團也發起了「西南戰爭」。其實不管他們發起戰爭的理由為何，世局早已無法倒退，新舊世代已完成輪替。最後，以徵兵制度組成的農兵部隊、熊本鎮台兵、警察部隊靠著現代化武器順利鎮壓了內亂。

尤其是農兵，有了他們用現代化武器輕鬆擊敗舊時代武士部隊的例子，從此再沒人敢對現代化改革有任何意見。

所有遭到鎮壓的士族叛亂

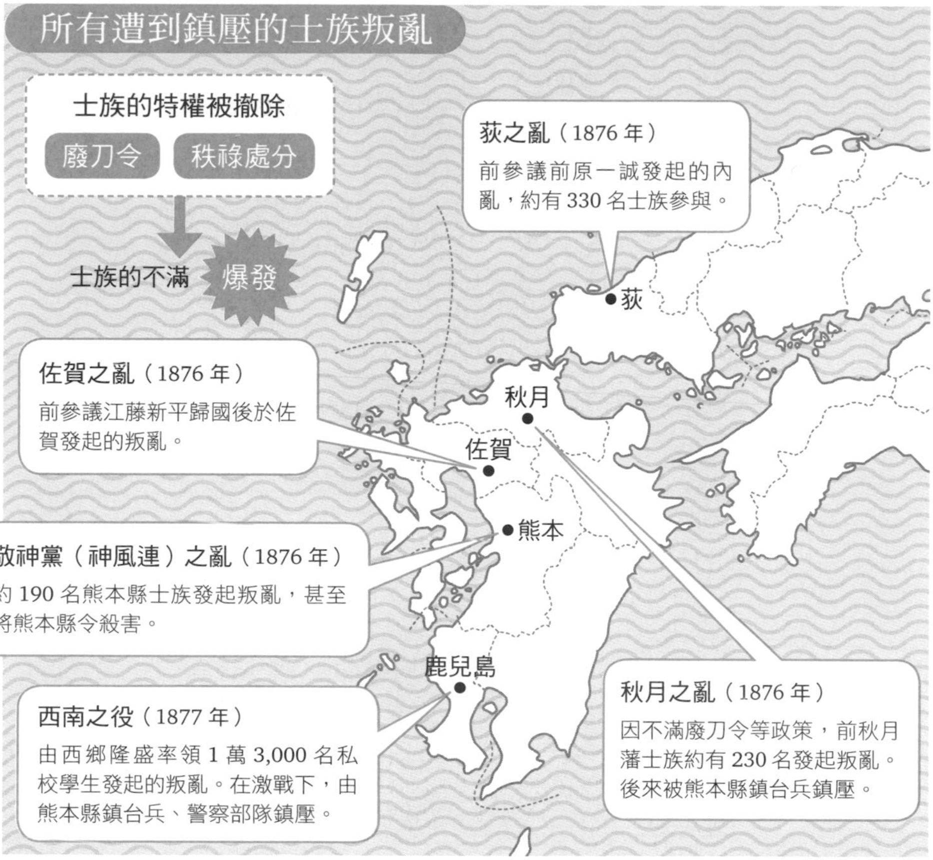
士族的特權被撤除
廢刀令
秩祿處分
士族的不滿
爆發
荻之亂（1876 年）
前參議前原一誠發起的內亂，約有 330 名士族參與。
荻
佐賀之亂（1876 年）
前參議江藤新平歸國後於佐賀發起的叛亂。
秋月
佐賀
熊本
敬神黨（神風連）之亂（1876 年）
約 190 名熊本縣士族發起叛亂，甚至將熊本縣令殺害。
鹿兒島
西南之役（1877 年）
由西鄉隆盛率領 1 萬 3,000 名私校學生發起的叛亂。在激戰下，由熊本縣鎮台兵、警察部隊鎮壓。
秋月之亂（1876 年）
因不滿廢刀令等政策，前秋月藩士族約有 230 名發起叛亂。後來被熊本縣鎮台兵鎮壓。

明治

Column

福澤諭吉的《勸學篇》

自從日本開始推廣新思想、新學問後，人們的生活型態也變得更為多元。例如福澤諭吉的《勸學篇》中記載著「天在人之上不造人，天在人之下不造人」這句話的意思深受讀書人的喜愛。不過，人們在引用這句話時，卻鮮少提起下一句：「但我們觀察社會時，會發現既有聰慧之人也有愚笨之人、既有貧窮之人也有富裕之人、既有高貴之人也有地位低下之人，他們之間彷彿有天壤之別，但那究竟是為何呢？」簡單地來說，福澤諭吉除了鼓勵人們透過學習求得新知之外，也點出學習過程中的努力與否，會讓結果大相逕庭。

外史集

桐野利秋口不擇言的下場

桐野利秋是西鄉隆盛的參謀，他曾經針對熊本鎮台司令長官谷干城大肆嘲笑「小老百姓拿著鐵砲（步槍）有什麼用？」結果，看不清時代變化的桐野利秋不但打不贏「小老百姓」所帶領的士兵，最後還在戰場上遭到槍擊而死。

77 自由民權運動與開設國會

自由民權運動迅速推廣開來

不滿政府的士族 → 鎮壓

自由民權運動 →

- 1874年 片岡健吉、板垣退助成立**立志社**
- 1875年 **愛國社**於大阪成立
- 1880年 響應愛國社而成立**國會期成同盟**
- 1881年 以板垣退助為黨主席，成立**自由黨**

→ 要求政府開設國會

板垣退助

到底要站在西鄉這一邊？還是要站在明治政府那一邊？西南戰爭對於民權派士族來說，等於是賭上自己思想、命運的重要課題。不過，包括植木枝盛在內的自由民權派人士倒是沒把西南戰爭看在眼裡。

植木枝盛出身土佐，相對於民權派的士族，他有計畫性地促成地方的團結、讓人民對民權自由的概念產生深度認知，因此當他公布《民選議院設立建白書》時，馬上就獲得廣大的回響。在政府宣導殖產興業的期間，由於還有傳統的本土產業仍在繼續經營，所以為了不讓傳統產業被政府放生，地方名士們也都急著向政府提出「設立民選議員」的意見。

但由於政府剛鎮壓完叛亂，所以看到民眾勇於爭取民權時，不免緊張了起來。也因此，呼籲政府盡快開設國會的大隈重信與伊藤博文、岩倉具視、西鄉從道決裂。大隈重信下野後，伊藤、岩倉、西鄉等人動手起草了以天皇為中心的欽定憲法，後來也發表了將在期限內開設國會的敕諭。

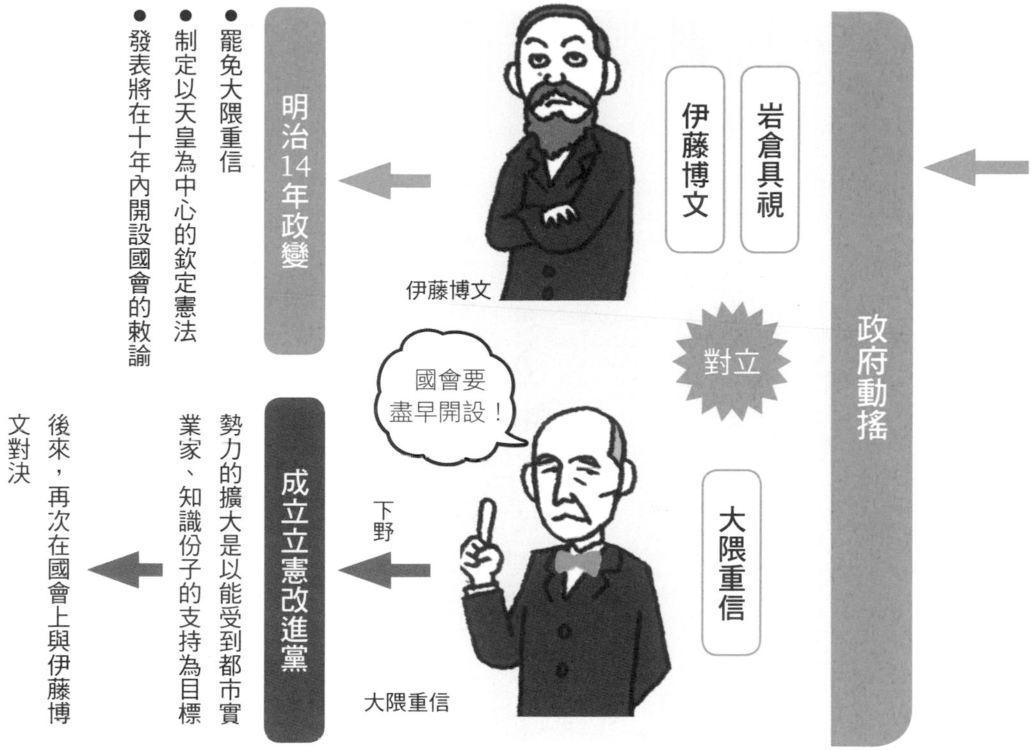
政府動搖
岩倉具視
伊藤博文
對立
大隈重信
伊藤博文
國會要盡早開設！
大隈重信
明治14年政變
下野
成立立憲改進黨
●罷免大隈重信
●制定以天皇為中心的欽定憲法
●發表將在十年內開設國會的敕諭
勢力的擴大是以能受到都市實業家、知識份子的支持為目標
後來，再次在國會上與伊藤博文對決

Column

西式建築

因虛構人物一心太助而享有知名度的日本橋魚河岸，同時也是民眾們常逛的鬧區。往北除了有三井越後屋（三越）之外，往南還有白木屋可以逛逛，不管哪邊總是人聲鼎沸。若沿著河邊走還會經過兜町、米屋町、株屋町、銀行町。此外，海運橋邊也聳立著三井組出資建成的第一國立銀行，當時前往該處觀摩的人可說是絡繹不絕。一路走到這裡後，如果覺得口渴，還能在附近品嘗用神田川的水所沏好的茶。到了初夏，附近也有供人納涼的遊船。可惜，位於本鄉的加賀藩邸原址在建好東京大學後，當地環境就迅速都市化了。

外史集

土佐的梁山泊好漢

明治 10 年秋天到 11 年春天時，位於土佐的立志社聚集了河野廣中、竹內正志、栗原亮一、杉田定一、永田一二、頭山滿。這些愛國志士就像中國古時候的梁山泊好漢，聚在一起共商國家大事。再加入慶應塾的教師城泉太郎後，他們開始準備重建愛國社（於西南戰爭期間解散）的計畫。

78 撤銷不平等條約與頒布憲法

修改不平等條約的進程

岩倉具視 1872 年
首次提出修改，但結果以失敗告終。

寺島宗則 1878 年
在恢復關稅自主權方面與美國交涉。雖然美國認可日本的關稅自主權，而且打算在日本關稅修正條例書簽字，但因為在英國、德國的反對下而撤回。

井上馨 1882 ～ 1887 年
為了達成撤除領事裁判權和恢復部分關稅自主權，以**歐化政策**交涉。後來以外國人可以在日本國內享有其他特權為條件，得以撤除領事裁判權。

鹿鳴館，歐化政策的象徵
以成功達成外交談判為目的而建造的洋房，
後來因為受到民眾反感，而立刻停用。

大隈重信 1888 ～ 1889 年
與美國、德國、俄國的修正條約簽約，但後來被大審院發現其中含有任用外國法官的條款，所以後來大隈因此下台。

陸奧宗光 1894 年
簽訂《日英通商航海條約》，成功撤除領事裁判權、相互對等最惠國待遇、恢復部份關稅自主權等等。

為了修改在幕末與歐美各國簽訂的不平等條約，日本從被迫開國以來不斷努力，在花費半個世紀的時間後，總算成長為上得了檯面的獨立國家，可以用對等的立場與歐美國家交涉，並且成功保障自己的權益。

日本透過和英國締結《日英通商航海條約》，不僅成功撤除了外國人在日本享有的領事裁判權，而且也取回了關稅自主權。由於當時英國希望日本可以幫忙牽制俄國南下擴張領土的速度，因此用上述兩項有利英國的權益換取與日本的同盟。對日本而言，這實在是非常幸運的發展。

不過，這也多虧外相陸奧宗光能算準時機，以巧妙的外交手腕實現對等外交。至於讓陸奧宗光能在談判桌前站穩的則是《大日本帝國憲法》。因為在國際間的往來當中，如果一個國家有制定完成的憲法，就能證明自己是一個已開化的文明國家，否則只會被各國視為蠻夷之邦。

也因為這一切的努力，成功現代化的日本終於得到國際社會認同。

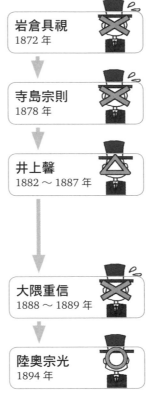

大日本帝國憲法與日本國憲法

日本國憲法（11 章 103 條）		大日本帝國憲法（7 章 76 條）
1946 年 11 月 3 日 民定憲法	頒布	1889 年 2 月 11 日 欽定憲法
主權在民	主權	主權在君
統合日本國、日本國民的象徵，在政治上沒有干涉的權力	天皇	天皇是總攬國家統治權且神聖不可侵的元首。將天皇獨裁明文化
議院內閣制，向國會負責	內閣	各國務大臣由天皇任命，輔助天皇施政，而且內閣必須對天皇負責
行使國權的最高機關，眾議院、參議院兩院制，眾議院地位較優先	國會	成立幫天皇行使立法權的貴族院、眾議院兩院制（預算審議先向眾議院執行）
普通選舉原則	選舉	透過公選選出眾議員
保障人民擁有基本人權，以及享有民主的權利	國民	臣民的權利受到法律範圍內的保障
永久和平主義、否定戰爭	軍隊	國民有服兵役的義務、統帥權獨立
要在國會上發議，可由國民投票來決定	修正	天皇擁有發議權

Column

只做到表面工夫的鹿鳴館

鹿鳴館是明治十六年（一八八三年）時，耗費十八萬日圓建造完成的迎賓館。這個具有文藝復興風格的迎賓館是外交官井上馨與上流階層交流的社交場所。雖然時人批評鹿鳴館的舞會活動只是歐化風潮下的庸俗娛樂，但為了能在適當的場所向外國人提出修改條約的要求，鹿鳴館還是得保持歌舞昇平的模樣。後來，鹿鳴館於明治二十年（一八八七年）的夏天關閉。因為在前一年的不平等條約修訂會議上，井上馨同意了有利於外國人的特權，差點讓日本成為殖民地，因此井上馨當然就被踢下官位了。

外史集

想要出手相救的布瓦索納德

內閣法律顧問布瓦索納德，對井上外務大臣、山田司法大臣提出忠告：「那些條約內容對較不先進的國家來說是很危險的契約」，然而他們卻沒有把話聽進去。於是他指責井上毅：「你身為政府高官，在日本即將遭到前所未有的危機，居然打算什麼事都不做」。

79 甲午戰爭——跟清國之間的戰爭

圍繞在朝鮮旁的日清之爭

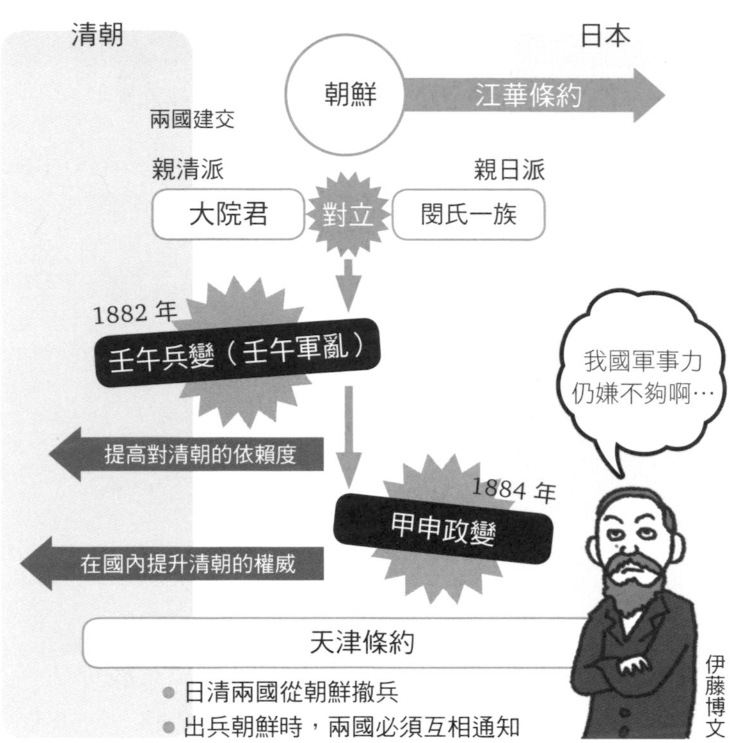
清朝
日本
朝鮮
江華條約
兩國建交
親清派
親日派
大院君
對立
閔氏一族
1882 年
壬午兵變（壬午軍亂）
我國軍事力
仍嫌不夠啊…
提高對清朝的依賴度
1884 年
甲申政變
在國內提升清朝的權威
天津條約
日清兩國從朝鮮撤兵
出兵朝鮮時，兩國必須互相通知
伊藤博文

朝鮮自古以來一直都是中國的藩屬，沒有被當成獨立國家。即使到了近代，明知北有俄國南下擴張，南有英法暗中打量他們的領土，朝鮮還是一樣無能為力。

朝鮮在與日本締結《江華島條約》後，由於在政治上照樣依附著中國，內部政治也因此出現分歧，甚至連民間輿論也不斷抨擊執政者。對日本來說，要是朝鮮無法自己保護自己，不要說朝鮮會被列強併吞，就連日本也會陷入唇亡齒寒的危機。所以為了讓朝鮮半島站穩腳步，日本決定以武力影響朝鮮內部的政局。

於是在朝鮮半島南部發生東學黨之亂時，日本馬上以保護日僑的理由派兵鎮壓暴動，就連前往朝鮮的清兵也一併擊退。雖然這次的出兵順利在朝鮮建立親日政權，但這次的軍事衝突也讓日清進入敵對狀態。雙方正式宣戰後，日本在海上擊敗清朝海軍，同時也奪得了黃海的制海權。

自古以來一直認為自己是東亞唯一霸主的中國就此踢到鐵板。

甲午戰爭爆發

1894 年

東學黨起義（甲午農民戰爭）

接到朝鮮的請求而出兵 → 清朝

未告知清朝而直接出兵 → 日本

鎮壓

↓

在戰後處理上，日清雙方互不退讓

↓

豐島海戰

日本聯合艦隊在位於仁川西方的豐島擊沉清朝艦隊

↓

甲午戰爭

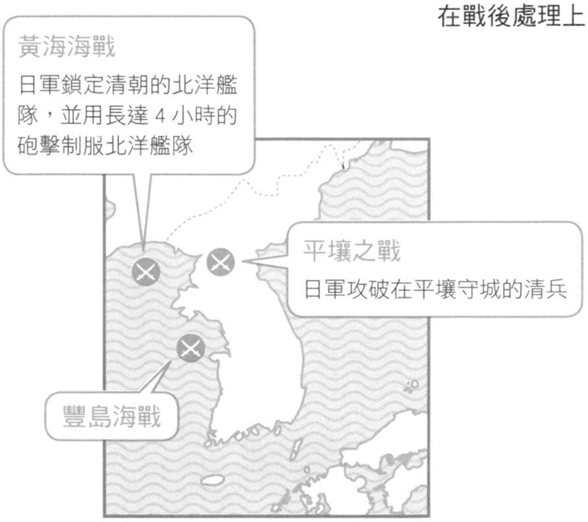
黃海海戰
日軍鎖定清朝的北洋艦隊，並用長達 4 小時的砲擊制服北洋艦隊
平壤之戰
日軍攻破在平壤守城的清兵
豐島海戰

明治

Column 山縣有朋的「國境與利益線」論

明治二十三年（一八九〇年）十二月六日，山縣有朋在首次召開的議會上發表了以下演說：「我認為國家獨立自營之道需具備兩項要素：一是守護國家的『主權線』，二是保護國家的『利益線』。那麼，主權線的定義是什麼呢？那就是圍出國土範圍的國境。至於利益線的定義又是什麼呢？那就是與我國主權線安全唇齒相依的區域。特別在現今的世界裡，日本必須要有能力與各國並肩而立，所以光是守住主權線是無法保護我們的國家。因此，我們也必須守護好國家的利益線。」

外史集

熱心於教育的明治政府

明治 6 年（1873 年）時，官選的歐美留學生為 373 人，花費經費達 25 萬日圓。大約占了文部省同年預算的 18%，將近全部金額的 5 分之 1。明治政府自己也知道想要超歐趕美，就要在教育方面下足成本。

80 三國干涉還遼與日俄戰爭

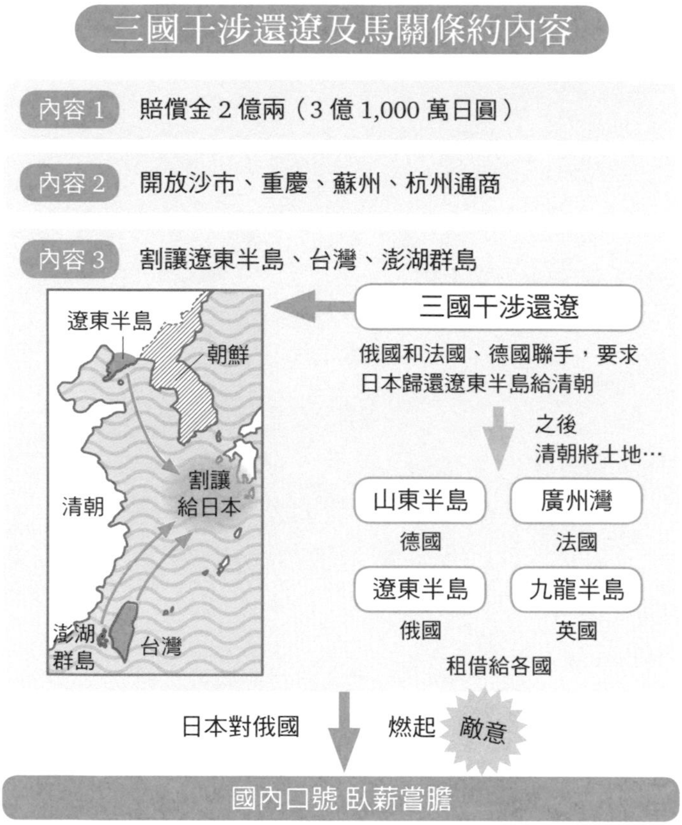
三國干涉還遼及馬關條約內容
內容 1 賠償金 2 億兩（3 億 1,000 萬日圓）
內容 2 開放沙市、重慶、蘇州、杭州通商
內容 3 割讓遼東半島、台灣、澎湖群島
遼東半島
朝鮮
割讓給日本
清朝
澎湖群島
台灣
三國干涉還遼
俄國和法國、德國聯手，要求日本歸還遼東半島給清朝
之後清朝將土地…
山東半島
德國
廣州灣
法國
遼東半島
俄國
九龍半島
英國
租借給各國
日本對俄國
燃起
敵意
國內口號 臥薪嘗膽

甲午戰爭結束後，日本對中國提出的談和條件為：①承認朝鮮為主權獨立的國家，②割讓遼東半島、台灣、澎湖群島，③賠償金二億兩，④沙市、重慶、蘇州、杭州開港通商。

然而，俄國反對與滿州有利害關係的遼東半島割讓給日本，所以聯合法德一起向日本施壓，要日本盡快將遼東半島歸還中國。雖然俄國把話講得很好聽，但當日本把遼東半島還給中國後，俄國就馬上派兵將整個滿州搶了過來。

由於滿州問題，日俄雙方早已互相敵視多年，所以在明治三十七年（一九〇四年），日本在有英美當靠山的情況下向俄國宣戰。開戰後，日本陸軍先是拿下了旅順、再占領了奉天。海戰方面，日本海軍殲滅了俄國的波羅的海艦隊。換句話說，日本在這場戰爭中大獲全勝。

「東洋的蕞爾小國，居然在戰場上打贏俄羅斯這個大國」，這個新聞馬上傳遍了全世界。對許多遭到殖民的小國而言，日本這一仗簡直成為他們反抗大國的希望。

日俄戰爭的主戰場

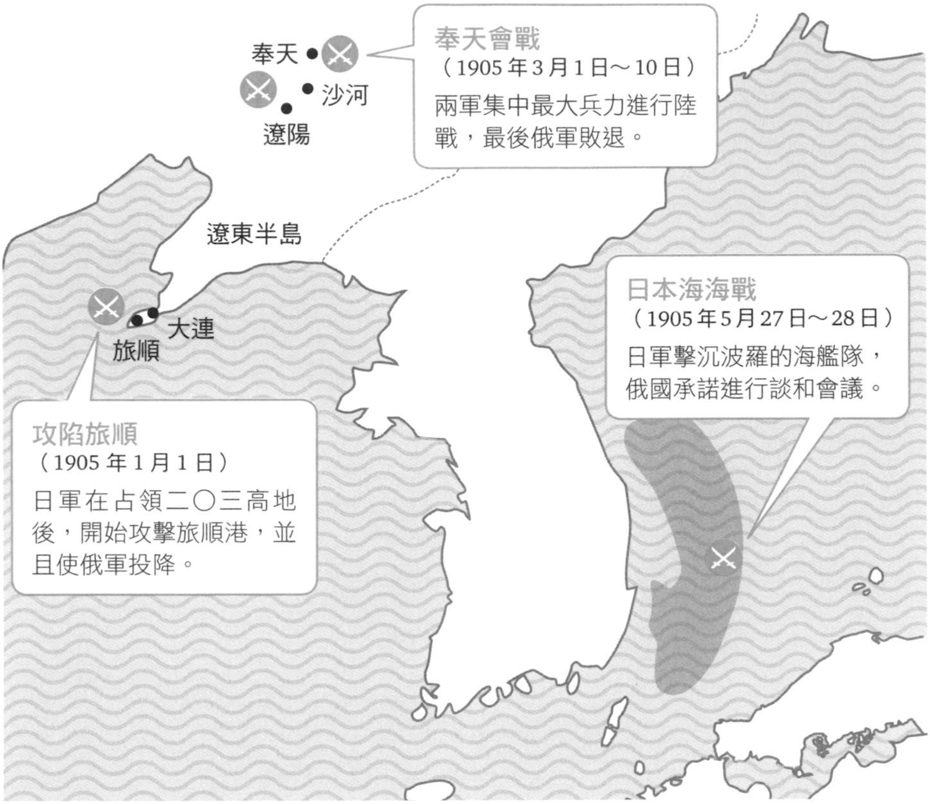

奉天
沙河
遼陽
奉天會戰
（1905年3月1日～10日）
兩軍集中最大兵力進行陸戰，最後俄軍敗退。
遼東半島
大連
旅順
攻陷旅順
（1905年1月1日）
日軍在占領二〇三高地後，開始攻擊旅順港，並且使俄軍投降。
日本海海戰
（1905年5月27日～28日）
日軍擊沉波羅的海艦隊，俄國承諾進行談和會議。

Column

聚集起來準備用餐的禿鷹

當時國家要在國際舞台上大聲說話，就要靠軍艦和大砲的數量，也因為這個不可動搖的事實，日本也差點成為歐美國家的殖民地。但在經過明治維新後，日本的軍事實力總算能擠身於歐美列強當中，反觀中國一直沒有完成現代化改革，結果區區一個日本小國在打敗號稱「沉睡之獅」的中國後，歐美列強就像禿鷹一樣，紛紛趕到中國分食領土。之後英國取得中國的揚子江沿岸，法國取得廣東、廣西、雲南三省，德國取得山東省，俄國則是直接將整個滿州占走。眼看自己的領土被外國人瓜分，清朝皇帝一直都處於無法還手的狀態。

外史集

不肯認輸的俄國

由於長期將國力耗費在日俄戰爭，以及俄國不肯支付戰敗國的賠償金，因此日本不得不打消繼續與俄國抗戰的念頭，選擇試著與俄國談和。可是日本身為勝利國的立場，實在不適合主動提議談和。結果還是得拜託美國總統羅斯福居中協調。

81 實業家涉澤榮一的活躍

左手拿論語，右手拿算盤

相關公共事業
約有600間
創立過的公司
約有500間
算盤
論語
做生意不要
顧著賺錢
還要
兼顧道德

實業家涉澤榮一，又被世人尊稱為「日本資本主義之父」。涉澤榮一之所以能獲得如此美名，主要是因為他付出自己的一生，幫日本建構出健全的資本主義觀念，使人們可以生活在有付出就能獲得相應報酬的社會。

涉澤榮一主要活動的年代為明治初期到昭和初期，在這段期間內創立過五百多間公司，也建設了六百多件公共事業。雖說他的功績多到讓人難以一一記錄下來，而且也被大家視為出人頭地的典範，然而他本人卻對功成名就不感興趣。

若要探究其中的原因，那麼涉澤榮一的經營哲學：「左手拿論語，右手拿算盤」就是一定要詳加了解的重點。涉澤榮一不只將這種哲學當成商人應當培養的道德觀，而且也作為自己從商的座右銘而加以實踐。從這一點來看，涉澤榮一真的是非常罕見的商業巨擘。

也許因為涉澤榮一在日本近代史上屬於成就非凡的角色，所以他的主張很難達到讓所有人都能輕易理解的地步吧？

與涉澤榮一相關的主要事業

業種	企業名
銀行	第一國立銀行（現為瑞穗銀行），以及七十七國立銀行等等
瓦斯公司	東京瓦斯
保險公司	東京海上火災保險（現為東京海上日動火災保險）
造紙公司	抄紙公司（現為王子造紙、日本造紙）
水泥公司	秩父水泥（現為太平洋水泥）
飯店	帝國飯店
鐵路公司	秩父鐵路、日本鐵路公司（現為東日本旅客鐵路）
運輸公司	共動運輸公司（現為日本郵船）
貨幣交易	東京證券交易所
啤酒公司	麒麟麥酒（現為麒麟啤酒）、札幌麥酒（現為札幌啤酒）
紡織公司	大阪紡織（現為東洋紡公司）
醫院	東京慈惠會、日本紅十字會、聖路加國際醫院
學校	商法講習所（現為一橋大學）、二松學舍（現為二松學舍大學）、同志社大學、日本女子大學、東京女學館等等

Column

在海戰裡活躍的無線電通訊科技

無線電是在一八九七年（明治三十年）由馬可尼發明，日本自明治三十三年開始研究如何將無線電用於航海。明治三十六年，經過兩度在驅逐艦上的無線電實驗，確定通訊距離可從原先的十七海浬延長至七十九海浬。當時的航海界仍普遍使用旗語，不過艦隊司令東鄉平八郎即為所有船艦安裝無線電設備。而這個明智判斷讓日軍順利打敗波羅的海艦隊。五月二十七日早晨，日本巡洋艦信濃丸一發現俄國海軍，就立刻以無線電通知艦隊。多虧東鄉司令早一步讓船艦擁有確實掌握敵情的科技，才能在對抗俄軍的海戰上大獲全勝。

外史集

「田園調布」的開發故事

田園調布是由涉澤榮一提議所建造完成的地區。這是由小林一三進行指揮，並且配合東急的電車站點，所開發出的沿線式土地開發集合住宅。而這也引導出人們在集合式住宅成家立業的風潮，進而創造出上班族世代們的標準居住型態。

82 第一次世界大戰與出兵中國

藉著歐戰戰局獲利的日本

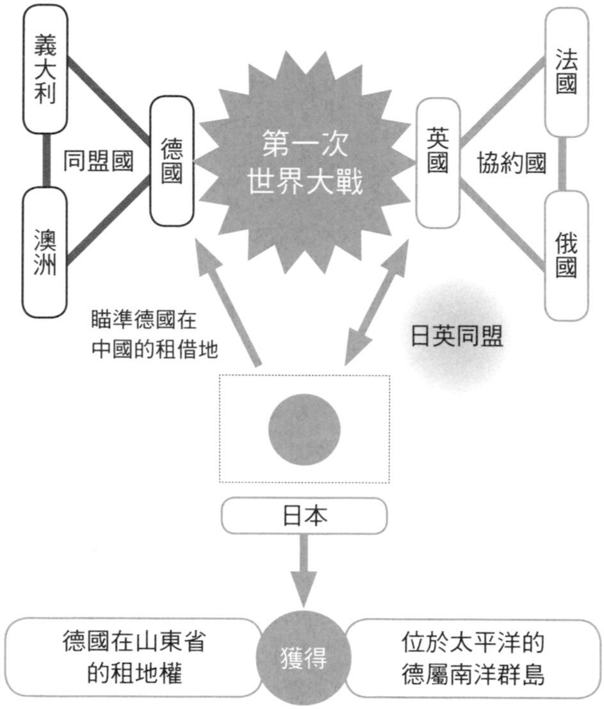
義大利
澳洲
同盟國
德國
第一次世界大戰
英國
協約國
法國
俄國
瞄準德國在中國的租借地
日英同盟
日本
德國在山東省的租地權
獲得
位於太平洋的德屬南洋群島

中國發生庚子拳亂後，被外國稱為「遠東憲兵」的日本也志得意滿了起來。這是因為日本在日俄戰爭中獲得勝利，所以開始得到許多國家的尊敬。然後又過了幾年，歐洲突然發生了一件撼動全世界的謀殺案。

奧匈帝國皇儲斐迪南在遊行途中遭到塞爾維亞的親俄人士暗殺，之後兩國也因此爆發軍事衝突。由於這起暗殺事件牽扯到德俄間的利益糾紛，因此他們後來也跟著打了起來。接著，英法想在俄國忙於戰事時趁虛而入，結果戰爭除了影響歐洲之外，後來也發展成牽動全世界的戰亂。

在英國向德國宣戰時，身處遠東的日本也跟著跳出來參戰。雖然歐洲的參戰國不會遠征到日本，但由於德國占有中國青島和赤道以北的南洋群島，因此日本一參戰就直接派兵攻占下來。日本占據青島後，便強迫袁世凱將德國租借青島的權益轉讓給日本，並且在中國享有貿易特權。

也因為這次輕鬆發財的成果，明治政府也一舉解決了財政危機。

民眾抱怨連連的「米價騷動」

在大戰景氣之下，由於物價迅速上漲而使民眾苦不堪言。而且在日本即將出兵西伯利亞時，米商因為投機目的而惡意囤積稻米，結果造成國內的米價飆升。尤其日軍在國外長期駐留需要軍糧，因此買斷稻米的日軍直接打擊到一般民眾的生活。

第一次世界大戰前後的物價變動（以 1912 年物價作為 100 為基準）

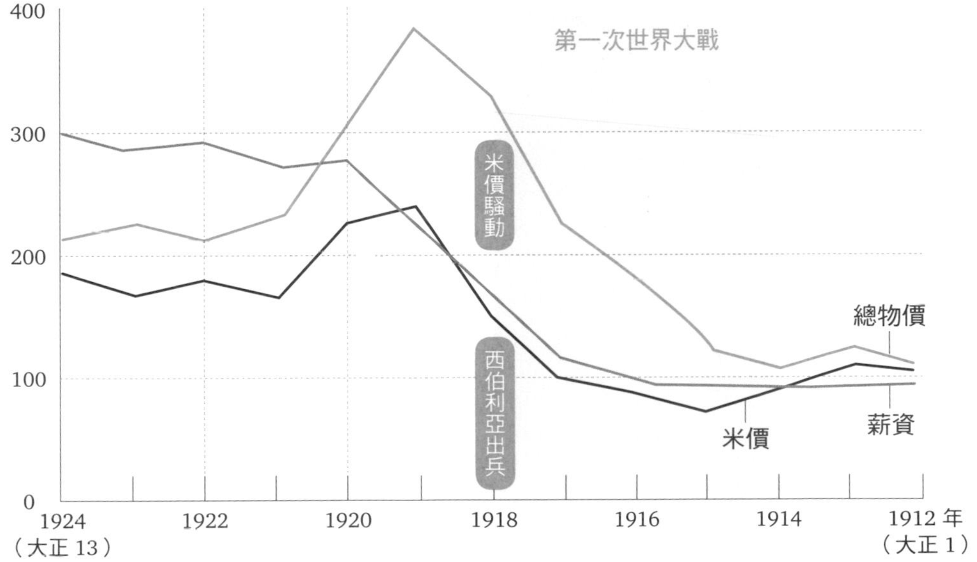

（參考資料：《日本經濟統計總觀》）

Column

列寧與俄羅斯革命

在第一次世界大戰發生的同時，列寧所率領的布爾什維克（亦即俄國社會民主工黨中的「多數派」，同時也是俄國共產黨前身）也在俄國發動革命。後來帝俄遭到革命軍推翻，接著列寧在一九一七年秋天成立了無產階級獨裁政府——蘇維埃俄國。第一次世界大戰結束後，美國的威爾遜總統提議各國成立維持世界和平的「國際聯盟」。身為資本主義國家的美國會如此提議，是因為他們已經將蘇維埃俄國所推廣的無產階級革命看在眼裡，畢竟包括中國在內的亞洲國家也因為共產主義而掀起一連串的革命運動。

外史集

曾在日本經濟界稱霸的鈴木商店

鈴木商店靠著販賣台灣的樟腦、砂糖，買斷了英國的鋼鐵，也跟美國做起生意，後來甚至還跨足造船業，曾為三菱造船廠代工三艘一萬噸級的貨船而震驚全世界。被鈴木商店買斷的鋼鐵甚至還轉賣給川崎造船廠、三菱造船廠、石川島造船廠，因而大大地賺取了一番暴利。

83 全球金融危機與殖民地的經營

美國華爾街股市崩盤影響全世界

過度依賴「美國」所造成的世界經濟危機

一九二九年十月二十四日，紐約證券交易所的股價突然暴跌，造成影響全世界的金融危機，後來人們將這一天稱為「黑暗星期四」。

雖然股價暴跌的情形曾稍微趨緩，不過五天後卻又繼續暴跌，全世界物價也跟著大幅下跌。後來美國為了解決經濟衰退，就立刻限制了國內生產量，但卻也讓失業人口迅速攀升。當時美國的國內生產總值衰退至原有的一半，貿易輸出也減少至原本的三分之一。

有一種說法認為這是因為經濟處於空前繁榮的美國在吸收歐洲資本後，才會導致這一連串的經濟恐慌，不過實情至今依然沒有人可以證明清楚。由於這一波金融危機影響的範圍太大，造成世界各國脫離金本位制度，甚至開始將振興經濟的政策放在經營殖民地上。

也許原本就有殖民地的國家可以逃過這個金融危機，但那些沒有殖民地的國家，就必須為了搶奪殖民地而動起干戈。而這個國際潮流也演變成爆發第二次世界大戰的原因之一。

擴增軍備使景氣跟著成長

國家預算用於軍事的百分比

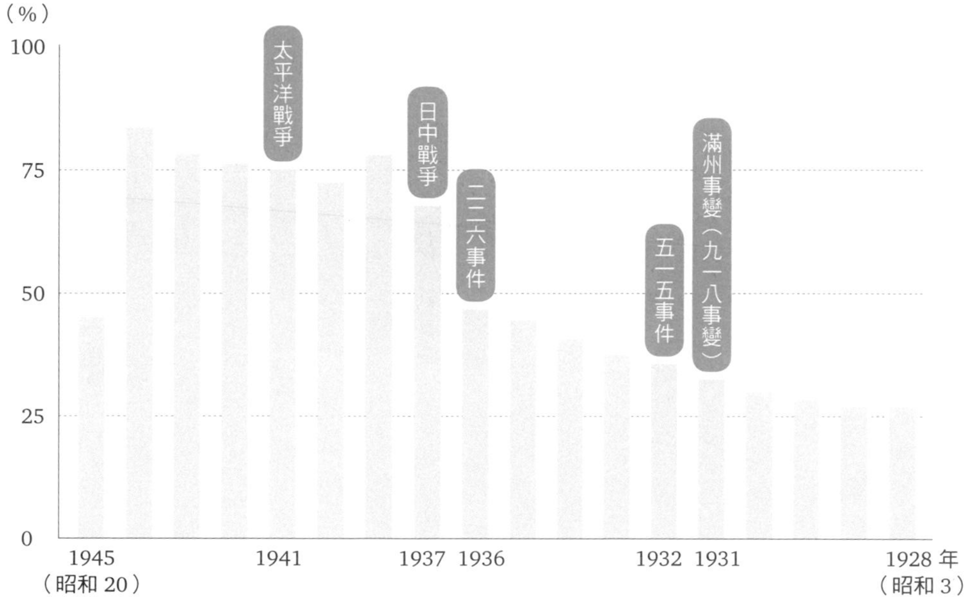

（%）
100
75
50
25
0
太平洋戰爭
日中戰爭
二二六事件
五一五事件
滿州事變（九一八事變）
1945
（昭和 20）
1941
1937
1936
1932
1931
1928 年
（昭和 3）

（參考資料：《日本統計年間》）

Column

走在時代尖端的凱因斯理論

美國經濟學家凱因斯在一九三六年發表了《就業、利息與貨幣的一般理論》後，立刻就成為全世界討論的話題。凱因斯主張，「經濟的目的在於讓人民完全就業，所以為了達成這個目的，國家必須下調利息以及積極擴大財政的支出。而要作到這一點，前提就是放棄金本位制度，並且透過政策阻止人為所導致的通貨膨脹。」雖然這個理論在發表時，一度被認為太過天馬行空，但在逐漸被各國政府當成刺激景氣回升的策略後，人們也開始接受這個理論的可行性。

外史集

建造「新村」的夢想與挫折

也許是俄國革命的影響，讓武者小路實篤等文藝青年興起創造桃花源的夢想。他們在宮崎縣兒湯郡木城建造名為「新村」的集落，但是開拓的途中遇到許多困難，讓他們的集落難以接近理想中的模樣。在逐漸理解到自己想打造出的桃花源只是天真的夢想後，這群青年在 6 年後就各自解散了。

84 大東亞共榮圈與中日戰爭

被全世界孤立的日本

國內

1932 年

血盟團事件
井上準之助前藏相以及團琢磨三井財閥幹部遭到暗殺

五一五事件
犬養毅首相遭到暗殺

1936 年

二二六事件
陸軍將校率領 1,400 名士兵，高舉設立軍政府的旗號，並且襲擊首相官邸、警視廳。高橋是清藏相、齊藤實內大臣遭到暗殺

↓

軍部掌握日本實權

國外

1931 年

九一八事變
關東軍炸毀日本的南滿州鐵路，並以自導自演的手法嫁禍給中國軍方，然後再用這個理由占領奉天、長春

1932 年

成立偽滿州國

1933 年

退出國際聯盟
國際聯盟的臨時會議上，以 42 比 1 的票數通過日本必須從滿州撤軍的動議，日本代表當場離席，並在日後宣布退出國際聯盟

溥儀

俄國革命使得社會主義興起，進而產生出蘇維埃聯邦後，美國作為自由主義陣營的成員，也想辦法摧生出以自由主義為基礎的國際聯盟。而日本加入國際聯盟後，不只參與武裝干涉俄國內戰的軍事活動，同時也為了利益，設法構築出自己的貿易經濟圈。

日本計畫與滿州、中國共同建設成「大東亞共榮圈」的基礎支柱。並且與義大利、德國結成三國同盟，一起打造出壟斷貿易的經濟圈。

但國際聯盟所派遣的李頓調查團認為「日本以不正當手法支配滿州」，並且大肆批評日本扶植偽滿州國的經過。日本當然不接受這個調查報告，所以用主動退出國際聯盟來表達抗議。從這時開始，日本的國際政策變得專斷獨行。

這時，日本國內還發生了「二二六事件」和「五一五事件」。這兩起事件是以日本右翼為中心的軍方武裝政變。如同狗急跳牆般，日本全體上下已經變得不知道未來走向，才會覺得任何事情只要靠軍事武力就能如願以償。

大東亞共榮圈的構想

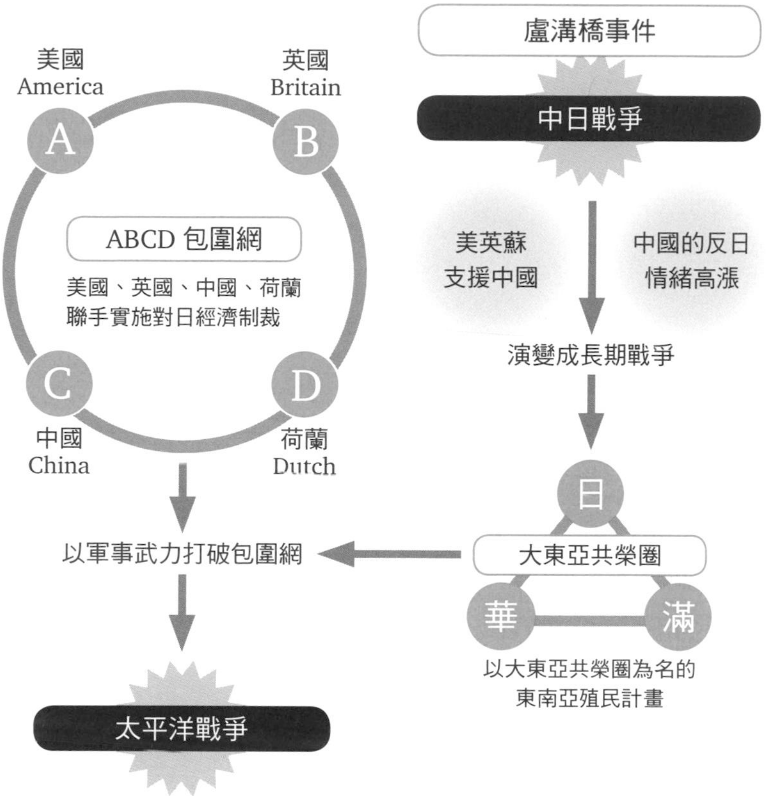
美國
America
英國
Britain
A
B
ABCD 包圍網
美國、英國、中國、荷蘭
聯手實施對日經濟制裁
C
D
中國
China
荷蘭
Dutch
盧溝橋事件
中日戰爭
美英蘇
支援中國
中國的反日
情緒高漲
演變成長期戰爭
日
大東亞共榮圈
華
滿
以大東亞共榮圈為名的
東南亞殖民計畫
以軍事武力打破包圍網
太平洋戰爭

Column

ABCD包圍網

喊著建設大東亞共榮圈的日本在開始執行南進戰略後，馬上就有國家擬定好針對日本的「ABCD包圍網」。ABCD包圍網大致上的內容為美、英兩國在遠東增派潛水艇、美國太平洋艦隊於夏威夷群島駐守、英美澳三國形成防禦陣線、英國對中國進行援助、美國派遣陸海空飛行教官至法屬印度支那等等。其中最棘手的就是對日本實行經濟制裁。其中包括禁止日本對美輸出、禁止各國對日輸出鎳礦、鉻礦、碎鐵、石油等等。對於國內天然資源不多的日本來說，簡直是被直接掐住了生存的命脈。

外史集

專斷獨行的關東軍

帝國陸軍的主力部隊關東軍無視政府的停戰命令，逕自在滿州各地實施侵略，並將所有主要據點占領了下來。之後更利用清朝末代皇帝溥儀，成立偽滿州國。這是因為軍中的年輕將校和右翼勢力逐漸抬頭，所以才急著想成為帶領日本改革的先鋒。然而他們終究是井蛙不知海，不知道日本的發展或許還能找到別的方向。

85 美國參戰——太平洋戰爭

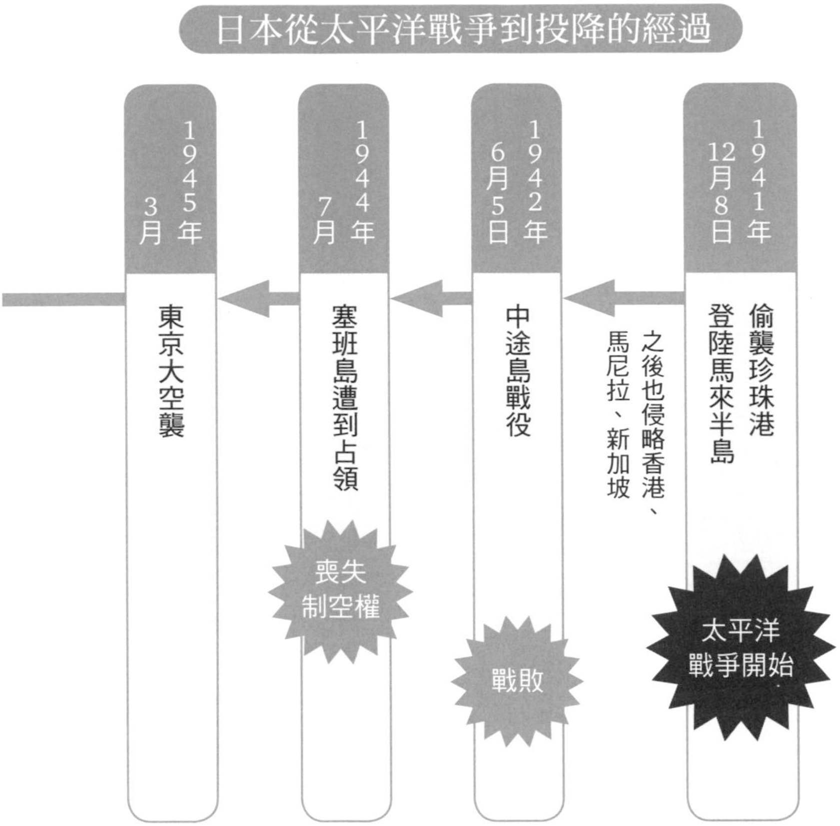
日本從太平洋戰爭到投降的經過
1941年12月8日
偷襲珍珠港
登陸馬來半島
之後也侵略香港、馬尼拉、新加坡
太平洋戰爭開始
1942年6月5日
中途島戰役
戰敗
1944年7月
塞班島遭到占領
喪失制空權
1945年3月
東京大空襲

經濟恐慌在全世界擴大時，各國除了趕緊轉換為戰爭經濟體制之外，也開始和其他國家聯手組成經濟共同體。但全世界只有義大利、德國、日本因為經濟制裁而無法加盟任何經濟共同體。

這三國都是因為侵略他國而遭到經濟制裁。事由分別是義大利侵略衣索比亞、德國侵略歐洲諸國、日本侵略中國滿州。尤其日本將滿州作為「赤化防波堤」後，還將侵略範圍推進到中國全境。當時中國除了蔣介石（國民黨）和毛澤東（共產黨）互相對立之外，還有以「日、滿、華三國同盟」為訴求的汪精衛國民政府。

但在昭和十六年（一九四一年）六月時，由於德軍開始遠征俄國，所以日本將空出來的兵力調去侵略法屬印度支那。美國也因此對日本實施更嚴厲的經濟制裁。由於美國打算藉此癱瘓整個日本，所以日本只能選擇跟美軍開戰。同年十二月，日軍從馬來半島登陸，並且偷襲位於夏威夷的珍珠港，接著才正式對美國、英國宣戰。

於是，太平洋戰爭就此爆發。

1945年4月	1945年5月 / 1945年8月6日 9日 / 1945年8月8日	1945年8月14日	1945年8月15日
美軍登陸沖繩	德國投降（日本失去同盟國） 美軍對日投下原子彈（軍事力上有壓倒性的差距） 蘇聯參戰（無視日蘇中立條約的宣戰公告）	接受《波茨坦宣言》 無條件投降	天皇透過廣播發表終戰詔書

昭和

Column

支援毛澤東的美國

日本主動退出國際聯盟後，接下來的國家發展戰略當然就是在中國擴張領土。而且這次還能用防衛敵軍偷襲的名義發動戰爭。這是因為在日本宣布華北地區已納入手中後，日軍以一九三七年發生的蘆溝橋事變作為開戰藉口，將戰線擴張到中國全境。而且之後發生的「國共合作」，甚至讓中日之間的戰爭演變成歷時八年的長期戰役。值得一提的就是美國原本是基於「討厭日本」的想法，才會故意促成國共合作，但在數年後發生的韓戰裡，美國卻改變原本的仇日態度，反而將日本拉進自己的盟軍當中。

外史集

讓日本人無法忘記的東京大轟炸

日本在昭和 19 年（1944 年）失去塞班島後，沒有制空權的日本本土遭到美國轟炸機 B29 密集轟炸。尤其在東京大轟炸中，還出現了 150 架 B29。就像是要填滿整個下町一樣，總共投下了 150 萬枚燃燒彈，當時無路可逃的居民約有 10 萬人活活燒死。

86 GHQ的瓦解日本戰略

GHQ 對日本最初的指示、監督方向

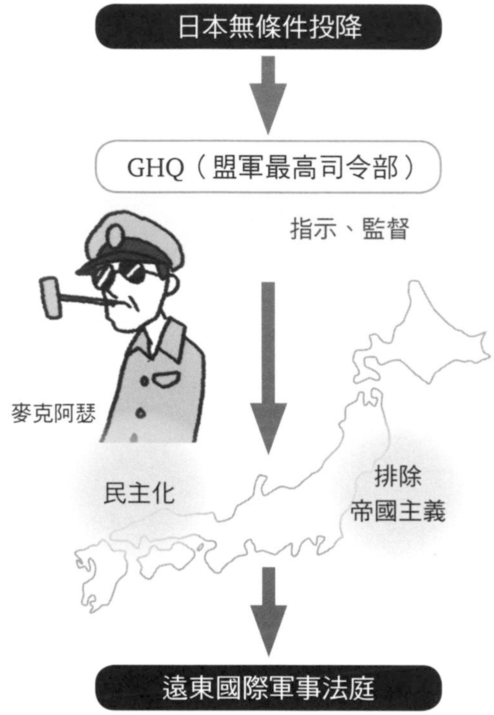
日本無條件投降
GHQ（盟軍最高司令部）
指示、監督
麥克阿瑟
民主化
排除
帝國主義
遠東國際軍事法庭

賭上國家的生存發展，日本硬著頭皮招惹全世界，主要目的就是為了打造出屬於自己的「大東亞共榮圈」。但在經濟制裁步步進逼後，這個計畫只好以太平洋戰爭的形式持續下去了。結果，日本還是敗給了以美國為中心的聯合國軍。

日本戰敗後，麥克阿瑟以GHQ（盟軍最高司令部）負責人的身分，開始對解除軍備的日本進行行政上的指示、監督。於是，以民主化為名義的日本瓦解計畫就此展開。

在解散軍隊後，GHQ也解散三井、三菱、住友、安田等財閥。接著還解散地主制度，迫使自耕農興起以及結成民間工會組織。教育內容方面，GHQ認為道德與倫理、日本歷史及地理會幫助人民培養國家主義、軍國主義的觀念，因此下令全面禁止。

此外，GHQ將日本國會塑造成行使國權的最高機關，使日本天皇僅具象徵性地位，並成立「遠東國際軍事法庭」審判日本戰犯。戰後的日本，儼然成為勝者單方面宰割敗者的政治秀場。

＊日文「人間」即「人類」之意。日本史書記載天皇為天照大神後裔，昭和天皇的「人間宣言」詔書，表明了自己是人不是「神」，自此天皇不再有統治國家的權利，而是象徵意義。

GHQ所推行的日本再造計畫

- 民主化
  - 教育
    - 教育基本法　不論男女都能接受民主教育
    - 學校教育法　國民擁有平等的教育權利
  - 經濟
    - 解散財閥
    - 農地改革（廢除地主制度）
    - 許可勞工工會
  - 政治
    - 設置《日本國憲法》
      - 主權在民
      - 和平主義
    - 修正選舉法
    - 修正民法
- 非軍事化
  - 要天皇發表《人間宣言》*
  - 廢除治安維持法
  - 廢除思想警察、特別高等警察
  - 以遠東國際軍事法庭審判日本戰犯
  - 解散軍隊、停止軍需產生

Column

日本國土割讓計畫

聯合國原本想要用割讓領土的形式，讓各國統治日本各區。例如北海道、東北地方由蘇聯接管；關東、東海甲信越、中部地方、北陸由美國接管；中國、九州由英國接管；四國由中華民國接管。甚至還計畫由美、中、蘇、英共同統治東京都，大部分近畿地方由美、中統治。不過，GHQ最後還是選擇前外相重光葵提議的間接統治案，因此原本的割讓計畫即刻廢止了。會選擇間接統治的理由主要是GHQ的軍隊有七成五是美軍所組成，不過也有傳聞是因為GHQ判斷原本的割讓計畫無助於解除天皇統治日本的象徵意義。

外史集

來自麥克阿瑟的證詞

麥克阿瑟曾評論日本：「他們（日本人）既沒有棉花也沒有羊毛，而且也沒辦法靠自己製造石油製品，所以缺乏資源才會成為他們打仗的動機，是為了保障自己的生活安全才會這麼做。」而且還表示：「對於太平洋地區，美國在過去一百年內最大的錯誤政治判斷，就是讓中國共產黨逐漸壯大。」

87 GHQ統治方針出現大轉變

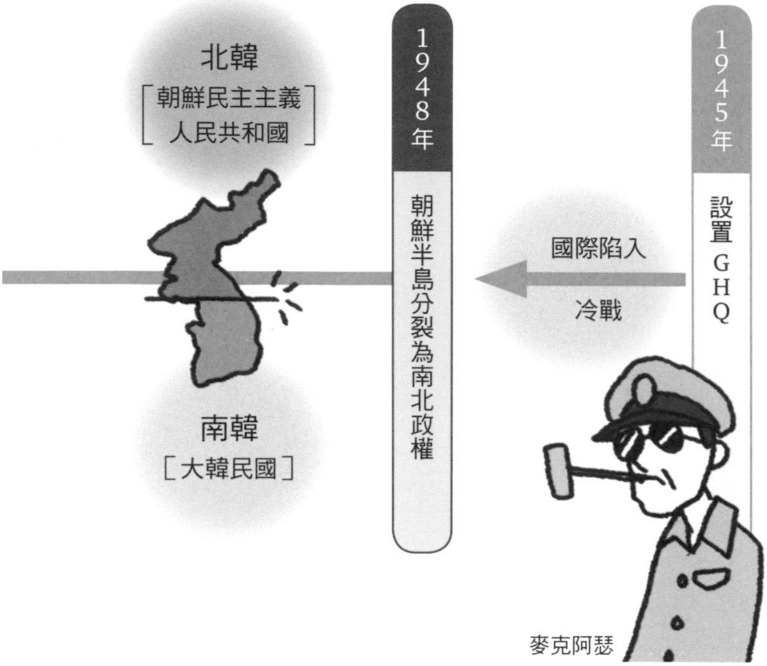
1945年
設置GHQ
國際陷入
冷戰
1948年
朝鮮半島分裂為南北政權
北韓
［朝鮮民主主義人民共和國］
南韓
［大韓民國］
麥克阿瑟

一九五〇年六月二十五日，韓國時間凌晨四點時，北韓對北緯三十八度線（南北韓軍事分界線）開火，而且事前還未發表宣戰聲明。

經過三十分鐘後，十萬名北韓士兵直接穿越北緯三十八度線，同時派遣游擊部隊自東海岸南下，以阻擾南韓軍從北朝鮮後方登陸。但不知為何，北韓游擊部隊的南下作戰突然喊停，讓聯合國爭取到三天的空檔時間。

聯合國部隊重整態勢，從漢城（首爾）附近的仁川登陸北韓後方，讓北韓軍隊在沒有補給線的情況下遭到擊退。但後來中國共產黨突然出兵至北韓，並且以志願軍的名義參戰。聯合國部隊在寡不敵眾的情況下，甚至一度被打退至位於朝鮮半島南端的釜山。

所幸聯合國部隊還是從最後防線重新推進回去，而且能讓聯合國部隊得以反攻的正是日本在後方所進行的支援和補給。透過日本在這次戰場上所扮演的角色，GHQ重新判斷日本的確是抵禦亞洲共產化的最後堡壘。

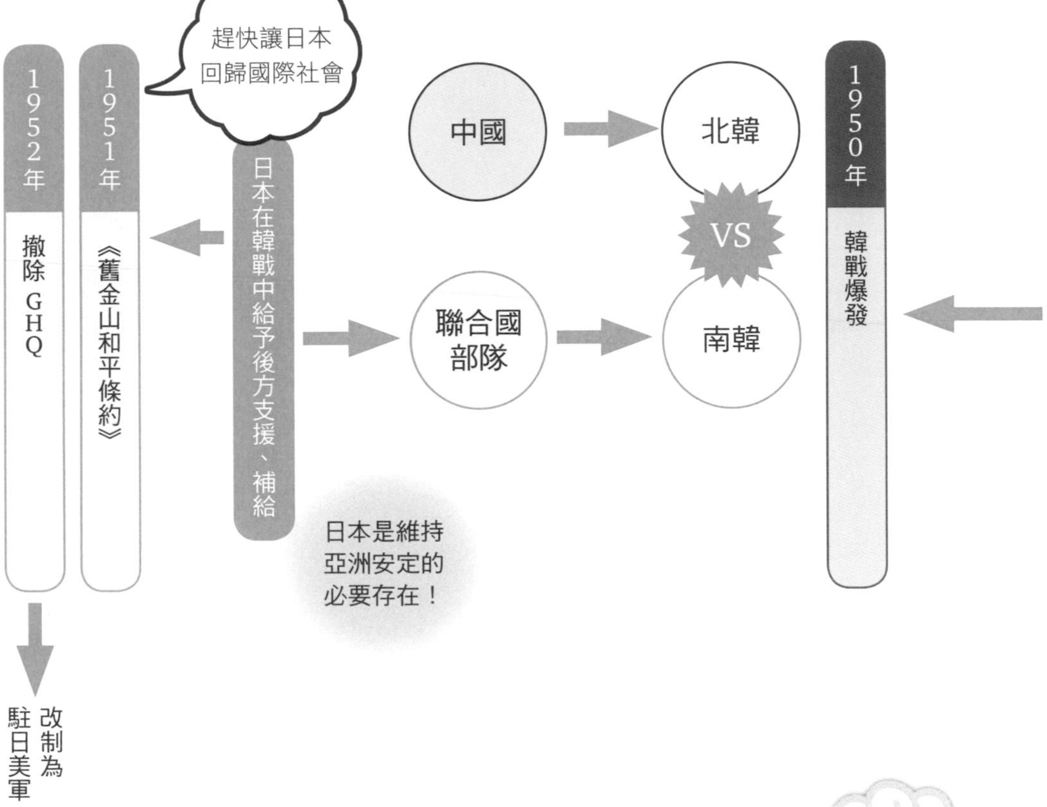
1950年
韓戰爆發
中國
北韓
VS
聯合國部隊
南韓
日本在韓戰中給予後方支援、補給
日本是維持亞洲安定的必要存在！
趕快讓日本回歸國際社會
1951年
《舊金山和平條約》
1952年
撤除GHQ
改制為駐日美軍

Column 冷戰開始

為了對抗支援北韓的蘇聯和中共，聯合國緊急與各國締結《舊金山和平條約》，允許日本自行編制警察預備隊（即日本自衛隊的前身），以確保日本擁有最低限度的國防軍事武力。在日本恢復主權後，美國更與日本締結《美日安保條約》，並期許日本可以與美國一起為維持世界和平而努力。雖然日本在冷戰時期，轉為投靠西方陣營，但從明治以來，日本的戰略立場一直都是以反共為目標。雖然歐美各國曾經將日本視為不共戴天的敵國，但戰後就逐漸將日本當作重要的同盟夥伴。

戰後

外史集

韓戰帶動日本經濟回溫

美軍在橫濱設置司令部後，為了幫打韓戰的美軍補給大量物資，該單位就開始負責採買工作。從昭和 25 年（1950 年）開始的 3 年內，總共消費了 10 億美金。而且這個司令部有時也會提供物資給與美軍相關的外國團體。如果全部加起來，估計至昭和 30 年為止，大約用掉 36 億美金，而這同時也活絡了日本經濟，使社會景氣再度復甦。

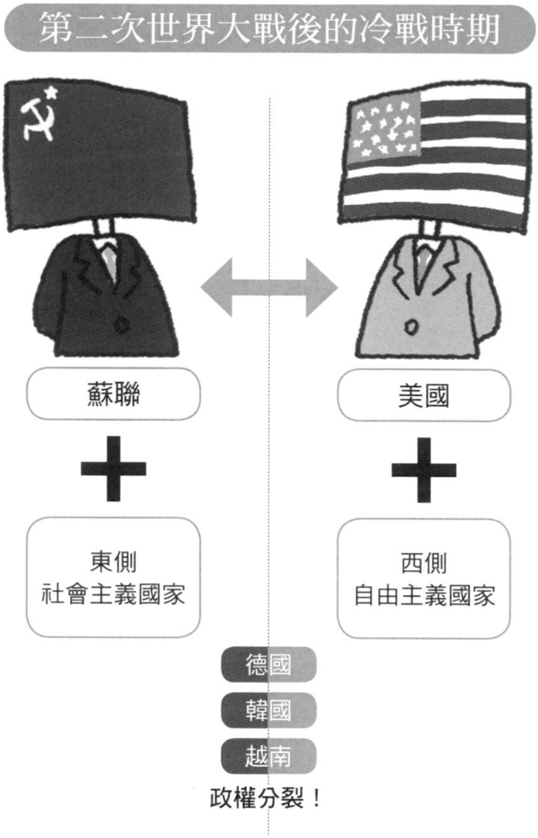

第二次世界大戰後的冷戰時期
蘇聯
美國
東側
社會主義國家
西側
自由主義國家
德國
韓國
越南
政權分裂！

88 蘇聯解體與東歐民主化

一九五六年六月，波蘭民眾於波茲南發起民主化運動，要求政府改善人民的生活。四個月後，匈牙利出現大規模反蘇聯政權的示威遊行，但因為演變成暴動，於是蘇聯軍方出動戰車沖散抗議人群，進而造成許多死傷。

但這無法阻止大眾追求自由。一九六一年，阿爾巴尼亞宣布與蘇聯斷交，緊接著羅馬尼亞也從蘇聯發起的華沙公約組織中退出。一九六八年，捷克斯洛伐克發動反蘇聯的民主化運動，全世界將這個示威運動稱為「布拉格之春」。

一九八五年三月，戈巴契夫就任為蘇聯總書記。戈巴契夫身為蘇聯元首，一上任就以「公開資訊」「改革體制」為目標，改善蘇聯的政治、經濟、社會體制。一九八九年十月，民眾要求東德總書記何內克下台，何內克最後也在無法違抗民意的情況下辭職。之後，東德政府決定拆除「柏林圍牆」，從此兩德攜手邁向統一。

綜觀以上歷史發展，可以確定東歐的共產政權已經全數垮台。

蘇聯瓦解與東歐民主化

1985 年

戈巴契夫就任總書記

資訊公開　改革體制

↓

東歐興起民主化運動浪潮

↓

1989 年

柏林圍牆倒塌

↓

1990 年

東西德統一

↓

1991 年

戈巴契夫辭職

蘇聯解體

戈巴契夫

Column　宛如天選之人的戈巴契夫

蘇聯的全名為「蘇維埃社會主義共和國聯盟」，因此我們可以從名字理解到蘇聯是由許多國家組成的聯邦共和國。蘇聯的領土不但遼闊，而且作為政治中心的俄國在政治、經濟、文化上更有卓越的發展。不得不說這種政治體制與德川幕府類似，尤其俄國就像是德川家一樣，雖然成員國在物理距離上顯得很自由，但平時卻是壟罩在俄國的恐怖統治之下。不過，幫蘇聯成員國從恐怖中解放出來的人，卻又是身為俄國元首的戈巴契夫。換句話說，戈巴契夫的決定讓他像救世主一樣，拯救了許多在社會主義體制下苦不堪言的民眾。

外史集

波蘭工會聯盟 —— 團結工聯

1980 年，波蘭出現大規模的勞工抗議遊行。這是由華勒沙議長所領導的勞工聯盟「團結工聯」所主導出的抗議活動，之後參與抗議的人越來越多，讓全國興起改革運動的熱潮，使波蘭政府不得不宣布戒嚴。後來，華勒沙議長宣布參加總統選舉，並在最後如願當選。

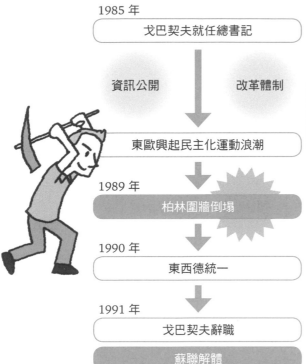

89 倒行逆施的中國帝國主義

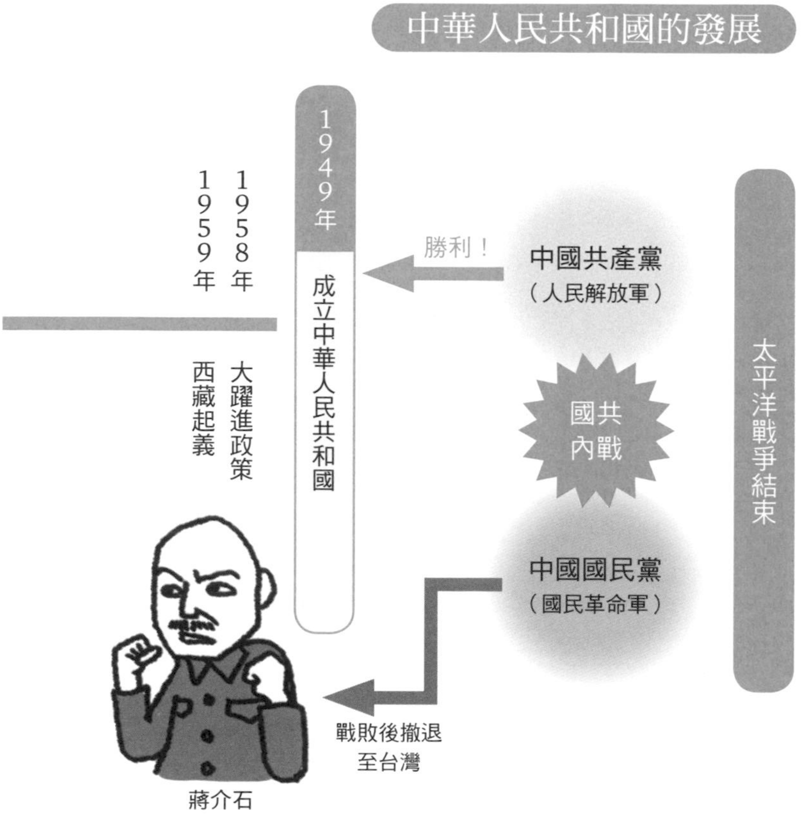
中華人民共和國的發展
太平洋戰爭結束
中國共產黨
（人民解放軍）
勝利！
國共
內戰
中國國民黨
（國民革命軍）
戰敗後撤退
至台灣
1949年
成立中華人民共和國
1958年
大躍進政策
1959年
西藏起義
蔣介石

日本從中國大陸撤退後，國共又再度開始內戰，最後毛澤東率領的中國共產黨戰勝了蔣介石率領的國民黨。中共甚至還接收日本軍隊遺留下來的資產和武器，再趁勢成立中華人民共和國。

之後又用相當長的時間培養中國的國力，到現在已經成長為僅次於美國的大國。中國甚至將清朝受到歐美列強殖民的悲慘體驗記在心裡，並且以暴力手段鎮壓、併吞周邊國家。換言之，現在的中國一心只想反過來殖民其他國家。

中國以獨裁體制君臨天下的模樣，幾乎等於古時候奉行帝國主義的國家。也許在十九世紀時能用更凶狠的獨裁手段威震一方，但二十一世紀的現在已經無法靠暴力和獨裁讓其他國家臣服了。

雖然原本以美國為中心的戰後國際體制已經瓦解，而且美國對共產主義的態度也越來越軟化，但只要自由主義陣營還想繼續抵禦帝國主義化的中國共產黨，那就絕對需要日本在關鍵時刻發揮實力。

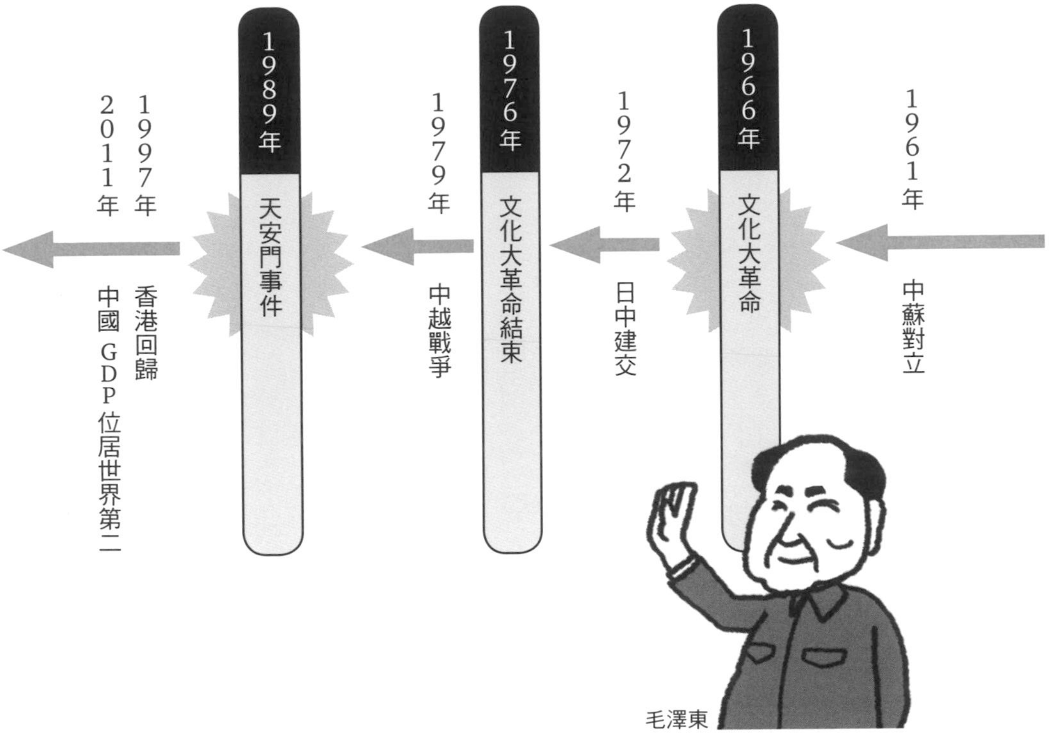

Column

從歐洲共同體逐漸演變為歐洲聯盟

一九五二年，法國、西德、比荷盧聯盟、義大利聯手成立「歐洲煤鋼共同體（ESSC）」後，繼續在一九五八年成立「歐洲經濟共同體（EEC）」和「歐洲原子能共同體」。透過這些經濟上的同盟組織，加盟國們彼此可以互降關稅，讓資本和勞工的遷移自由化，甚至在商業及農業上一起實施相同政策。一九六七年，前述三個經濟共同體整合為「歐洲共同體（EC）」。到了現在，歐洲共同體已改制為「歐洲聯盟（EU）」。但在英國脫離歐盟後，歐盟將來會面對的問題也一直是全世界關注的焦點。

外史集

正在崩潰中的美元神話

戰後體制是靠美國的美元和軍事力維持。美國能按照各國經濟政策單位的要求，以美元交換黃金，讓美元具有國際認可的貨幣兌換信用力。然而，美國的純金持有量開始大幅下降，對外債務也大增，美國對於維持戰後體制也開始感到吃力。也許，現在已經又來到各國準備互相競爭的時代了。

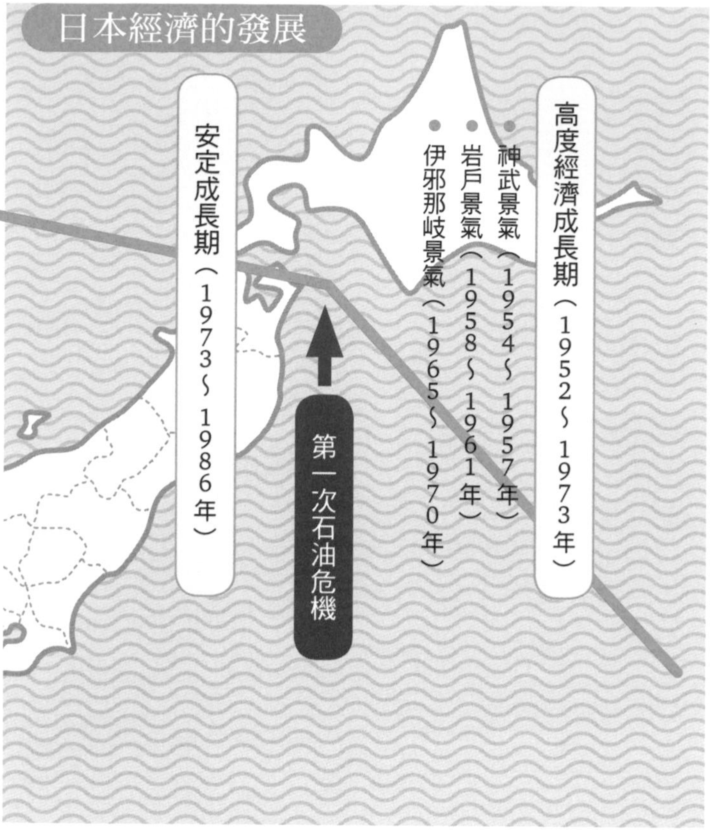
日本經濟的發展
高度經濟成長期（1952～1973年）
・神武景氣（1954～1957年）
・岩戸景氣（1958～1961年）
・伊邪那岐景氣（1965～1970年）
第一次石油危機
安定成長期（1973～1986年）

90 新生日本的「積極和平主義」

戰後過了七十餘年，日本獲得重生，在國際立場上已經不可同日而語。

現在的日本作為美國的重要夥伴，以遵守新世界秩序為前提，在國際舞台上發光發熱。雖然美日曾經誓不兩立，但現在彼此的友好程度已經堅強到值得記載到史冊當中了。

對於以武力威脅周邊國家的中國，美日兩國會守望因此陷入緊張狀態的東亞。不管是平時或是必要時刻，美日會頻繁鞏固雙方的同盟關係。目前美日正以太平洋到印度洋為範圍，合作建構出跨國際的同盟網路。美日不但是這個同盟的中心，而且日本還能以集團性的國防保衛權抵禦中國獨裁政權。

政治不是光說不練，還要以行動和實力加以實現。戰後的日本雖然在價值觀上已經成為堅守和平的老實國家，但想安定國際局勢，就必須拋棄消極的和平主義，要毅然地在紛亂的世界中挺身而出。就讓我們期待全新的日本以積極和平主義安定混亂的國際局勢吧！

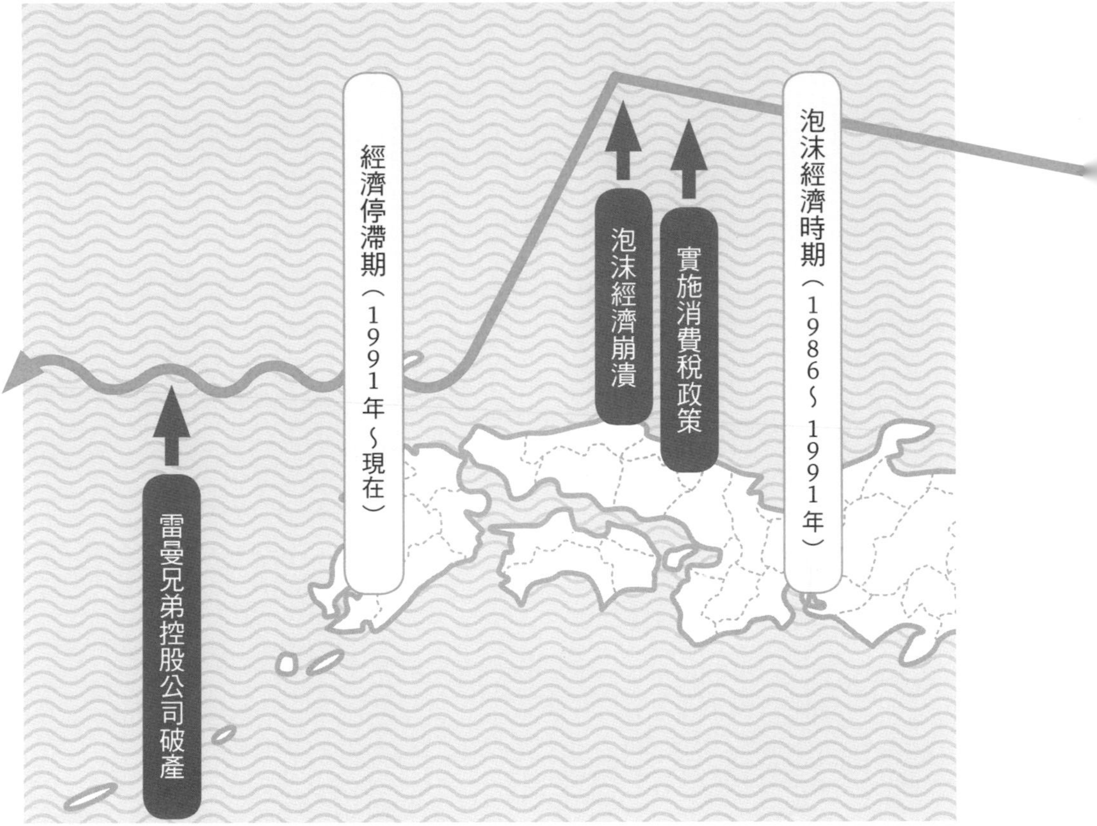

泡沫經濟時期（1986～1991年）
實施消費稅政策
泡沫經濟崩潰
經濟停滯期（1991年～現在）
雷曼兄弟控股公司破產

Column

安倍晉三的訪美之旅

二〇一五年日本前首相安倍晉三訪美時，曾在美國參眾議院發表演說。在演說中，安倍晉三期許美日兩國可以結下更加穩固的同盟關係，並且鼓勵日趨保守的美國和日本攜手開創嶄新的未來。美國議員們在聽過安倍晉三的宣言後，開始了解日本不只向美國伸出值得信賴的援手，而且還能在國際上成為幫助處理「全球問題」的志願者。因此美國參眾議院中超過五百名的議員們，在安倍的演說上以不時地起立鼓掌來表達出最深的敬意。

外史集

自虐史觀

「自虐史觀」一直以來都在束縛著安分守己的日本國民。但是，現在已經是必須擺脱這個詛咒的時刻了。因為這種史觀原本就是 GHQ 基於綁架日本的言論自由、教育政策、輿論方向，而刻意進行的洗腦戰術。如果一直被這種史觀牽著鼻子走，就沒辦法自由地思考日本的發展。筆者希望，未來的日本人可以用正確的觀點看待自己的歷史和文化。

日本史超圖解

快速掌握日本最關鍵歷史事件

眠れなくなるほど面白い　図解　日本史

作　　者　鈴木旭
譯　　者　王榆琮
裝幀設計　李珮雯（PWL）
版面設計　黃畇嘉
責任編輯　王辰元

發 行 人　蘇拾平
總 編 輯　蘇拾平
副總編輯　王辰元
資深主編　夏于翔
主　　編　李明瑾
業務發行　王綬晨、邱紹溢、劉文雅
行銷企畫　廖倚萱

出　　版　日出出版
231030新北市新店區北新路三段207-3號5樓
電話：（02）8913-1005　傳真：（02）8913-1056

發　　行　大雁出版基地
231030新北市新店區北新路三段207-3號5樓
電話：（02）8913-1005　傳真：（02）8913-1056
讀者服務信箱：andbooks@andbooks.com.tw
劃撥帳號：19983379　戶名：大雁文化事業股份有限公司

二版一刷　2024年7月
定　　價　450元
I S B N　978-626-7460-79-5
978-626-7460-76-4(EPUB)

快速掌握日本史發展

譯者

王榆琮

熱愛日本的理工人，致力於翻譯工作，擅長日本次文化 醫療、歷史、奇幻等翻譯主題。希望未來可以引介更多日本文化給同樣熱愛日本的人們。譯有《未來履歷書》、《我一定要跟你聊超過15分鐘》、《才能的真相》等書。

國家圖書館出版品預行編目(CIP)資料

日本史超圖解：快速掌握日本最關鍵歷史事件／鈴木旭著；王榆琮譯. -- 二版. -- 新北市：日出出版：大雁文化出版基地發行, 2024.7
面；公分. --
譯自：眠れなくなるほど面白い　図解日本史
ISBN 978-626-7460-79-5（平裝）
1. 日本史
731.1　113009733

從卑彌呼女王到神武天皇開國，至平安
接著戰國爭霸、幕府治國、明治維新及近代的發

補足日本史觀念，對認識日本有很大的幫助。從戲劇、文學及動漫畫中記
的日本往往很片段，本書將日本歷史從古至今超濃縮，為讀者快速畫好重點。

以 90 則關鍵歷史事件為主軸，以插圖及圖表靈活輔助說明，並搭配專欄及外史集補充豐富的背景資料，是兼具知識性與趣味性的文化養成入門書。

見證日本如何成為日本！

一起紙上穿越時空！

- 日本開國的神武東征，到底是神話還是真實事件？
- 曾經有段時間，日本陸續出現好幾位女性天皇
- 平安時代兩大佛教宗師——空海與最澄超級比一比
- 武士治國的幕府時代就從源賴朝大將軍開啟
- 德川家康填海造地，擴建江戶城成為近代化都市
- 幕末時期，敵對的薩摩與長州兩陣營為何決定結盟

眠れなくなるほど面白い
図解 日本史

日出
大雁 大雁出版基地
www.andbooks.com.tw
ISBN 978-626-7460-79-5 SN0027R NT$450

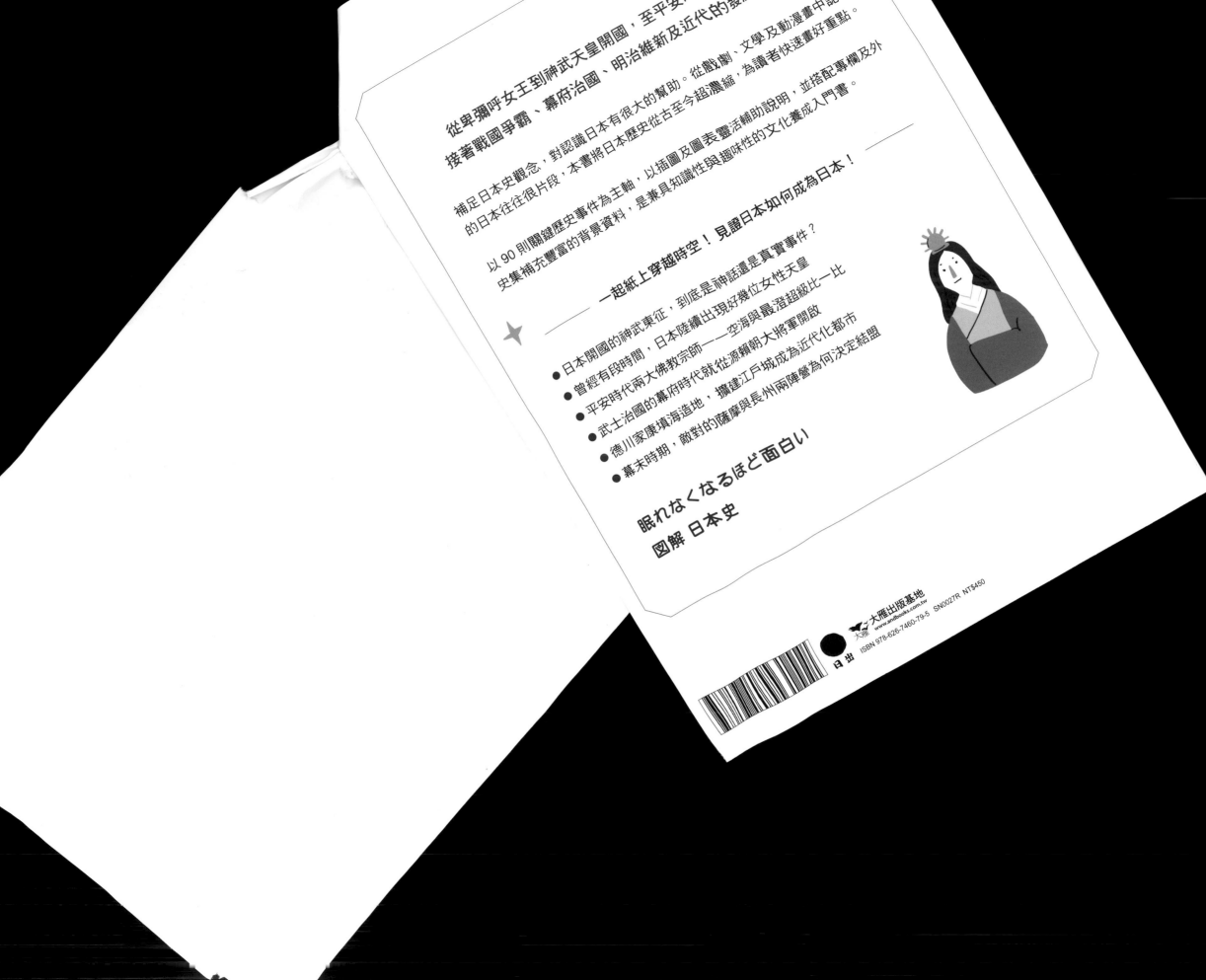